产业集群视角下农村电商推动乡村振兴机理及效应研究

李福英 杨芳 著

中国矿业大学出版社

China University of Mining and Technology Press

·徐州·

图书在版编目（CIP）数据

产业集群视角下农村电商推动乡村振兴机理及效应研究/李福英，杨芳著. — 徐州：中国矿业大学出版社，2024.3

ISBN 978-7-5646-6193-9

Ⅰ.①产… Ⅱ.①李…②杨… Ⅲ.①农村－电子商务－作用－社会主义建设－研究－中国 Ⅳ.①F320.3

中国国家版本馆 CIP 数据核字(2024)第 063191 号

书　　名	产业集群视角下农村电商推动乡村振兴机理及效应研究 Chanye Jiqun Shijiao Xia Nongcun Dianshang Tuidong Xiangcun Zhenxing Jili ji Xiaoying Yanjiu
著　　者	李福英　杨　芳
责任编辑	张　岩
责任校对	张海平
出版发行	中国矿业大学出版社有限责任公司 （江苏省徐州市解放南路　邮编 221008）
营销热线	（0516）83885370　83884103
出版服务	（0516）83995789　83884920
网　　址	http://www.cumtp.com　　E-mail　cumtpvip@cumtp.com
印　　刷	湖南省众鑫印务有限公司
开　　本	710 mm×1000 mm　1/16　印张 12.5　字数 217 千字
版次印次	2024 年 3 月第 1 版　2024 年 3 月第 1 次印刷
定　　价	79.80 元

（图书出现印装质量问题，本社负责调换）

李福英 长沙学院教授，硕士。主要研究方向：县域经济数智化转型、企业战略管理。主持和参与国家级、省级科研项目12项，主持教育部和湖南省本科教学质量工程项目6项。出版学术专著2部、教材2部。在《企业管理》《学术研究》等权威期刊发表学术论文50余篇。获湖南省教学成果二等奖1项，长沙市哲学社会科学优秀成果一等奖1项。

杨　芳 长沙学院教授，博士。主要研究方向：物流与供应链管理、电商与冷链物流。兼任中国物流学会理事、湖南省现代物流学会副会长、湖南省物流标准化委员会委员。主持和参与国家级、省部级科研项目24项，主持企业项目10余项。在国内外权威期刊发表论文50余篇，出版学术专著、教材16部。获中国物流学会物华图书奖1项，湖南省教育研究成果一等奖1项，长沙市哲学社会科学优秀成果二等奖1项。主持起草和编制湖南省地方标准1项、冷链物流行业团体标准1项。

前　言

2015年，长沙学院先后被确定为阿里巴巴集团首批"百城千校　百万英才"项目院校以及跨境电商人才培养基地。2015—2018年，通过校政企合作，我与我的团队成员承担了以长沙学院学生为培养对象的跨境电子商务人才培养工作。在这一阶段我们完成了创新创业电商人才培养模式的初步改革，以及课程内容和课程体系改革，并开展了相应的实证研究和理论研究，为湖南省电子商务企业输送了一批优秀的创新创业电商人才。基于这一阶段团队在科学研究、人才培养和社会服务等方面取得的良好成效，2019年，长沙市政府授予长沙学院首个中国（长沙）跨境电子商务综合试验区人才孵化基地建设单位。作为基地负责人，我与团队成员将校政企合作创业创新电商平台与中国（长沙）跨境电子商务综合试验区人才孵化基地融合建设，对接企业人才需求，将企业管理、信息管理、人工智能、计算机、电子商务等相关学科的先进理论与电子信息技术、云计算、数据挖掘多种新技术融合，将政府、企业、高校等相关信息数据源进行规范与集中，搭建了一个校政企共通的人才培养、项目服务、信息服务平台，持续为省、市及县乡村电商企业输送电子商务创新创业人才。以此为基础，我们公开发表系列高水平论文，编写多部电子商务创新创业人才培养教材，完成校政企合作创业创新电商平台建设和电商直播基地建设。

为了更好地培养创新创业电商人才，我们对电子商务创新创业人才需求开展了持续调研，在调查中我们发现，许多农村地区正兴起一场商业模式的变革，即以"农户＋公司＋网络"商业模式替代了传统的"公司＋农户"模式。这种模式发起于江苏省睢宁县、浙江省丽水市等地，经过十年的广泛扩散，已经在全国各地产生以"淘宝村"为代表的农村电子商务产业集群。这些农村电子商务产业集群打造出以农副产品、家具、手工艺等为主要产业的各类特色区域经济形态，带动了农民致富、乡村振兴和社会转型。基于此，我们选择产业集群视角下农村电商推动乡村振兴的机理及效应研究作为深入研究的课题，从农村电子商务集群有何空间特征以及如何演化、农村电子商务集群从技术获取到技术创新应遵循怎样的演化路径、农村电子商务集群的产业组织结构如何、农村电子商务集群影响乡村振兴的效果与机理四个方面展开研究。

　　本书作为湖南省教育厅科学研究重点项目（编号：20A049、21A0547）、湖南省哲学社会科学基金重点项目（编号：22ZDB085）、湖南省社会科学成果评审委员会项目（编号：XSP2023GLC009）的阶段性成果，得益于企业、高校诸多朋友、同事和学生的共同探讨与实践。没有他们的合作与启发，很难完成本书的写作。其中与杨芳教授、朱艳春博士和龙飞博士等的交流和探讨使我受益匪浅，他们的意见和建议为本书的进一步完善提供了指导；长沙学院周文军老师、恒丰银行长沙分行申捷灵经理也参与了本书的市场调研、数据分析和部分章节的写作；中南大学曾圭熠同学参与了本书的资料收集、调研、数据分析等工作，并展现出很强的调研能力、数据分析能力和写作能力；在此一并表示感谢。本书在撰写过程中还参考了众多学者和专家的理论与研究成果，在此表示诚挚的感谢。

　　由于作者水平所限，书中疏漏之处在所难免，敬请各位专家读者提出宝贵意见。

李福英

2023年10月

目　录

第一章　绪论…………………………………………………………………… 1
　　第一节　研究背景…………………………………………………………… 1
　　第二节　研究意义…………………………………………………………… 4
　　第三节　研究内容…………………………………………………………… 5

第二章　我国农村电子商务发展……………………………………………… 7
　　第一节　文献回顾、概念界定……………………………………………… 7
　　第二节　农村电子商务发展沿革…………………………………………… 14
　　第三节　农村电商产业发展现状…………………………………………… 22

第三章　中国乡村发展与乡村振兴历程……………………………………… 27
　　第一节　文献回顾…………………………………………………………… 27
　　第二节　中国乡村发展与乡村振兴历程…………………………………… 31

第四章　农村电子商务产业集聚与乡村振兴协同发展机制………………… 41
　　第一节　文献回顾与理论基础……………………………………………… 41
　　第二节　农村电子商务产业集聚形成的动力机制………………………… 47
　　第三节　农村电子商务产业集聚与乡村振兴协同发展机制……………… 57

第五章　中国农村电子商务集群地方特色及发展模式……………………… 63
　　第一节　文献回顾…………………………………………………………… 63
　　第二节　中国农村电子商务集群发展……………………………………… 66
　　第三节　农村电子商务集群的基本特征…………………………………… 76
　　第四节　农村电子商务集群典型发展模式………………………………… 80

第六章	湖南农村电子商务集群发展基本特征与模式	99
第七章	农村电子商务产业集群演化路径	111
第一节	文献回顾及理论基础	111
第二节	农村电子商务产业集群知识来源	115
第三节	农村电子商务集群演化规律	125
第八章	产业集聚视角下农村电商推动乡村振兴效果	145
第一节	文献回顾与理论基础	145
第二节	农村电子商务基础设施建设	153
第二节	促进农业产业结构优化与产业链重构	158
第三节	促进产业深度融合	161
第四节	推进农产品区域品牌建设	164
第五节	提升区域规模经济效益	174
第六节	赋能农村劳动力就业创业	178
第九章	结论与展望	183
第一节	研究结论	183
第二节	研究展望	184

第一章 绪　　论

第一节　研究背景

一、农村电子商务在国民经济中的地位显著提升

1994年，中国正式接入国际互联网，电子商务自此呈现跨越式发展；1999年，中国诞生了第一家电商C2C平台8848；2003年，阿里巴巴的淘宝网上线，采用免费提供电商平台的商业模式，迅速将电子商务浪潮推向整个中国的城市并逐步向农村渗透，成为中国经济增长的重要推动力量，与此同时，也推动了县乡村经济的发展，给中国经济发展模式的改革与创新带来深远影响。2009年，阿里巴巴发现了第一代"淘宝村"，这意味着广大的农村地区与电子商务相结合，开始孕育出新的县乡村经济发展模式，即通过农村电子商务集聚发展模式来推动县乡村的经济发展。2014年，阿里巴巴将眼光瞄准了市场发展空间广阔的农村市场，推出"农村淘宝"战略，引爆"互联网+农村"的核聚变反应，以"淘宝村"为典型代表的农村电子商务集聚发展初见成效。

农村电子商务作为一种新型县乡村商业发展模式，既是经济欠发达地区实现增加农民收入、消除贫困的有效途径，也是引导农村供给侧结构改革、推进乡村振兴战略实施的重要力量。从2017年党的十九大报告提出"乡村振兴战略"到2022年中央一号文件的发布，乡村振兴始终是重要的时代命题，其中2019年的中央一号文件更是明确指出：要发挥电商作用，努力实施数字乡村战略。宏观利好政策不仅带动了各级政府陆续推出积极发展县乡村农村电商的相关支持政策，也提高了农民在农村当地利用电子商务进行自主创业的积极性，掀起了我国农村电子商务发展浪潮，促进了农村相关产业依托电子商务集聚化发展。2019年6月，国务院发布《国务院关于促进乡村产业振兴的指导意见》也明确指出"产业兴旺是乡村振兴的重要基础，是解决农村一切问题的前提"。2021年的中央一号文件提出，加快完善县、乡、

村三级农村物流体系，改造提升农村寄递物流基础设施，深入推进电子商务进农村和农产品出村进城。在顶层设计方面，《"十四五"电子商务发展规划》明确要将电子商务与一、二、三产业加速融合，全面促进产业链供应链数字化改造，成为助力传统产业转型升级和乡村振兴的重要力量。根据中国国际电子商务中心《中国农村电子商务发展报告（2021—2022）》显示，商务部积极推动电子商务进农村综合示范项目建设，2021年新增支持206个县（包括26个脱贫县），累计建设县级电子商务公共服务中心和物流配送中心2 400个，村级电商服务站点14.8万个，带动618万贫困农民增收。毫无疑问，在"互联网+"时代，"电子商务"这一新型经营模式在持续引发商业领域营销策略与方式变革的同时，也为乡村振兴提供了新的方向与路径。农村地区发展电子商务能够带动产业集聚发展以及不同产业融合发展，在催生新的农业发展模式的同时，为经济欠发达地区消除贫困、提高农民收入提供了有效途径。

近年来，互联网、大数据、云计算等技术以极快的速度全过程融入经济社会各领域的诸环节，数字技术、数字经济的影响逐渐延伸到农业农村领域，与农业农村经济深度融合，对农村产业集聚、农产品交易形态和营销模式带来深刻影响。2022年的中央一号文件进一步指出，推进农村电子商务与一、二、三产业融合，促进农村客、货、邮融合发展"两大融合"，加大力度实施"数商"工程，推进电子商务进农村，促进农副产品直播带货规范健康发展。"数商兴农"工程的实施，正是顺应国家层面从脱贫攻坚到全面推进乡村振兴战略转变的重要选择，也是基于互联网信息技术在农业农村持续发展的重要举措，有力支撑了农业农村高质量发展要求，有利于乡村构建现代化的产业体系、生产体系和经营体系。

随着国家政策的支持、信息技术的持续创新和农村基础设施整体水平的跨越式提升，传统经济模式转型升级步伐加快，农村电商发展成效显著，县乡村产业融合与集聚趋势明显。目前，我国信息化建设持续稳步推进，互联网基础设施不断完善。根据中国互联网络信息中心（CNNIC）发布的第49次《中国互联网络发展状况统计报告》显示，2021年我国网民总体规模持续增长，农村网民数量已经达到2.84亿，农村互联网普及率为57.6%（CNNIC，2022），城乡上网差距继续缩小，目前所有的行政村已经实现了"村村通宽带"，解决了贫困地区的通信问题。根据中国国际电子商务中心《中国农村电子商务发展报告（2021—2022）》显示，

·第一章 绪 论·

2021年,我国农村网商、网店有1 632.5万家,全国农村网络零售额达到2.05万亿元,比上年增长11.3%,增速加快2.4个百分点,占全国网上零售额的15.6%,2022年上半年,全国农村网络零售额为9 759.3亿元,同比增长2.5%。其中,农村实物商品网络零售额为8 904.4亿元,同比增长3.6%。2021年,全国农产品网络零售额达到4 221亿元,同比增长2.8%。互联网的普及为农村地区发展电子商务提供了坚实的物质基础,以农产品网络零售额占农林牧渔增加值计算,农产品电商已经占到5%左右(图1-1)。农村电子商务的快速发展促进了农业产业转型升级和融合发展,推动了乡村产业兴旺,带动了农民就业和农民收入的增加。

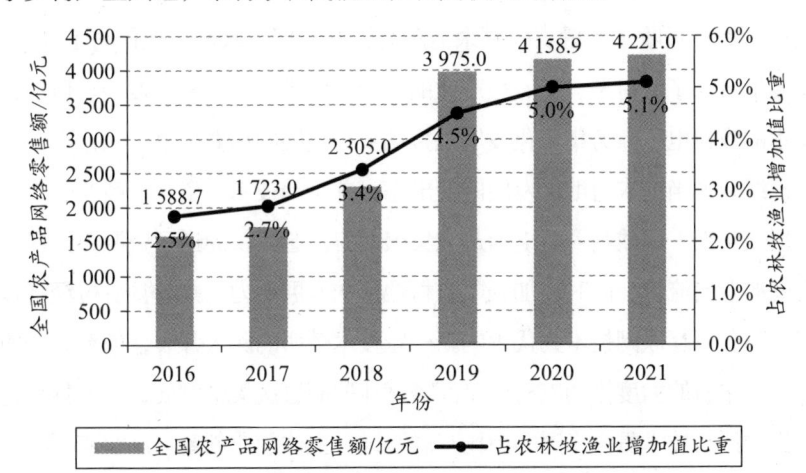

图1-1 全国农产品网络零售额及其占农林牧渔业增加值的比重

(数据来源于农业农村部管理干部学院、阿里研究院联合发布的《"数商兴农":从阿里平台看农产品电商高质量发展》)

二、农村电子商务集聚化发展是乡村振兴的重要途径

从2009年全国总计3个到2022年全国7 780个,淘宝村一路走来,数量迅猛增长,淘宝村在不断发展、不断向欠发达地区渗透的同时,并呈现出集群化发展的态势。农村电子商务集聚化发展经历了从萌芽到扩散、再到大规模增长过程,目前,生机勃勃的"淘宝村"和"淘宝镇"已成为农村电子商务集聚发展的典范。2021年,在全面推动乡村振兴的进程中,又有一批村镇在数字经济快速发展的时代顺势而为,加入"淘宝村""淘宝镇"的行列。根据阿里研究院发布的《2021年淘宝村名单》显示,这一年,全国淘宝村集群达到151个,比2020年增加33个,大型淘宝村

集群达到65个，比2020年增加19个，超大型淘宝村集群达到12个，比2020年增加4个。2015年以来，淘宝村集群所包含淘宝村数量占全国总数的比例逐年提高，由2015年的54%提升到2021年的83%。农村电子商务集聚化发展基于农村电商基础设施的改善、物流配送高效化和农产品电商交易标准化，这与国家的"数商兴农"战略紧密相关，是我国实施创新驱动发展战略的重要实践，也是推动乡村产业振兴的重要途径，是实施数字乡村战略的重要载体，是实现巩固脱贫攻坚成果同乡村振兴有效衔接的重要举措。

农村电子商务的飞速发展使得新农村、新农民、新农业模式不断涌现，催生了新的就业形态，吸收了大量农村剩余劳动力，并实现了农产品上行与工业品下行，极大程度上带动了农村一、二、三产业的融合，促进了乡村经济发展。目前，基于数字技术的农村电子商务集聚化发展是推动乡村发展的重要引擎，农村电子商务产业集群已经成为当前农村地区发展的新形态，并带动技术、资金、商业、人才流向农村并形成集聚，形成县乡村电商产业集聚效应。这不仅促进了资源要素在农村和城市之间的双向流动，同时也加强了农村地区的发展潜力，并与县乡村经济发展紧密相连。随着以互联网技术为代表的新一轮技术革命的深入开展，创新驱动的数字化正以前所未有的力度推动农村电子商务产业的高层次集聚发展，在为县乡村带来要素自生激活、技术贯穿渗透、市场互联互通、主体创业创新、产业跨界融合的同时，使农业生产和农业消费的巨大潜力得到更充分的释放，不仅成为乡村建设发展的巨大推动力和坚实基础，也成为乡村发展的重要引擎之一，还为城乡发展增加了新的动能，让乡村发展更有活力。

第二节 研究意义

一、理论意义

目前，学术界对农村电子商务产业集聚与乡村振兴机理及效应的研究尚不多见，比较系统的理论知识也不多。本书通过文献阅读和实地调研，将理论与经验结合，从宏观和微观两个视角对农村电子商务产业集聚的产生机制、特征及发展规律进行了实证研究，全面清晰地阐释了农村电子商务产业集聚形成的影响因素。同时，运用产业生命周期理论与协同理论，探讨了不同生命周期阶段农村电子商务产业集聚与乡村振兴协同发展机制，为之后的分析奠定了理论基础。此外，农村电商给予农村市场更加广泛而深入接触外部市场的机会以及高效获得信息的途径，有效地缓解了供求双方信息对接时的阻碍，为农村地区经济良好运行注入了源源不断的活力。但是当前的相关研究成果更多的是对乡村振兴的某一个角度的研究，且从乡村振兴这一角度出发的研究文献更多侧重于理论论述以及对策研究。为此，本书在丰富农村电子商务指标体系的基础上，同时对乡村振兴从整体上进行概括性研究，为后续基于产业集聚视角下的农村电商支持乡村振兴的发展提供理论依据。因此，本书的研究既具有积极的文献价值，又具有一定的理论意义。

二、现实意义

本书以不同地区农村电子商务产业集聚发展为研究对象，探究其形成模式及推动乡村振兴机理与效应，这在一定程度上对本领域的相关研究有一定的边际贡献；同时，选取典型的农村电子商务产业集聚发展模式作为研究样本，对样本地区农村电子商务产业集聚特色及发展历程进行经验总结，以此为其他地区发展农村电子产业集群发展提供借鉴。因此，具有一定的借鉴意义和现实意义。

第三节　研究内容

本书重点研究了以下六个方面的内容。

（1）对全国农村电子商务产业发展现状进行了分析，将乡村振兴战略置于中国近代发展历程中考量，基于时间脉络分阶段梳理了我国乡村发展与乡村振兴历程。

（2）借助产业集群理论和协同发展理论，借鉴产业集群和农村电子商务产业集群等相关文献研究成果，对农村电子商务产业集聚的发展过程进行了相关分析，总结出农村电子商务产业集聚形成机制以及与乡村振兴协同发展机制。

（3）从"淘宝村""淘宝镇"的空间分布入手，分析了中国农村电子商务集群发展历程、现状以及基本特征，从全国范围内选取典型的农村电子商务集群，研究其发展模式以及各自形成的创新能力，带动农村经济发展的路径。

（4）以湖南农村电子商务产业集群发展为例，从农产品资源、农业信息化、交通设施三个方面分析了湖南农村电子商务集群发展基础，阐述了湖南省淘宝村数量与增速的变化以及空间分布，在此基础上，论述了湖南农村电子商务产业集群发展的三种典型模式及特点，以探寻农村电子商务产业集群从东部沿海地区辐射到中西部其他地区的规律与特点。

（5）在借鉴产业集群生命周期理论以及演化经济地理学理论的基础上，实证研究了农村电子商务集群在形成初期的技术演化路径及技术创新的影响因素。以典型的农村电子商务集群为例，从技术、组织和空间区域演化三个方面探索了农村电子商务集群演化路径。从整体上把握农村电子商务产业集聚发展趋势，从宏观实证层面验证了农村电子商务产业集聚与乡村振兴协同发展机制。

（6）依据产业生命周期理论和区域品牌理论，通过实地调研，采取多案例研究的方法，从产业结构优化、产业融合发展、区域品牌建设、规模经济、就业创业等方面分析了产业集聚视角下农村电商推动乡村振兴效果，进一步验证了农村电子商务产业集聚与乡村振兴协同发展机制。

第二章　我国农村电子商务发展

第一节　文献回顾、概念界定

一、农村电子商务的概念和功能

移动电子商务作为一种新兴的电子商务形式，是指在不受任何地域空间限制的情况下，使用移动设备销售或购买产品和服务，并且通过无线连接在所有必要的关联各方之间建立起通信联系来完成交易。作为一种基于电子知识和管理知识的过程和技术，从知识管理和电子商务知识导向的视角，有利于为理解和管理知识电子化中的电子组织提供一个有组织的、规范的统一基础[①]。由于传统组织的价值链关系存在壁垒诸多、效率低下的显著缺陷，为了提高关联各方之间的渠道效益，社会各生产组织部门致力于寻求在供应商、服务提供商、客户和政府之间建立更为有效的系统，即在多个行业的独立组织之间建立包括制造业、运输业、零售业和金融服务业等在内的电子商务联系。使用该系统的企业需要努力通过增加公司之间的相互依赖性和协调性，并基于电子商务来提高关联各方之间的渠道效率，以便通过更紧密的组织间的资源整合和业务整合来实现潜在利益，并从电子商务的联系中获得巨大收益[②]。电子商务对公司内外的各项经济活动产生深远影响，公司可以通过电子商务网络整合各关联方资源，建立更加顺畅且高效的渠道，提高市场的产品和服务能力。通过标准化技术、业务流程和快速的市场响应方式，迅速响应并满足消费者复杂多变的需求，从而建立起公司可持续发展的竞争优

---

① SIDNAL N S, MANVI S S. Intelligent agent based model for auction service discovery in mobile e-commerce[J]. International journal of e-business research, 2012, 8(1): 76-97.

② CLARK T H, LEE H G. Performance, interdependence and coordination in business-to-business electronic commerce and supply chain management[J]. Information technology and management, 2000,1(1): 85-105.

势[1]。毫无疑问,电子商务在企业中的高效运用有利于企业在竞争中处于有利地位,并获得高于行业平均利润的回报。通过对具有不同资源禀赋的企业在企业经营的不同层面应用电子商务的数据,基于结构方程模型探索 B2B 电子商务对企业经营究竟有何影响,研究结果表明,B2B 电子商务的采用有利于企业建立并维持竞争优势,而这种竞争优势能有效地转化为企业的核心竞争力,并在较长时间内支撑企业的可持续发展,获得更大的市场占有率,并在激烈竞争中帮助企业取得规模经济效益,获取较高的市场收益[2]。从消费者和销售者方面来考虑,电子商务是给消费者提供各式各样的产品和服务中发展速度最快的一种营销模式。从事电子商务零售贸易的供应商和购买商突破了商店营业时间、地理营销区域或目录邮件列表的限制,交易成本低、选择范围更广、更方便和节省时间是网购发展的重要原因[3]。

随着农村的物流体系、信息基础设施的逐渐完善以及信息化水平的不断提高,农村电子商务在带动农村提高就业和创业的同时,改变了农村经济发展模式。农村电子商务通过农村扶贫、扩大内需、增加农民收入、改善农村经济结构的方式,不断推进新型城镇化建设,并逐渐成为农村经济发展的新动力。通过统计数据的分析发现,随着农村的网民规模逐渐壮大,农村地区的人们借助电子商务平台,能够以更快的速度、更多元的方式获得外界交易信息,通过农产品上行和工业品下行,农村和城镇之间的商务贸易往来也更加频繁,农民通过农村电子商务平台增加了销售额,减少了流通成本,增加了实际收入[4]。通过分析基于大数据手段的农产品精准营销情况,可以了解到大数据目前广泛运用到各个电子商务平台,

---

[1] KAUFFMAN R J, CHAU P Y K, PAYNE T R, et al. Electronic commerce research and applications (ECRA) Co-editors' introduction[J].Electronic commerce research and applications, 2009, 8(3): 115-116.

[2] SIN K Y, OSMAN A, SALAHUDDIN S N, et al. Relative advantage and competitive pressure towards implementation of E-commerce: Overview of small and medium enterprises (SMEs) [J]. Procedia economics and finance, 2016(35): 434-443.

[3] SCHÖDER D, DING F, CAMPOS J K. The impact of E-commerce development on urban logistics sustainability[J]. Open journal of social sciences, 2016, 4(3): 1-6.

[4] 李青,胡发刚.我国农村电子商务对消费的拉动作用、存在问题及对策[J].商业经济研究,2018(4):37-39.

对大量农产品数据进行分析、提纯、比较、转变等处理,建立出相关性关系分析,其目的是发现各项数据之间的关联性,为农产品生产、流通、加工及销售等各个环节提供借鉴,以此为基础巧妙应用大数据分析来对消费者需求进行预测,精准定位目标市场,提供个性产品服务,可以给商家提供有效的信息,便于商家制定相对应的营销策略,实现精准营销[①]。电子商务技术包括互联网技术、信息技术、大数据、人工智能、云计算等,其应用范围涉及三农领域的各个方面,其服务范畴包括农产品网络交易市场、田园农家乐经济、乡村特色旅游等,在促进农产品上行、推动农业数字化转型升级、带动农民就业创业、改善提升农村风貌等方面成效显著。总体上说,农村电商在中国发展一定时期后有了更贴切和更丰富的含义,可理解为是一种基于互联网和移动互联网,通过建设农村电商平台和农产品流通公共服务平台,实现内外部供应链、交易、信息、服务、金融、统计、预警等功能,实现农村商贸体系的重构和升级[②]。通过建立规模经济及范围经济效应分析架构,农村电商物流应该着重加强三个方面的建设,即农村物流中心、农村物流组织以及政府与第三方物流的合作模式[③]。农村电商的发展由于基础设施差、农民受教育程度低等因素,与城市电商发展必然有不同的特点,农村电商继承了电子商务的开放性、全球性、低成本、高效率的属性,但在实际的农村发展应用中,主要以面向城市销售农产品(农产品上行)和面向农村销售商品(工业品下行)为主,以面向农村出售服务和农村物流运输服务为辅,形成农村资源的整合和聚集,为农村精准扶贫提供强大的活力和支撑[④]。正因如此,农村电商的发展模式与传统城市电商的 B2C、C2C、O2O 等模式也必然有比较大的区别,为了更好地发挥农村电商对产业重组、产业延伸和产业转型升级的优势作用,需要充分研究一、

[①] 杨联安,陈逸青,韩棋治,等.基于大数据和 GIS 的农产品精准营销智能分析 [J].地下水,2019,41(6):78-80.

[②] 武晓钊.农村电子商务与物流配送运营服务体系建设 [J].中国流通经济,2016,30(8):99-104.

[③] 赵奕凌.经济学视角下农村电商物流发展策略分析 [J].现代经济信息,2018(12):334.

[④] 李曼.我国偏远乡村农产品上行问题研究 [J].商业经济研究,2018(12):142-146.

二、三产业融合发展的模式，从而更好地发挥农村电商的优势作用[1]。尤其是随着"互联网+"工作在农村的逐步推进，农村电商不仅仅局限于农产品的上下行，诸如乡村旅游、产学研基地等模式在农村逐渐开展起来，所以农村电商的发展呈现竞争结构多元化、产业业态多元化和渠道经营多元化的发展趋势，当然，农村电商多元化发展离不开多元化的农产品业态和当地特色民俗风情，需加大农村特色品牌和产品的培育力度，提升农村农产品的附加值[2]。

综合以上分析，我们对农村电子商务的概念进行界定，农村电子商务是指以互联网和物联网为基础，把农产品销往城市和工业品销往农村的贸易互通关系转移到互联网和物联网上的电商平台，通过物流体系的配送网络完成实体货物转移的一种新型互联网在线交易。农村电子商务打破传统商品在农村互通的地域限制。农村电商根据交易的关系可以分为两个方面：其一是农村资源销往城市，即农村的农副产品、旅游服务等一、二、三产业产品利用互联网的互通性，将农产品的销售地域限制打破；在农村电子商务过程中给农产品进行增值，进而提升农民的收入，加快我国新农村建设进程。其二是工业资源下行。农民通过互联网购物，将质优的工业产品通过电商配送网络配送到农民手中，让农民能够在家就享受全球各地的优质产品，提升农民消费的产品质量，提升农民的幸福感。农村电商农产品上行问题是农民群体最关心和政府重点关注的方面，也是目前遇到最多问题的一方面。农产品上行方面的农村电商研究，对农民群体有重大的积极意义，所以本书主要研究的就是农产品上行这方面的农村电商发展研究，包括电子商务与一、二、三产业融合的问题，促进农村产业链、供应链数字化改造以及传统产业转型升级和乡村振兴问题。农产品上行，狭义上是指农产品所有者利用现有的电子商务平台关系，把农产品通过线上销售渠道销售出去，带动农村的就业和创业，为农民增收。广义上主要是基于电子商务通过多渠道、多方式对农村所有资源的对外销售，包括农产品和农村服务，以及农村电子商务人才的培养[3]。

---

[1] 盛瑛莺，扶玉枝，祁慧博.农村电商发展趋势下产业融合模式研究：基于浙江省的案例分析[J].商业经济研究，2018（5）：94-96.

[2] 周丽梅.区域农村电商多元化发展的市场证据及路径建议：基于农村电商示范县的调研[J].商业经济研究，2019（22）：99-102.

[3] 夏瑶.我国农村电商发展的问题及对策研究[D].南昌：江西农业大学，2018.

二、农村电商发展研究

农村电商在农村的快速发展有其必然性。

（1）农村电商发展具有多方面的优势，如农村具有亟待开发的动植物资源，很多为具有差别化竞争优势的传统产业。由于农村具有土地租金低、劳动力成本低的特点，与城市相比拥有创业投资门槛较低的优势。虽然网络经济以低成本、快捷、便利等特点快速发展，但由于农民受教育程度不高，农村仍然存在资源匮乏等问题，农民很难利用自有资源从网络经济发展中获利。研究结果表明，农村电商发展的前提条件是农民从电子商务中获得的收益大于使用电子商务而付出的成本[1]。

（2）随着城市电子商务发展速度变慢，城镇网购市场的增速放缓，电子商务逐步从城市向农村渗透，农村市场作为价值洼地，成为各大电商新的争相渗透的目标市场，而对于农村而言，发展农村电商能使农村从"买不到，卖不出"的困境中解脱出来[2]。

（3）农村电商的信息打通和顺畅促进了农业产业转型升级、产业融合、农村发展、农民增收，为解决三农问题提供了重要手段，为乡村发展提供了重大的战略机遇和广阔的空间[3]。

（4）农村电商通过降低消费成本、刺激消费欲望、增加居民收入三个方面加快了农村居民的消费升级，农民根据市场需要制订生产计划，促进了商品的高效流通，提高了农产品的价格，也增加了经营收入。在传统营销模式下，由于农产品销售具有很强的季节性，小农户和大市场对接存在信息不对称，便会导致销售困难而影响农民收入。借助电子商务平台，农村电子商务可以使小农户获得消费者需求、产品信息和竞争对手等即时信息；通过网络可以了解国家政策、行业政策，并将掌握的信息作为调整自己的种植计划和销售方案的依据，真正实现精准

---

[1] 凌红.网络经济视角下农村电商发展模式分析[J].商业经济研究，2017（3）：108-110.

[2] 张文潇.农村电商与城乡市场体系良性发展研究：以古木县为例[J].广西民族大学学报（哲学社会科学版），2020（1）：92-99.

[3] 王沛栋.我国农村电子商务发展的问题与对策[J].智富时代，2019（7）：43-47.

种植和精准营销①。

（5）农村电商与乡村振兴工作相辅相成，而贯穿农村电商发展的主要是财政补贴力度和政策方向，有力的补贴和有效的政策可以推动农村电商和乡村振兴的高效互动，最终实现乡村振兴的总目标②。在大力发展农村经济的当下，农村电商已成为数字乡村、数字农业的标配，是创新农产品产销对接方式、倒逼农业产业链升级、助力质量兴农的必然选择，应通过不断深化和扩大电子商务技术在农业中的应用，让更多的农产品、农户、农资及相关要素通过市场和平台的对接，参与质量兴农③。

总体上说，农村电子商务是一种多个社会主体联动的经济行为，农产品上行的电商活动根据参与主体的职责可分为以下四大主体：

（1）政府统筹主体，即政府部门，负责电子商务进农村的政策支持、质量体系建设、法律法规制定、资源整合、设施建设等商业环境建造，统筹资源，建设农村电子商务交易市场，在基础设施建设、资源整合、品质监督、标准制定等方面提供全方位支持、引导和服务。

（2）供应商主体，即农户、供销社、农产品加工企业等产品提供者，负责农产品和农村资源的生产。

（3）电商企业主体，即电商企业、电商从业者，负责农产品和农村资源的销售。

（4）服务商主体，即电商平台、物流服务商以及电商的生态体系参与者，负责提供互联网和电商活动开展的周边配套服务。

农村电商的发展不是哪个单一的主体就可以做到的，没有政府搭建互联网、物流配送设施等公共基础设施，没有供应商主体提供销售的产品，没有电商企业主体销售产品，没有服务商主体提供销售平台、物流配送服务，农村电子商务的发展不可持续。四大主体都存在发展重点上的冲突：政府和供应商主体都希望先从农产品的上行来发展农村电商，希望能够运用电商平台打开农产品的销路，给

---

① 王宸圆. 农村电商与农村居民消费升级协同发展 [J]. 商业经济研究，2020（15）：82-85.

② 郭娜，李华伟. 农村电商与乡村振兴互动发展的系统动力学研究 [J]. 中国生态农业学报（中英文），2019（4）：654-664.

③ 汪向东. 农村电商如何参与和助力质量兴农 [J]. 农家参谋，2019（9）：14-15.

农民增收；而对电商平台来说，更希望先从工业品下行入手，刺激物流站点的建设和农民的触网教育。电商企业希望能够销售质优价低的农产品，供应商则希望能够把农产品的价格提高、销量增大。电商企业希望平台费用和物流成本降低，提升竞争力，从而提高订单量；而平台和物流公司希望电商订单量能多起来，进而降低运营成本。面对四大主体存在发展重点上的冲突问题，我们有必要探索农村电子商务持续发展的长远之路，也就是说，要找到一条平衡四者关系的中心，利用这些关系的制约作用来推动农村电子商务的快速、健康发展。

三、农村电子商务模式研究

农村电子商务模式是指将农产品通过电商平台销售，把农产品的基本信息、作用、特质等在电商平台进行展示，吸引消费者购买，达到推动农村地区经济发展的目的。农村电子商务模式本质上是一种网络销售，其所有环节都是在线上进行的，能够避免农村地区基础设施不完善、销售渠道单一、交通不便等缺点[1]。农村电子商务的最大优势就是压缩了营销渠道，使生产者和消费者直接高效沟通。但在我国农村，由于受特殊的国情及不完善的基础设施等因素的影响，国内专家学者认为，我国农村电子商务模式不同于传统企业的电子商务发展模式。而对于我国农村电子商务模式的研究，不同的专家学者的出发点也不一样，总体来说，主要是从地域范围、作用发挥、政府行为、企业意愿、农户参与等方面去进行研究。从我国农村的实际出发，针对我国农村地域分散、人口不集中、生产经营零散等实际，提出要以一定区域为交易核心，同时提出了 A2A、A2B、B2A 三种模式，而 ABC 协同模式的引入可以降低农产品的生产、销售风险，其中 A 为区域、B 为商家、C 为顾客[2]。农村电子商务从模式发展、营销方式以及加工阶段的发展方面展现出了多元化的态势，经营者的农产品电子商务的销售及参与意愿会受到参加电子商务培训、电子商务资源对接和电子商务渠道的显著影响。比较典型的农村电子商务模式是政府扶持当地的龙头企业，龙头企业带动农村贫困户并帮助农村贫困户进行农产品的生产销售。企业与农村贫困户进行合作，为贫困户提供销售渠道来帮助他们获得更多的经济收益。这种"贫困户＋企业＋电商平台"模式不

---

[1] 张海燕."互联网＋"背景下农产品电子商务营销策略 [J].广东蚕业，2019，53（9）：82-83.
[2] 侯晴霏，侯济恭.以区域为核心的农村电子商务模式 [J].农业网络信息，2011（5）：5-8.

仅可以帮助农村贫困户致富，还可以帮助扶持龙头企业电商发展，保障了农村经济的发展[①]。F2S2C 模式是一种适合生鲜农产品电子商务发展的农村电子商务模式，该种模式的优点在于能最大限度地减少物流环节及物流损耗，降低成本，保证产品质量，提高生产者和消费者的满意度[②]。

综上所述。我们不难发现，对于农村电子商务的研究多是从应用层面进行的，农村电子商务的集聚发展、空间组织、各关联方的关系以及地域性差异研究相对较少，本书对农村电子商务集群有何空间特征以及如何演化、农村电子商务集群从技术获取到技术创新遵循怎样的演化路径、农村电子商务集群的产业组织结构如何等方面进行了研究，弥补了农村电子商务研究领域的不足。

第二节　农村电子商务发展沿革

互联网技术的发展使电子商务成为全新的商业应用形式，在改变人类生活方式的同时，作为新经济体也在深刻影响并重构传统商业秩序。在微观层面上，农村电商通过商品交易活动，改变了人们的认知方式和思维模式，突破了以往商业组织的边界，通过多阶段不同主体的动态合作形成了无边界限制的特殊的商业模式。在宏观层面上，农村电商彻底改变了农村社会的经济形态，推动了我国农村乃至全社会生态系统的变革。尤其是近年来，伴随互联网用户规模的快速增长、消费者对农村电子商务交易的认知度提高、消费观念升级、消费需求的多元化等因素的驱动，农村电子商务高速发展。同时，政府在金融、税收、物流、基础设施及产业园区建设方面的有利政策的陆续出台，也为农村电子商务的发展奠定了良好的基础。纵观农村电子商务发展历程，农村各传统行业无论是被动跟进还是主动融入，在不断发展与实践探索中，农村电子商务已经与传统行业并驾齐驱，其发展始终与社会结构、产业结构、时代特征、技术创新紧密结合在一起。

一、涉农电子商务阶段（1994—2004年）

在涉农电子商务阶段，我国正处于农村信息化初级阶段，政府起着主导作用。

---

① 衡思昱，徐元善．乡村振兴战略背景下农村电商扶贫问题研究 [J]．观察评论，2020（2）：7-8.
② 郑开涛．生鲜农产品电子商务模式创新研究 [J]．农业展望，2016（8）：78-80.

信息化是农村现代化的重要组成部分，有关部门先后出台了旨在提升农村信息化水平的系列政策并配套资金予以支持，为了加快推进农业信息化发展和农村信息化的全面布局，1994年12月，在国家经济信息化联席会第三次会议上，国家提出了"金农工程"计划，计划的主要内容是要全面建立农业综合管理和服务信息系统，具体任务包括三个部分，一是建立和维护国家级农业数据库群及其应用系统；二是为加强对区域中心、行业中心实施技术指导和管理，制定统一的农业信息采集、发布的标准规范；三是组织农业现代化信息服务及促进各类计算机应用系统在农业改革发展中的应用，如专家系统、地理信息系统、卫星遥感信息系统等。1998年，郑交所集成现货网（中华粮网）首次进行网上粮食交易，从而拉开了我国农村电子商务的序幕。由农村农业部牵头，在全国范围内开展实施第一轮电子信息进农村项目，使互联网的触角延伸至农村。此后随着互联网技术和电子商务应用的发展，一大批涉农电子商务网站从无到有地发展起来，提供政策、科技和产品等信息服务。涉农信息服务网络平台数量快速增加，1998年我国农业网站还不足200个，2000年底已达到2 200多个[①]。

在涉农电子商务阶段，农村电子商务的主要职能是提供信息服务，推动农村电子商务发展的驱动力来自政府的组织和资源的投入，政府投入建设的电子商务平台主要功能是为供应商发布农产品交易的信息提供服务，组织、协调、引导信息资源的开发，建立和完善国家级基础性、公益性、综合性、关键性的农业基本数据库群等。在这一阶段，也存在诸多问题。一方面由于农民受教育程度低，对农业生产与经营的信息化的认知与理解不够，对互联网的接触少，导致信息系统及数据库的使用效率低、效果差；另一方面，由于信息技术向农村渗透的进程慢、农村基础设施差、物流配送体系不健全、信息化技术应用低、专业人才的缺乏及金融资金配置不到位等因素，"金农工程"对农业生产的信息化引导作用不明显，对农产品上行及消费品下行没有起到有效的推动作用。

二、在线交易发展阶段（2005—2013年）

在线交易发展阶段是政府引导和市场调控两种驱动机制并存，该阶段与前一阶段对比，从信息服务转为交易服务，企业开始涉足农产品电商领域，创新了商业模

---

① 胡金有，张健，游龙勇.我国农业信息网站现状分析[J].农机化研究，2005（6）：38-40.

式、促进了农产品网上交易量。2005年是中国农产品电子商务发展元年，这一年，中国第一家面向城市中高收入家庭提供进口水果的农产品网络零售商"易果生鲜"上线。2007年前后，随着我国互联网的逐渐普及以及国内网购平台的出现，东部沿海地区的一些农民率先尝试在淘宝网上开设网店进行农产品销售，从而推动农村电商发展进入在线交易阶段。该阶段农村电子商务从第一阶段的提供信息服务转向在线交易服务，企业从传统商业模式向基于互联网信息技术的商业模式转型。与第一阶段的政府主导有所区别，在这一阶段，政府引导和市场调控两种驱动机制并存，农村互联网快速发展，农村基础设施建设投入巨大、农民收入不断增长、农村"触网"比例快速提高。"十五"重点实现"95%以上行政村通电话"，"十一五"重点实现"村村通电话，乡乡能上网"。到"十一五"末，99%的乡镇和80%的行政村已具备宽带接入能力[1]。政府驱动全面建设"生产－流通－销售"的农产品物流体系，中央各部委发布系列文件，涵盖政策支持、资金支持到降低农产品物流行业税费，我国农产品物流总额2012年达到1.77万亿元，同比增长4.5%，农产品物流初具规模[2]。在这一阶段中，农村电商大多是以农户为主体，自主投资为主要方式，利用电商平台进行简单营销的运作模式，在该模式下，农户直接面向广阔的消费市场，借助政府部门的相关推进政策独立自主地开展产品经营活动。至2009年，我国出现第一个"淘宝村"，标志着我国农村电子商务已经出现产业聚集现象，已经具备一定的规模。

但是，这一阶段的农村电商发展存在四个方面的问题。

（1）政府引导和市场调控两种驱动机制并存，且在各自的逻辑框架内推动农村电子商务发展，两者间缺少沟通和交流机制，导致政府政策的贯彻落实效率低，效果差。

（2）政府对电子商务平台缺少资金与政策支持，部分电商企业和农户由于缺少从事农村电子商务的系统知识，如何采用正确的营销策略、方式和手段知之甚少，或因农村金融支持政策的不够完善，农户或企业因资金短缺，从而面临巨大的竞争压力和风险。

---

[1] 刘静娴，沈文星.农村电子商务演化历程及路径研究[J].商业经济研究.2019（19）：123-125.

[2] 同①。

（3）电商平台对农产品产销地区的覆盖面虽然巨大，但对各地区农户的整体覆盖率仍然不足，部分经济发展落后的农村地区只有少数农户能够参与到农村电商经营活动中，对需要脱贫扶持的部分地区而言，农村电商的普及利用度仍然不足。

（4）从农村电商的可持续发展角度来看，电商产业在物流配备、人才培养、资金引入等方面仍存在较多不足，严重制约了农村电商的高质量发展进程，支撑农村电商持续发展的政策环境与硬件设施建设均待完善。截至2015年，国内农产品电商接近4 000家，但仅有1%盈利，另外的7%巨亏，88%略亏，4%持平[①]。

三、服务体系建设阶段（2014至今）

服务体系建设阶段是政府主导和市场驱动协同推进阶段。2014年开始，政府开始陆续出台关于促进农村电商发展的政策意见，通过中央各部到各地方的政策制定，基本完成了农村电商发展的顶层设计，农村电商的发展正式进入服务体系建设阶段，农村电子商务服务的范畴涵盖了农贸市场、农家乐、旅游、特色经济以及招商引资等。在这一阶段，政府主导和市场驱动协同推进农村电子商务的发展。农村电子商务从原来侧重其经济意义转向助力农村经济社会的全面转型，农村电子商务开始成为推进社会变革的重要力量，深刻影响企业组织变革和商业模式的创新，推动了农村产业链重构、产业融合和集聚，并在农民增收、产业融合和扶贫方面起到重要作用。服务体系建设阶段的总体特征体现在以下四个方面。

（一）政府大力支持

2015年10月14日召开的国务院常务会议指出，要建立健全经济落后地区的宽带服务补偿机制，逐步缩小城乡在数字信息方面的差距；要加快农村电商的发展进程，促进新业态的发展，刺激民众消费，惠及广大民生；会议提出了一系列快递业的发展措施，建立现代化服务业的全新增长点。2019年5月底，由共青团中央制定的《关于深入开展乡村振兴青春建功行动的意见》（以下简称《意见》）的通知下发，《意见》提出要引导10万青年返乡创业。主要是针对高校毕业生、外出务工的农村青年。通过定期举办政策宣讲、资源对接、集中培训等，争取在2022年，引导10万名高校毕业生或外出农村青年返回农村创业就业。从2010年开始，中央

---

① 洪涛，张传林.2014—2015年我国农产品电子商务发展报告[J].中国商论，2015（5）：44-54.

一号文件出现了发展电子商务的表述,以后几乎每一年中央一号文件都强调了发展电子商务。2015年,中央一号文件第一次有了"农村电子商务"的表述,并确定了农村电商示范工程。2016年,中央一号文件界定了农村电子商务的内容包括:农产品进城、农资和消费品下乡。2010年以来,中央一号文件关于农村电商政策的原文表述与重点如表2-1所示[①]。

表2-1 2010—2022年中央一号文件关于农村电商的政策

年份	文件	农村电商的原文表述	农村电商的重点
2010	《中共中央国务院关于加大统筹城乡发展力度进一步夯实农业农村发展基础的若干意见》	大力发展物流配送、连锁超市、电子商务等现代流通方式,支持商贸、邮政等企业向农村延伸服务	家电等产品下乡
2012	《中共中央国务院关于加快推进农业科技创新持续增强农产品供给保障能力的若干意见》	充分利用现代信息技术手段,发展农产品电子商务等现代交易方式	农产品销售
2013	《中共中央国务院关于加快发展现代农业 进一步增强农村发展活力的若干意见》	大力培育现代流通方式和新型流通业态,发展农产品网上交易、连锁分销和农民网店	发展农产品网上交易、连锁分销和农民网店
2014	《关于全面深化农村改革加快推进农业现代化的若干意见》	启动农村流通设施和农产品批发市场信息化提升工程,加强农产品电子商务平台建设	农产品电子商务平台建设
2015	《中共中央国务院关于加大改革创新力度加快农业现代化建设的若干意见》	支持电商、物流、商贸、金融等企业参与涉农电子商务平台建设。开展电子商务进农村综合示范	开展农村电子商务示范
2016	《中共中央国务院关于落实发展新理念加快农业现代化实现全面小康目标的若干意见》	促进农村电子商务加快发展,形成线上线下融合、农产品进城与农资和消费品下乡双向流通格局。鼓励大型电商平台企业开展农村电商服务,支持地方和行业健全农村电商服务体系。建立健全适应农村电商发展的农产品质量分级、采后处理、包装配送等标准体系。深入开展电子商务进农村综合示范	农村电子商务内容:农产品进城、农资和消费品下乡

---

① 刘静娴,沈文星.农村电子商务演化历程及路径研究[J].商业经济研究,2019(19):123-125.

表2-1（续）

年份	文件	农村电商的原文表述	农村电商的重点
2017	《中共中央国务院关于深入推进农业供给侧结构性改革加快培育农业农村发展新动能的若干意见》	推进农村电商发展。深入实施电子商务进农村综合示范。鼓励地方规范发展电商产业园，聚集品牌推广、物流集散、人才培养、技术支持、质量安全等功能服务	农产品上行，电商产业园的发展
2018	《中共中央国务院关于实施乡村振兴战略的意见》	大力建设具有广泛性的促进农村电子商务发展的基础设施……深入实施电子商务进农村综合示范，加快推进农村流通现代化	广泛基础设施的建设
2019	《中共中央国务院关于坚持农业农村优先发展做好"三农"工作的若干意见》	深入推进"互联网+农业"，扩大农业物联网示范应用。加强国家数字农业农村系统建设。继续开展电子商务进农村综合示范，实施"互联网+"农产品出村进城工程。全面推进信息进村入户	实施"互联网+"农产品出村进城工程。全面推进信息进村入户
2020	《中共中央国务院关于抓好"三农"领域重点工作确保如期实现全面小康的意见》	有效开发农村市场，扩大电子商务进农村覆盖面，推动农产品进城、工业品下乡双向流通，实施电子商务技能培训	扩大电子商务覆盖面，推动农产品进城、工业品下乡双向流通
2021	《中共中央国务院关于全面推进乡村振兴加快农业农村现代化的意见》	加快完善县乡村三级农村物流体系，改造提升农村寄递物流基础设施。深入推进电子商务进农村和农产品出村进城，推动城乡生产与消费对接	推动城乡生产与消费对接
2022	《中共中央国务院关于做好2022年全面推进乡村振兴重点工作的意见》	促进农副产品直播带货规范健康发展。加快落实保障和规范农村一二三产业融合发展用地政策。实施"数商兴农"工程	推进农村电子商务与一二三产业融合
2023	《中共中央国务院关于做好2023年全面推进乡村振兴重点工作的意见》	扎实推进乡村发展……加快建设农业强国，建设宜居宜业和美乡村……严禁违背农民意愿撤并村庄、搞大社区	扎实推进乡村发展，加快建设农业强国，建设宜居宜业和美乡村

（二）农业农村数字化快速发展

政府、电商平台和地方服务商协同驱动农村电子商务的发展，商务部主导推进电商进农村示范县工作的开展；农村农业部主导信息进村入户工程；扶贫办推动电商扶贫工作。与此同时，政府主导的自上而下的农村电商与市场驱动的自下而上的电商平台开始交流协作，电商平台与地方政府签订助农发展协议并制定发展规划，有组织、有计划地推进惠农助农电商服务对接活动的开展，各大电商平台相继推进农村市场战略，推出了惠农助农战略及政策，在县乡村建立起线上、线下相结合的电商服务点，加快了农村电商的覆盖范围和覆盖深度，为农村地区脱贫攻坚、增产增收、产业融合、资源整合和新型城镇化建设工作提供了基础保障。2015年实施电信普遍服务的"补偿机制"，加大财政补贴，由中央、地方、企业共同承担推动农村宽带建设，进一步缩小了城乡数字鸿沟。至2017年，行政村通宽带的比例超过96%，贫困村宽带的覆盖率已经达到86%（工信部），农村信息基础设施的完善促进了农村电子商务的迅速增长。2021年，我国网民总体规模持续增长，农村网民数量已经达到2.84亿，农村互联网普及率为57.6%（CNNIC，2022），广泛的农民手机应用技能培训深入推进，农民数字素养和数字技能得到有效提升，城乡上网差距继续缩小，所有的行政村已经实现了"村村通宽带"，解决了贫困地区的通信问题。2021年，农村网商、网店有1 632.5万家，全国农村网络零售额达2.05万亿元，比上年增长11.3%，增速加快2.4个百分点，占全国网上零售额的15.6%。2021年全国农产品网络零售额达4 221亿元，同比增长2.8%。以农产品网络零售额占农林牧渔增加值计算，农产品电商已经占到5%左右。农产品电商带动了农民收入增加，促进了农业转型升级，推动了乡村产业兴旺，对农村经济社会的辐射面不断拓展、影响程度不断加深[①]。

随着信息技术向农业农村领域持续渗透，网络技术的持续创新和农村基础设施整体水平呈跨越式提升，农业农村数字化水平持续提升，农村传统经济模式转型升级步伐加快。根据农村农业部《2022县域数字农业农村电子商务报告》显示，农业生产数字化快速发展，2021年，农业农村部认定106个全国农业农村信息化示范基地，建成58个国家数字农业农村创新中心、分中心，8个大类15个品种的全产业链大数据建设试点。

---

① 阿里研究院."数商兴农"：从阿里平台商看农产品电商的高质量发展 [EB/OL]．（2022-06-03）[2023-09-27].https://www.digitalelite.cn/h-nd-4272.html.

（三）农村电子商务生态的形成

由核心企业、电商平台、关联企业、政府等组成的农村电子商务生态圈已经形成。电商平台通过采取"村级站＋县级中心＋支线物流"创新模式、地方服务商通过采取"园区＋平台＋培训＋体系"创新模式、自营电商通过采取"渠道拓展＋聚合需求＋对接品牌＋集中促销"创新模式改善我国农村电商发展市场环境、建设强有力的产业链建设。政策的导向支持、农村基础设施和经济条件不断提高，让大型电商平台将企业战略重点从城市向农村转移，将资源投向农村，加大力度面向农村市场的渠道下沉、产地服务和电商培训。如阿里集团在2014年宣布，3~5年内投入100亿人民币进行农村的电商基础设施的建设，在全国的1 000个县、100 000个行政村都能够形成农村电商体系。为了解决电子商务人才缺失的问题，阿里巴巴联合政府、高校、企业、培训机构等社会各界，于2015年6月1日正式全面启动"百城千校 百万英才"项目，构建与行业、企业岗位对接的课程体系，提供实战训练平台提高学生实践能力，为农村电商提供了人才保障。2015年，京东提出了包括工业品进农村战略、农村金融战略和生鲜电商战略的农村电商发展"3F战略"。2016年，苏宁成立农村电商学院，开展线上线下农村电商培训700场，培养农村电商人才超过10万人次。

（四）农村电子商务集聚发展

农村电子商务生态的形成催生了劳动密集型、技术密集型等多种产业集群的发展。电子商务销售产品覆盖范围不断扩大，对应的产业集群由劳动密集型产业扩展到劳动密集型、技术密集型并存的新格局。2014—2020年，服装、家具、鞋三类产品始终稳居淘宝村产品销售前三位，而家电、灯具分别排第四、第六位，与前几年存在较大区别的是，手机、家纺、母婴类产品出现在排名前十的榜单里。相较于传统销售额较多的产品，手机、母婴类等产品技术密集程度更高。从全国淘宝村发展来分析，大部分淘宝村销售的产品主要依托于本地产业集群，产品排名的变化一定程度上意味着产业的变化。因此，从排名前十产品的变化可以看到淘宝村形成的产业集群日益丰富，技术密集型产业集群逐渐增多，农村电子商务产业集群转型升级趋势明显。

第三节　农村电商产业发展现状

一、农村网民规模及互联网普及率

农村网民规模和农村互联网普及率是衡量农村电商普及度的重要指标，对农村电商的发展有一定的影响作用。近年来，随着我国互联网的飞速发展，互联网普及率大幅度提高，网民规模不断扩大。2016—2021年，我国农村网民规模从2.01亿人增长到2.84亿人，互联网普及率从33.1%增长到57.6%。如图2-1所示。

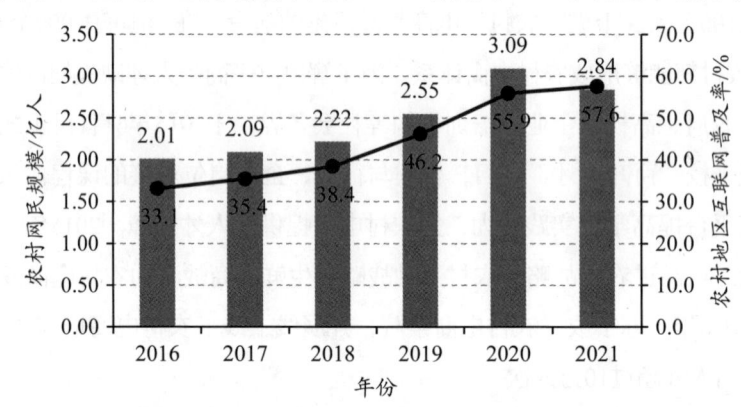

图2-1　2016—2021年我国农村网民规模及农村地区互联网普及率

（数据来源：《中国互联网络发展状况统计》）

截至2021年，我国城镇互联网普及率为81.3%，比2020年高1.5个百分点；农村互联网普及率为57.6%，比2020年提高了1.7个百分点。如图2-2所示。

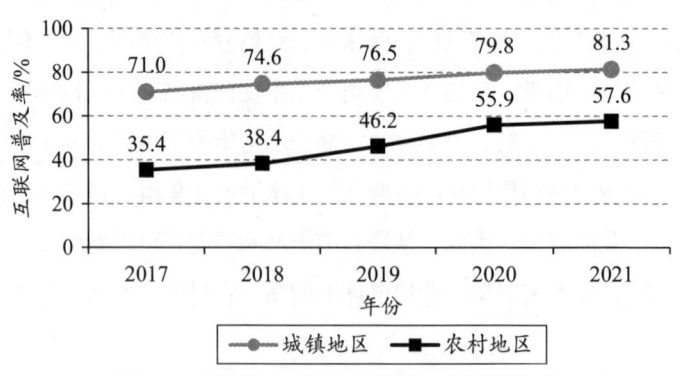

图2-2　2017—2021年城乡地区互联网普及率

（数据来源：《中国互联网络发展状况统计》）

二、农村网络零售规模

我国政府对农村贫困的问题非常重视，出台了大量的相关政策帮助农村发展电商。同时在政府政策支持、互联网基础设施不断完善、电商人才引进等因素推动下，其年增长率保持在30%以上。2020年农村电商市场交易量达到3.15万亿元，2021年市场交易量突破4万亿元。如图2-3所示。

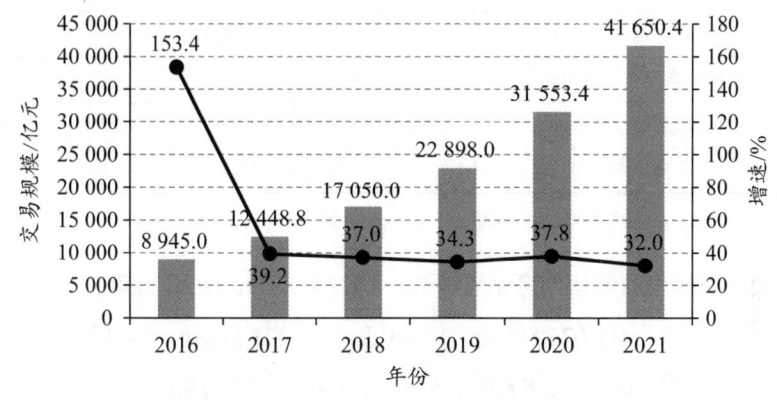

图2-3 2016—2021年农村电商交易规模

（数据来源：中国商务部数据整理）

随着农村网络基础设施的不断完善和农民上网规模的扩大，越来越多的农村居民加入网络零售的队伍当中，我国农村电子商务发展迅速。2019年全国农村地区在线零售额达到1.70万亿元，占全国在线零售总额的16.1%。2021年全国农村网络零售额达到2.05万亿元，同比增长14.53%。如图2-4所示。

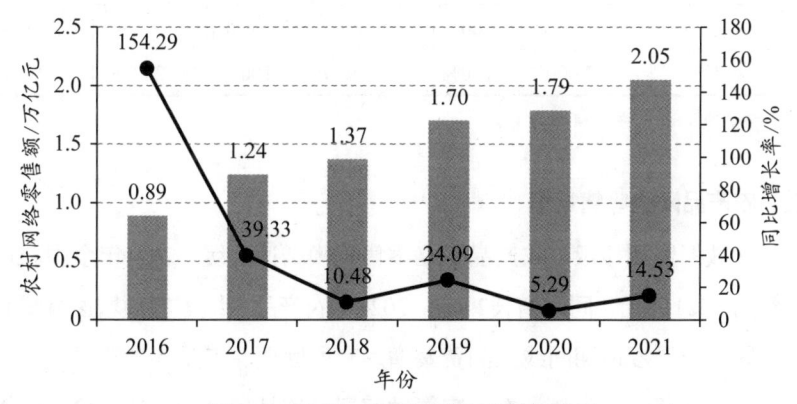

图2-4 2016—2021年农村网络零售额

（数据来源：中国商务部数据整理）

我国电商零售额从2017年的7.18万亿元增长到2021年的13.09万亿元，其中，农村电商零售额从2017年的1.24万亿元增长到2021年的2.05万亿元，城市电商零售额从2017年的5.94万亿元增长到2021年11.04万亿元。如表2-2所列。

表2-2　我国电商零售规模及结构

项目	2017年	2018年	2019年	2020年	2021年
电商零售额（万亿元）	7.18	9	10.63	11.76	13.09
农村电商零售额（万亿元）	1.24	1.37	1.7	1.79	2.05
农村电商零售额占比	17.27%	15.22%	15.99%	15.22%	15.66%
城市电商零售额（万亿元）	5.94	7.63	8.93	9.97	11.04
城市电商零售占比	82.73%	84.78%	84.01%	84.78%	84.34%

（数据来源：中国商务部数据整理）

从我国农村电商零售地区结构来看，2021年东部、中部、西部、东北农村实现网络零售额分别为17 076.5亿元、1 763亿元、1 373.5亿元、287亿元，分别占农村电商零售比例为83.30%、8.60%、6.70%、1.40%，说明东部地区是我国农村电商的主体市场。如表2-3所列。

表2-3　我国农村电商零售地区结构

项目	2019年	占比	2020年	占比	2021年	占比
东部（亿元）	13 022	76.60%	13 944.1	77.90%	17 076.5	83.30%
中部（亿元）	2 040	12.00%	2 523.9	14.10%	1 763	8.60%
西部（亿元）	1 598	9.40%	1 145.6	6.40%	1 373.5	6.70%
东北（亿元）	340	2.00%	286.4	1.60%	287	1.40%
合计	17 000	100%	17 900	100%	20 500	100%

（数据来源：中商产业研究院整理）

三、农产品网络零售规模

商务大数据监测显示，农产品网络零售规模增速放缓。2021年全国农产品网络零售额为4 221亿元，同比增长2.8%。2021年农产品网络零售额增速减缓有两个方面的原因：一是疫情期间线上消费暴增后有所回调。二是部分新平台、新模式未纳入现有统计范畴。分品类看，零售额前三名的品类分别是休闲食品、粮油和茶叶，分别占农产品网络零售额的20.0%、15.4%和11.5%。增速前三位的品类分别是奶类、茶叶和调味品,同比增速分别为29.9%、11.8%和11.5%。如图2-5所示。

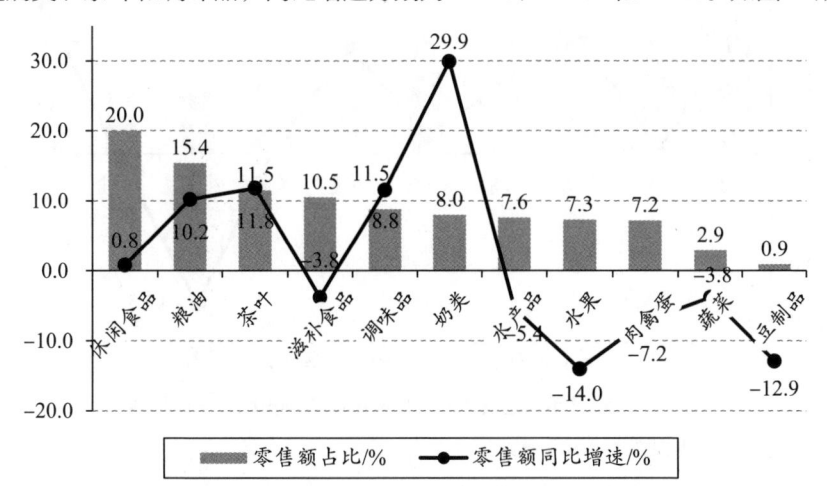

图2-5 2021年全国各类农产品网络零售额占比及同比增速

(数据来源：中国商务部数据整理)

分地区看,东部、中部、西部和东北地区农产品网络零售额分别占全国农产品零售额的64.7%、15.4%、14.4%和5.5%,同比增速分别为5.7%、-5.5%、1.0%和-0.7%。如图2-6所示。

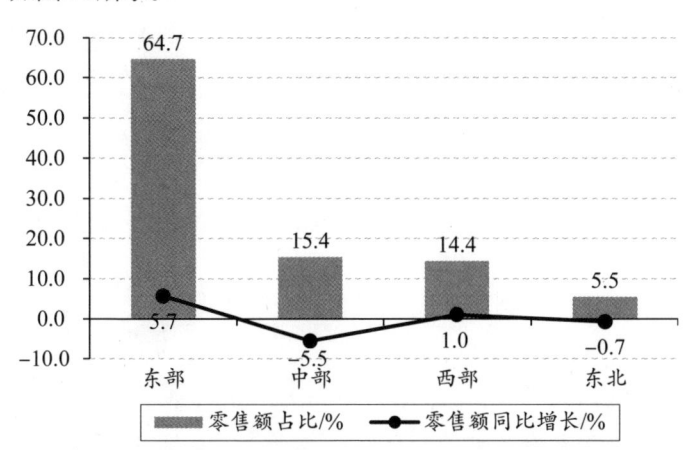

图2-6 2021年全国各类农产品网络零售额占比及同比增速

(数据来源：中国商务部数据整理)

分省份看,农产品网络零售额排名前五的依次为广东、浙江、上海、北京和山东,合计占全国网络零售额比重为48.9%,零售额前十位省份合计占全国农产品网络零售额比重为74.0%。如图2-7所示。

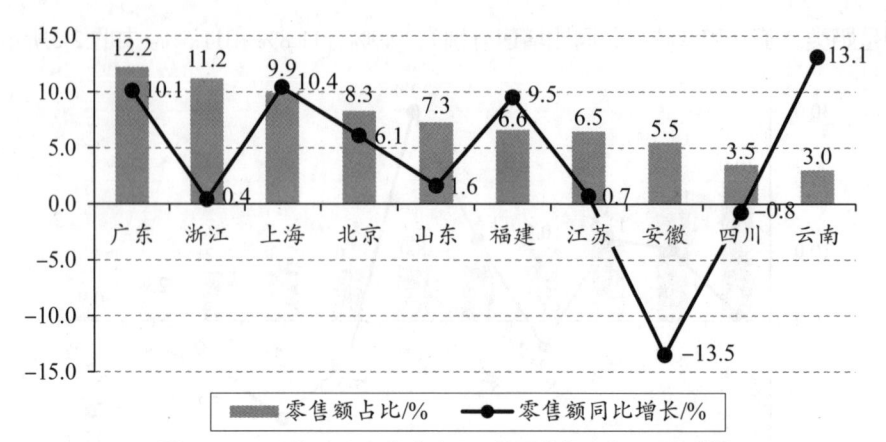

图2-7 2021年全国各类农产品网络零售额占比及同比增速

（数据来源：中国商务部数据整理）

第三章　中国乡村发展与乡村振兴历程

第一节　文献回顾

一、国内乡村振兴研究现状

从党的十九大提出乡村振兴战略至今，国内学术界对乡村振兴主题进行了广泛、深入的研究，产生的研究成果呈迅猛增长的趋势。基于中国知网（CNKI）期刊中文数据库2017—2021年度检索操作，以"乡村振兴""产业"为主题关键词搜索的全部文献共5.61万篇，其中学术期刊类文章居多，高达3.56万篇。近五年来，国内学者对于该领域的关注热度持续上涨，尤其以2017—2018年发文量的涨幅趋势最为明显，从590篇迅速剧增到9 880篇，该年度成为历史性的重要转折点；2019—2020年发表的学术成果略微下降，该话题热度保持平稳；在关键的2021年度发文量直线剧增，最高达到19 531篇，年发文量呈现出显著的攀升态势。如图3-1所示。

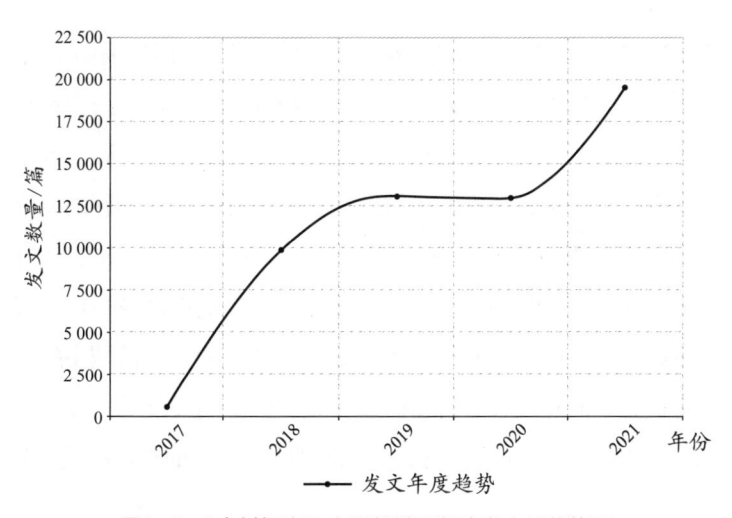

图3-1　"乡村振兴"主题关键词年度发文量趋势图

（数据来源：中国知网发文量计量可视化分析检索结果）

总体来看，在国家政策的引领之下，目前乡村振兴作为热门话题持续被学术界关注，为乡村振兴战略的研究与发展带来新的讨论和探索。"产业兴旺"作为乡村振兴的首要任务，众多学者从不同科学角度出发，对乡村产业兴旺的现状、影响因素、研究方法与对策展开了相应的深度挖掘，并取得了丰硕的研究成果。结合知网文献数据和知识图谱可视化分析结果，其中相关主题频次排名前十的高频关键词分别是乡村振兴（5 440篇）、乡村振兴战略（5 120篇）、乡村旅游（874篇）、脱贫攻坚（536篇）、高质量发展（529篇）、有效衔接（515篇）、乡村（391篇）、发展路径（390篇）、精准扶贫（355篇）、乡村产业（323篇）。如图3-2所示。

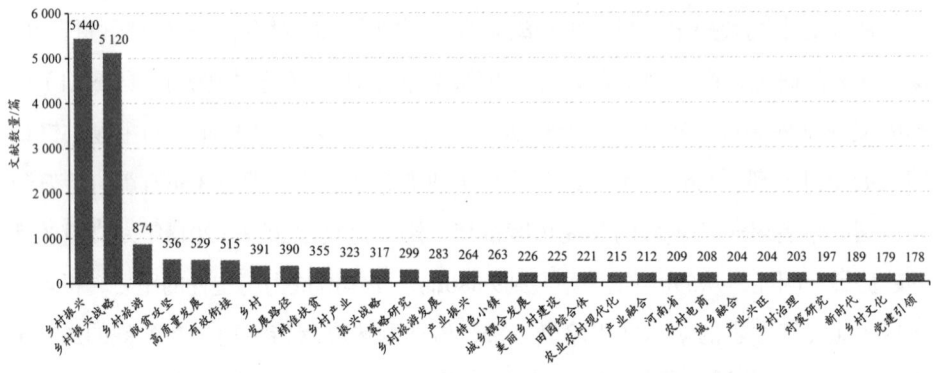

图3-2　2017—2021年乡村振兴领域文献主题关键词分布图

（数据来源：中国知网文献数量可视化分析检索结果）

在2017—2021年乡村振兴领域文献主题关键词分布图中，频次最高的关键词分别是"乡村振兴"和"乡村振兴战略"。可以看出，"乡村振兴"本身作为核心关键词，它的存在价值被充分应用和广泛剖析。正是因为学术界众多学者密切关注乡村振兴战略以及持续的探索，乡村振兴主题研究取得了丰硕的研究成果。对于城乡二元结构不平衡不充分的发展问题，可以通过乡村振兴战略的相关研究，推进城乡协调发展，同时带动农业农村优先发展，切实巩固乡村地区资源、人力资源等关键要素。乡村振兴战略不但要立足于本国国情，坚持城乡融合发展，同时要加大推动农业全面升级、农村全面进步、农民全面发展的力度，切实统筹乡村振兴向高质量方向发展[①]。而围绕中心关键词所衍生出的其他高频次关键词包括

---

① 叶兴庆. 新时代中国乡村振兴战略论纲 [EB/OL].（2018-07-06）[2023-09-27]. http://curdi.sxu.edu.cn/nczg/140944.htm.

乡村旅游、产业发展、扶贫攻坚等热点话题，所对应的内容涉及乡村振兴战略的存在问题、解决方式和发展路径。关于乡村振兴研究的著作从不同的研究视角论述了更深层次的理论和实践体系，学界对"三农"问题的研究比较多，其中精准扶贫和城乡发展是对国家政策的积极回应，体现了当前时代背景下，这些关键词所涉及的现实问题正是国家重点关注对象。基于新的城乡关系理念，要厘清乡村现代化治理和发展道路，要切实关注乡村居民和乡村产业，全面重构乡村经济发展模式[①]。乡村振兴战略是解决中国"三农"问题的重要手段，未来乡村振兴的实现路径应是以农业供给侧改革为主线、以牢牢端稳饭碗为底线、以农业全要素改革为抓手和以人才队伍建设为驱动[②]。要用精准扶贫带动美丽乡村建设，形成相辅相成、相互促进的优化关系，从而实现乡村振兴目标[③]。

"乡村产业""产业振兴""产业兴旺"这些关键词同样也是乡村振兴战略主要目标与重点方向，尤其是"产业兴旺"，作为乡村振兴战略的五个方针之一，以解决农业农村农民问题为出发点，推进乡村产业走向多元化发展道路。乡村产业振兴需要寻求切实可行的发展道路，而电子商务的发展对农业经济转型升级具有支撑作用，作为一种新的经济形态和创新创业动力引擎，农村电子商务能够结合区域资源，挖掘特色农产品优势，依托电商赋能实现乡村振兴，通过农村一、二、三产业的融合发展，加强农村产业之间的融合，促进现代农业产业的转型与升级，使之成为农村产业兴旺的关键布局[④]。乡村振兴以农业产业为主，强调乡村本身的特色优势，产业兴旺要以农业为中心，拓展多种乡村产业，以提高农业竞争力，充分挖掘农业多功能性，延长农业产业链条和大力发展农业农村服务业为内容[⑤]。

从农村电子商务发展情况分析，电子商务加快了农业产业信息化进程，从种

---

① 林峰，等.乡村振兴战略规划与实施[M].北京：中国农业出版社，2018.
② 彭万勇，王竞一，金盛.中国"三农"发展与乡村振兴战略实施的四重维度[J].改革与战略，2018，34（5）：55-60.
③ 田菊会，乔亚杰，孟祥屾.精准扶贫背景下的乡村振兴战略研究[J].经济研究参考，2018（10）：65-69.
④ 曾福生，蔡保忠.以产业兴旺促湖南乡村振兴战略的实现[J].农业现代化研究,2018（2）：179-184.
⑤ 孔祥智.产业兴旺是乡村振兴的基础[J].村金融研究，2018（2）：9-13.

植到消费这条农业产业链的各个环节协调发展，优化了资源配置，提升了农产品附加值，增加了企业收入，促进农业产业结构转型升级，提升农业竞争力，促进了乡村的发展。但从目前的文献成果来看，大部分学者从宏观角度出发，揭示乡村产业振兴中存在的发展困境、"三农"问题、城乡结构融合等制约因素的研究比较多，整体上学界学者还尚未基于农村电子商务的发展，对乡村产业在现实中应如何进行系统和科学的规划进行研究，对微观层面上的环境资源问题、农村基础设施薄弱、劳动力流失、第三产业发展薄弱等面临的困境还认识不够全面。我们有必要研究和分析这类严峻问题，为帮助产业兴旺及促进乡村振兴提供有效发展对策。

二、国外乡村振兴研究现状

发达国家的城市化进程的飞速发展，为乡村地区的发展提供了大量的政策和机遇。国外乡村模式不断演变，为国外学者进行乡村振兴主题的研究提供了大量的案例，国外学者研究开始的时间也较早，他们研究的成果以及发达国家的成功案例为我国乡村振兴提供了借鉴经验和启发意义。

20世纪，在西方国家开展的乡村振兴运动中，着眼于从农业型乡村模式转向多功能型乡村发展模式上，开始关注和重视乡村居民的现实需求，努力优化当地布局结构，实现乡村功能最优化[1]。弗里德曼和道格拉斯提出的农业城镇发展模式的核心是通过合理的城乡联系，实现城乡社会经济的均衡发展。他们提出，乡村居民应积极参与乡村未来规划与实施，乡村经济发展不仅要突出农业可持续发展理念，同时要维护好乡村农业的基础设施保护和主动激发农民的生产积极性[2]。Halonen等通过对芬兰资源型村庄的研究表明，乡村产业的区位优势有利于产业的进一步发展。对于农村发展而言，资源型产业的发展壮大对促进当地经济具有重要的借鉴意义[3]。

---

[1] 罗自刚. 国外乡村振兴：价值取向与策略选择——我国实施乡村振兴战略的一个借鉴[J]. 农业科学研究，2018，39（4）：78-84，88.

[2] 安虎森，郭莹莹. 国外乡村振兴理论及其对我国的启示[J]. 开发研究，2019（3）：47-53.

[3] HALONEN M, KOTILAINEN J, TYKKYLAINEN M, et al. Industry life cycles of resource town in finland: the Case of LIEKSA[J].European countryside, 2015, 1(7): 16-41.

在全球化时代，城乡一体化协调发展大多采用因地制宜、取长补短的方式让乡村保持当地文化传统优势，突出特色发展和促进经济发展。韩国和日本在二战后采用了理论与实践相结合的方法解决了乡村振兴运动中存在的问题和困境。韩国政府从1970年组织实施"新农村建设与发展运动"，简称"新村运动"。"新村运动"坚持以农民为核心力量，帮助农民实现脱贫致富的目标，通过发挥政府的主导作用和鼓励农民自觉参与家乡自治活动，以开发产业项目和保持乡村特色资源优势来帮助乡村走向整体发展，韩国"新村运动"在实践中取得了巨大的经济和社会效益，不仅提高了农民收入还带动了城乡经济的协调发展。因此，因地制宜型的新村运动能帮助整体提升乡村经济效益，为乡村优势的充分发挥提供了有效发展途径。始于20世纪70年代末的日本造村运动，打造"一村一品"，各个村落依靠本地优势积极推广农业特色产品，塑造特色型农业[①]。1994年今村奈良臣教授提出了"六次产业"的概念，通过构建集生产、加工、流通、销售为一体的完整产业链，将农业生产逐步向第二、第三产业延伸，提高农村产业的增收和产品的高附加值[②]。日本发展"第六产业"对推进农村产业融合发展具有十分明显的促进作用，为我国乡村产业可持续化发展提供了全新的可以借鉴的路径。

鉴于每个国家经济发展水平和政治文化的不同，我们有必要结合我国乡村发展实际情况来研究产业集群视角下农村电商推动乡村振兴的机理及效应，这对以后乡村建设及发展路径具有重要意义。

第二节　中国乡村发展与乡村振兴历程

乡村振兴战略是在新时代背景下党中央立足于国情和农情提出的战略部署，其提出并不完全仅是基于新形势、新变化做出的新判断，其所立基的问题意识和现实命题是基于中国现代化这一历史进程中的再思考，也是基于中国百年来乡村建设的历史经验提出的。如果将乡村振兴战略放于近代发展历程中考量，我们发现乡村振兴贯穿于我国近代发展的全过程。从20世纪30年代开始，在一批有识之

---

① 陈磊，曲文俏. 解读日本的造村运动 [J]. 当代亚太，2006（6）：29-35.
② 姜长云. 日本的"六次产业化"与我国推进农村一、二、三产业融合发展 [J]. 农业经济与管理，2015（3）：5-10.

士的倡导、带领和探索下，我国开始了实现乡村振兴的百年探索。本书分三个阶段对我国乡村发展与乡村振兴历程进行总结。

一、乡村建设运动（1949年以前）

在20世纪前半叶，在西方现代化的冲击下，中国社会结构全面震荡，乡村整体呈现经济萧条、政治无序、文化失调等凋零颓败景象，为了推动社会转型和乡村发展，以梁漱溟、晏阳初、黄炎培为首的知识分子开启并推动了乡村建设运动，各地因地制宜，形成了具有地方特色的两种类型乡村建设模式：一种是由知识分子主持的乡村建设实验，如晏阳初在乡村建设实验中引入"平民教育"，旨在培养具有"知识力、生产力、强健力和团结力的新民"[①]。黄炎培则提出恤民性的职业教育主张、解民忧的职业教育理念、重民生的职业教育模式，主张打造技能强国、重视手脑并用、发展农村职教，倡导以职业教育改善平民生活。梁漱溟在坚持以文化"化人"理念的同时，提出将中国儒家伦理与西方职业本位兼容并蓄地推进乡村建设的综合方案：以社会现代化为取向，以农村为阵地，以文化为核心，以"新的礼俗"作为乡村建设存在的基础，通过乡村建设运动实现乡村自救、乡村文明和社会结构的再造，促进中国社会的文明和进步[②]。与早期的乡村建设实验者不同，著名社会学家费孝通提出了一套从文化价值到社会系统相对综合的乡土重建方案，即基于农民合作的基础上实现乡村工业化的公平，并以分散化和自下而上的乡村工业化发展道路逐渐复原中国乡土社会的完整性，进而实现乡村的现代化转型。

由于中国先进知识分子探索国家现代化道路的理论与实践的局限性，以及乡村建设"高谈社会改造而依附政权，号称乡村运动而乡村不动"的困境[②]，在旧政权的管理体制下的乡村建设运动的各项实验只能达到渐进式改良，而不能实现全盘的乡村社会的改造。而费孝通的乡村现代性方案也因抗日战争和国共内战而丧失实验的时空，未能得到实践层面的印证。基于这两种乡村建设模式存在的问题，中国共产党认为中国乡村建设的关键在于土地，并以"耕者有其田"的革命运动推进乡村财产所有制的变革，创造了乡村持续发展的新秩序，乡村现代化建

---

① 宋恩荣. 晏阳初全集：第一卷[M]. 长沙：湖南教育出版社，1992.
② 梁漱溟. 乡村建设理论[M]. 上海：上海人民出版社，2011.

设进入新阶段。

二、社会主义新农村建设（1949—2012年）

1949年以来，中国乡村经历了多次转型发展并呈现出典型的阶段性特征和时代烙印，尤其是在经济发展、景观格局、承载功能、区域差异等方面都发生了明显变化。乡村由支持城镇化、工业化发展转向城乡统筹、城乡融合发展，乡村在区域发展中的角色、定位由辅助作用、后备力量转变为重要组成及主要载体[①]。乡村发展研究也逐步从单体乡村视角向城乡一体化、城乡融合发展转型[②]。乡村功能也从生产、生活功能向生产、生活、生态的"三生"综合功能转变。乡村经济发展由城乡剪刀差向市场调配、政策调控的"双调"模式转变[③]。1949年至2012年中国乡村发展可以分为以下三个阶段。

（一）1949－1977年，人民公社为主体的城乡二元结构阶段

自中华人民共和国成立以后，乡村发展以农业合作生产而建立的人民公社体制为主体，这是一种被赋予极强的时代政治色彩并具有高度计划经济特色的组织形态，这种组织形态完全忽视乡村生产力落后的基本现实，违背了生产力与生产关系的基本规律。由于城乡"剪刀差"的存在以及粮食的"统购统销"，乡村产品以低价格大量流向城市，乡村为城市、工业发展提供大量资产、资金和资本，极大地损害了农民的利益，制约了乡村发展，乡村未能真正受益，导致城乡二元结构日益深化，人民公社制度最终瓦解。

（二）1978—2001年，小农经济为主体的家庭联产承包责任制

1979年，中国农村开始经济体制改革，家庭联产承包责任制的实施赋予农民土地使用权，极大地激发了农民的内生动力，使农民具备了前所未有的主人翁精神，对土地加大了投入，生产力水平得到提高，形成了"离土不离乡，进厂不进城"的独特乡村经济发展模式，农业生产效率显著提高，为乡村工业化、城镇化发展以及农民生活环境和条件的改善打下了良好的基础。自20世纪70年代后期开

---

① 龙花楼. 论乡村重构[J]. 地理学报，2017，72（4）：563-576.
② 何仁伟. 基于"两山"理论的乡村振兴战略研究[J]. 西昌学院学报（社会科学版）. 2018，30（3）：82-84.
③ 刘彦随. 地理工程与乡村振兴[J]. 中学地理教学参考. 2018（19）：1.

始，乡镇企业迅速发展。乡镇企业的前身是社队企业，1978年其总产值已达到493亿元，占农村社会总产值的26.1%[①]。1979年，国务院颁发了《关于发展社队企业若干问题的规定（试行草案）》，对社队企业的地位与作用、生产经营范围、所有制形式、组织领导、发展方向和优惠政策做了明确规定，充分肯定了社队企业的贡献，并认为社队企业是农村经济的重要支柱和国民经济的重要组成部分。1984年，中共中央、国务院转发农牧渔业部《关于开创社队企业新局面的报告》的通知，社队企业正式改称为乡镇企业，乡村发展进入第一个发展高峰期。1984—1988年，乡镇企业总产值年均增长率为39.6%，到1988年乡镇企业总产值达6 495.7亿元，企业数达1 888万个，从业人数达9 546万人[②]。这一时期乡镇企业的发展极大地促进了国民经济的繁荣。至1997年，乡镇企业包括"集体企业"和"私营企业"两大类。1988年9月，国家针对前期乡镇企业发展过程中显现的一些弊端，提出了"调整、整顿、改造、提高"的方针，集中治理经济过热、整顿经济秩序，压缩了基建规模，关、停、并、转了一批经济效益差、浪费原材料、污染严重的企业。乡镇企业的发展速度趋缓，1989—1990年，乡镇企业总产值的年增长率下降到14%[③]。1991年至1995年，乡镇企业调整生产经营方向，提高管理水平，引进新技术，企业规模不断扩大，乡镇企业迎来第2次发展高峰，总产值从11 612.7亿元猛增到68 915.2亿元，年均增长率为56%。1995年从业人员达12 862万人，实现出口交货值5 394.5亿元，利润总额1 775亿元[④]。1997年1月，《中华人民共和国乡镇企业法》的正式实施，标志着乡镇企业进入了深化产权制度改革的时期，乡镇企业逐步成长为自主经营、自负盈亏、自我约束、自我发展的企业法人主体和市场竞争主体。总体而言，该阶段以提升农民积极性带来的经济增长支撑了城镇化和工业化的发展，但以城市偏向的发展战略不断拉大了城乡差距，"重城轻乡"的发展导向导致了乡村发展主体老弱化、资产闲置化、环境污染化、生产要素高速非农化，农民的生活水平增长缓慢甚至停滞，"三农"问题日益严重。

---

① 王宝文.中国乡镇企业发展历程及转型研究[J].经济视角（中旬），2012（2）：65-67.
② 同①。
③ 同①。
④ 同①。

（三）2002—2012年，城乡统筹发展阶段

为了解决"三农"问题，2002年中共中央农村工作会议以"多予、少取、放活"原则作为指导思想，并连续几年成为中央一号文件农村工作的指导方针，中国农业开始向优质、高效、高质量转型。党的十六届三中全会将统筹城乡经济社会发展置于"五个统筹"之首，期待从制度上建立解决城乡二元结构的体制和机制问题，中央和地方共同探索多元化的税费改革模式。至2006年，国家彻底废除农业税，与废除农业税相衔接，国家出台了加强"社会主义新农村建设"的系列惠农政策，这些政策的实施促使城乡统筹发展进入制度支撑及取得初步成效阶段。农民的生产积极性再次被激活，伴随着科学技术的进步，农业生产效率大幅度提升，乡村环境产生显著变化。但是，在这一阶段，由于农村基础设施建设长期不到位，城乡公共服务水平存在大的区位差异，江浙等沿海地区乡村发展迅速，而中西部地区相对发展缓慢，乡村发展在区域上出现了显著差异。

总体而言，与民国时期的乡村建设实验不同，"社会主义新农村建设"是在社会主义初级阶段的主要矛盾，即人民日益增长的物质文化需要同落后的社会生产之间的矛盾之下的阶段重大历史任务，《中共中央关于制定国民经济和社会发展第十一个五年规划的建议》提出了建设范畴，包括"生产发展、生活富裕、乡风文明、村容整洁、管理民主"，目的在于加快改变农村经济社会发展滞后的局面。

三、城乡融合发展与乡村振兴阶段（2013至今）

21世纪以来，尽管国家对"三农"政策倾斜和投入力度逐年加大，但是，与城市相比，乡村发展相对滞后，乡村出现严重的空心化，乡镇企业三废排放、大气污染等问题严重，乡村景观与生态安全严重受损，乡村文明与治理缺失。为了缓解"三农"问题，在2012年中央经济工作会议上，国家提出了2013年经济工作的主要任务是积极稳妥推进城镇化，着力提高城镇化质量，并陆续推出了美丽乡村建设、农业供给侧结构性改革和精准扶贫等系列政策措施，旨在推进城乡融合发展。随着系列政策的落地实施，乡村发展取得了一定的成效，主要体现在农村的基础设施得到改善，公共服务体系逐步完善，伴随互联网技术的发展以及电子商务从城市向农村渗透，基于农村电子商务的返乡创业的农民逐渐增多。但是，由于乡村产业的初级化及产业规模化不高，组织化程度低、乡村治理能力不足以

及农民受教育水平低等问题依然存在。为此，党的十九大在总结城乡关系的基础上以及对我国社会主要矛盾进行科学判断的基础上提出实施乡村振兴战略。报告指出，要坚持农业农村优先发展，按照产业兴旺、生态宜居、乡风文明、治理有效、生活富裕的总要求，建立健全城乡融合发展体制机制和政策体系，加快推进农业农村现代化。我国社会主要矛盾已经转化为人民日益增长的美好生活需要和不平衡不充分的发展之间的矛盾。在中国特色社会主义进入新时代，"三农"事业获得长足发展的新形势下，农业农村发展的战略要求也要与时俱进地进行"升级"。这一阶段的主要任务不再是单纯追求发展速度，而是着力解决不平衡、不充分发展和发展质量问题。对照党的十六届五中全会提出的"生产发展、生活宽裕、乡风文明、村容整洁、管理民主"二十字社会主义新农村建设总要求，乡村振兴战略被置于贯彻"创新、协调、绿色、开放、共享"的新发展理念以及建设现代化经济体系的内容框架中，在继承新农村建设总要求的基础上，对乡村发展主题进行了转换，内容要求进行了提升。

《乡村振兴战略规划（2018—2022年）》更具体地贯彻落实了"乡村振兴"的重要内容，其中明确提出关于乡村振兴战略"产业兴旺、生态宜居、乡风文明、治理有效、生活富裕"的总要求。这二十字方针是实施乡村振兴战略的价值理论，只有紧紧围绕这个主题，才能全面推进农业农村现代化经济建设的发展。"产业兴旺"作为乡村的发展根基，是实现乡村振兴的核心要求。2018年中央一号文件将乡村振兴五个方面的内在关系表述为："产业兴旺是重点，生态宜居是关键，乡风文明是保障，治理有效是基础，生活富裕是根本"。这五个方面进一步可以概括为：产业兴旺位于联结关系的中心地带，通过推动农村产业的深度融合，让产业实现转型升级，发展适合本土特色的农业产业，促进农业现代化进程建设；在完善乡村建设中，发展农村经济的同时也要加强农村基层治理工作，确保基层干部能够保障贫困农民实现安居乐业，农村社会保持秩序安定的状态；同样，自然资源是乡村发展的重要基础，对乡村资源的合理利用也是势在必行，只有人与社会、自然和谐相处，打造生态宜居的可持续发展环境，才能将美丽乡村建设落实到位；乡村振兴战略的根本要求是实现人民共同富裕，提高农业现代化发展质量，不断增加就业渠道，帮助提高农民收入水平和改善乡村生活质量，是加强乡村惠农机制的有效发展途径；新农村建设不仅能进一步有效提高农民的文化素质水平，实施乡村振兴战略，还能传承乡风文明中蕴含的文化精神，焕发出新时代乡村文化中的优秀传统文化。乡村振兴五个方面的关系如图3-3所示。

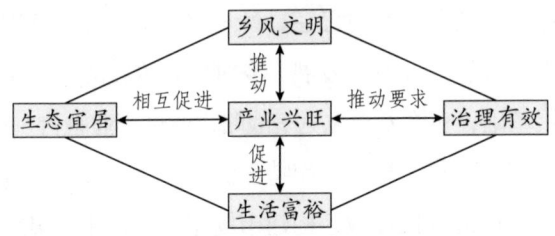

图3-3 乡村振兴五个方面内在逻辑图

根据乡村振兴战略"产业兴旺、生态宜居、乡风文明、治理有效、生活富裕"内在逻辑关系及总体要求，我们将社会主义新农村建设与乡村振兴战略对比如下：

（一）从产业发展角度

从社会主义新农村建设到乡村振兴战略阶段，中国乡村产业发展经历了五个阶段。

（1）人民公社"三级所有，队为基础"的体制将乡村产业发展限制在只进行粮食生产。

（2）20世纪79年代末期至80年代初，中国乡村产业发展确立以农户为经营主体，由人民公社、生产队主导向乡政府、村委会、联户、单户承办转型。

（3）1985年起全面启动农产品统一派购制度改革，农产品丰收使粮食供给压力下降，以粮食、经济作物为主的农业产业结构逐步调整，市场经济为乡村产业发展开启了商品化大门，分工逐渐细化，社会化服务得到加强，乡村产业逐步形成了契合市场发展需要的农产品生产、加工、营销、服务的农业产业化经营格局。

（4）2004年起，为了解决"三农"问题，中央一号文件连续出台了系列政策引导乡村经济、社会、人居环境的系统转变，伴随政策支持的专业合作社和家庭农场的产生，促进了农村产业发展的组织能力与水平，乡村产业发展开始向规模化、智慧化和融合化发展方向转型。但是，乡村产业发展仍然以小农经济为主体，不能有效地对接市场的需求。

（5）党的十八大提出的供给侧结构性改革以及十九大提出的乡村振兴战略，乡村产业发展进入新的历史阶段，乡村产业发展在基于市场需求的基础上，在加强产业结构调整、品种结构调整、产品质量调整的同时，要更加重视产业发展的组织化程度、产业融合发展程度和产业价值链纵向横向延伸程度。

乡村振兴战略将"产业兴旺"替代"生产发展",说明从社会主义新农村建设到乡村振兴战略发展阶段,乡村已经具备一定程度的经济基础,乡村振兴的关键支撑是推进产业兴旺和产业融合发展。乡村振兴阶段的产业振兴应立足乡村资源禀赋与产业发展基础,实施差异化竞争战略,通过产业融合、产业链条的延伸、产业功能的扩展,培育乡村主导产业和特色优势产业,打造区域优势品牌,形成差异化的竞争优势,促进农民增收,构建市场化、信息化、集约化、专业化的多元乡村产业形态和多功能乡村产业体系[①]。毫无疑问,农村电子商务以农业为核心有助于乡村实现产业的融合和集聚,通过建立现代化农村产业体系,以实现乡村的产业振兴。

(二)从人居环境与生态振兴角度

1949年以来,从政府管理层面的认识来看,乡村生态环境保护与治理已经历从忽视、正视、重视到进入国家治理体系的重大转变。1973年,国务院审议通过的《关于保护和改善环境的若干规定(试行草案)》,将环境保护与治理上升到国家层面。生态环境的污染由城市向乡村延伸,乡村人居环境的整治重点由城镇周边地区、工业驻地所在区域向农业生产、河流断面等区域拓展[②]。国家"十一五"规划提出了建设资源节约型、环境友好型社会的目标。党的十八大将生态文明建设纳入中国特色社会主义"五位一体"的总体布局,全力推行生命共同体、尊重自然、顺应自然、保护自然等生态保护与发展理念。乡村振兴战略以"生态宜居"替代"村容整洁",这是生态文明建设在乡村的具体落实和践行,也是从外在环境设施的评价转向"生态宜居"这一更加注重农民居住的舒适度和幸福感的目标。毫无疑问,这对农村电子商务产业集聚、促进新型城镇化建设提出了更高的要求。

(三)从文化振兴角度

乡村文化是乡村主体在长期的生产生活中逐步形成的具有地域特色并为当地居民认同并共同遵守的价值理念、行为规范的总和。乡村文化起着凝聚乡村力量、

[①] 陈秋分,刘玉,王国刚.大都市乡村发展比较及其对乡村振兴战略的启示[J].地理科学进展,2019,38(9):1403-1411.

[②] 龙花楼.论土地整治与乡村空间重构[J].地理学报,2013,68(8):1019-1028.

规范生产和生活秩序、约束农民行为的作用。1949年以来，由于计划经济体制的影响，乡村生产和生活受集体经济范畴的制约，乡村文化具有依附集体组织的特点，具有明显的封闭性和保守性。改革开放后，受市场经济的影响，随着农民思想观念的改变，在乡村逐步孕育开放、包容的现代文化。乡镇企业的崛起改变了乡村的生产方式，也改变了农民的价值取向。基于市场经济的市场导向意识、诚信意识、契约意识、理性决策意识被不断吸收到乡村文化中，农民受现代市场意识与价值观念的影响，涌现了越来越多的农民企业家，出现更多的农民从事非农产业。21世纪以来，出现了城市文化与乡村文化的融合，大量在城市务工的农民受到城市文化的影响，接受了城市的价值观念，学习了现代化的生产和生活方式，乡村主体的民主意识、公平意识与参与意识不断得到提升，乡村文化的开放性与包容性更加突显。但是，随着市场竞争的加剧，功利主义、恶性竞争、诚信缺失、伦理失序、道德滑坡等负面取向逐渐侵蚀乡村文化，传统的勤劳、朴素、踏实的价值追求被舍弃，基于乡土情结和亲情关怀的道德规范和乡村文化逐步瓦解，受信息技术及智慧经济的影响，乡村文化呈现消费、休闲、审美功能被强化的多元文化融合的特点。

面向未来，基于新农村建设和乡村振兴战略的共同要求，乡村振兴在改善农民生活物质条件、加强基础设施建设的同时，需要加强乡村精神文明的建设，经济建设和文化建设互相结合、互相促进。农村电子商务的发展在加强道路、网络、物流、仓储、金融支付等一系列基础设施建设的同时，要基于乡村电子商务平台加强区域文化建设、品牌建设、诚信教育等。

（四）从乡村治理与组织振兴角度

1949开始实施的中国乡村治理采取公社、生产大队和生产队的"三级管理制度"，这种治理模式采取平均主义分配模式，不利于调动农民的积极性。家庭联产承包制度的实施充分调动了农民的积极性，1982年修订的《中华人民共和国宪法》中明确提出，"实施家庭承包经营为基础、统分结合的双层经营体制"推动乡村治理进入制度化建设阶段。1983年，农村逐步开展政社分开改革，"乡政村治"是乡村治理模式的巨大进步，为村民自治构建了制度框架。1987年，农村民主自治制度成为中国特色社会主义制度的重要组成部分。2006年废除农业税后，大量农民外出务工，将城市先进的管理经验带回到乡村，村民民主意识、议政意识空前提高，乡村治理进入自发性、丰富化、多元化阶段。2010年，《中华人民共和国村民委员会组织法》的修订完善，修正与补充了村务公开、加强监督、民主决策等内容，乡村治理从制度化转向组织化。

2017年10月，党的十九大提出的乡村振兴战略以"治理有效"替代"管理民主"，乡村振兴战略不局限于程序公平与正义的"管理民主"，更加突出乡村治理体制改革和治理成效。农村电子商务的规模扩大与产业集聚会倒逼乡村政府及相关部门提高治理水平和治理能力，加强对企业的管理和指导，县、乡镇及村委会需要基于电子商务的发展需要而主动转变治理思维，更新治理理念，通过网络与乡村治理的结合促进乡村治理的数字化，扩大治理的覆盖范围，提高治理的现代化水平来达到乡村治理的有效性。国务院扶贫办在答复全国人大代表马化腾提出的建议时表示，将加大对贫困地区互联网基础设施的建设力度，继续推动乡村治理数字化，通过运用互联网信息平台扩大基层治理的触达范围，提升乡村治理能力。

（五）从目标达成角度

乡村振兴战略和社会主义新农村建设都体现了"以人民为中心"的发展理念，以农民生活水平的提升作为工作成效的检验标准。但乡村振兴战略采取依托"产业兴旺"带来的物质基础，通过创造条件让农民共享更大程度的发展成果的方式，更能够使农民生活水平得到大的提升，生活质量得到全面改善。

第四章 农村电子商务产业集聚与乡村振兴协同发展机制

第一节 文献回顾与理论基础

一、农村电商产业集群及形成机制

产业集聚是具有较强关联性的核心企业及具有关联性的配套服务支持企业在某一特定空间上的集中,在没有外在约束力量或者市场的强制分割的情况下,产业集聚形成的最根本动力是经济活动主体基于成本降低和资源共享的需要,因此,产业集聚是所有产业的发展趋势。集群经济是经济发展战略中的重要问题,如果要转变传统工业化规模增长的方式,那么发展集群经济就成为集约增长的一个新的选择。关于产业集群的概念,最早是由英国学者马歇尔提出,他认为产业集群产生于产业外部规模经济,生产、销售类似产品或有关联的产业会集中到一个特定的地点,使用专门的人才和机构,产生较高的利用效率。这样的高效率,就会产生一种外在的规模效应,促使企业聚集起来,形成一个产业集群[①]。Porter 认为,产业集群是同处于特定空间领域的某一特色产业内相关生产、经营、销售及配套服务的企业,以特定的网络组织形式集聚而成的企业群体,包括相互关联的行业和在竞争中发挥重要作用的其他实体[②]。

我国农村产业化天然带有集群经济的基因,农村有着特殊的社会土壤,少数人的成功很快会带来大批模仿者,因此会在有限的区域内,形成产业"扎堆"现象,从而成为集群经济的主要表现形式。基于信息技术的电子商务可以渗透到任何产业形成投资融资平台、交易支付平台、品牌宣传平台,形成资源共享和规模经济,

---

① 马歇尔.经济学原理(上下卷)[M].朱志泰,译.北京:商务印书馆,1991.

② PORTER M. Clusters and the new economics of competition[J]. Harvard business review, 1998, 76(6): 77-90.

降低交易成本，推进产业集聚发展。正是在全球化、网络化、电子商务为主要特征的大背景下，农村电子商务产业集群的形成是电子商务发展的必然结果。结合 Porter 对于产业集群的定义，我们将农村电子商务产业集群定义为，在特定的农村地区，基于同样的农业产业或特色农产品，大量相关生产、运营、销售、服务企业及配套设施聚集起来，应用农村电子商务产业发展模式，整合、提升传统农业价值链和产业链，创新销售模式和企业组织形式，形成生产、供应和营销相结合的有机群体。

其主要涉及的内容：① 与农业相关的信息的获取以及生产生活资料的收集和分析；② 通过对农村的相关人员提供与电子商务相关的各种培训、广告、物流、售后等服务。农村电子商务集群的参与主体主要包括农户、农民专业合作社、农业企业、电子商务物流公司、电子商务营销企业、相关服务提供机构。与传统农业产业集群不同的是，农村电子商务产业集群是以电商平台网络销售为核心，整合传统农业产业链，创新营销模式和企业组织形式，形成集生产、销售、关联服务于一体的集群，基于第三方电子商务平台的销售网络，将实体经济与虚拟经济相结合，对传统农村特色产业进行改造、升级或创新。因此农村电子商务产业集群更具创新性、灵活性和兼容性[1]。但是，我国农村电子商务产业集群发展存在企业同质化严重、政府管理力度不够、电商人才缺乏等系列问题。因此，必须充分发挥政府管理职能，加强基础设施建设，完善产业链，推进产业融合发展，加快人才培养，以更好、更快地实现农村经济和社会的发展与繁荣[2]。

随着国内对农村电子商务集群的深入研究，在集群的形成机理方面，学者们进行了不同层面的研究，不少学者也结合相关理论与案例，对农村电子商务产业集群形成机理进行了总结。从地理优势、外部经济、领军企业、社会网络和政府行为五个方面，可以构建农村电商产业集群形成与演进机理的分析框架，以三种不同产业集群为研究案例，我国农村电子商务集群在萌芽、成长和成熟阶段具有

---

[1] 严敏，曹玲玲. 特色乡镇视域下农村电商、产业集群、区域品牌协同发展路径研究 [J]. 现代商业，2021（21）：15-17.

[2] 王坤."互联网+"时代我国农村电商产业集群发展问题研究 [J]. 农业经济，2021（8）：125-127.

不同的特点[①]。针对农村电商产业集群的发展存在的问题，可以从地理位置、农民凝聚力、产业协同力、企业带动力和政府引导力五个方面，构建农村电商产业集群形成与发展的动力机制模型，根据模型可以对农村电子商务产业集群形成机制进行实证研究。研究表明区域资源驱动、产业链迁回、龙头企业的带动力是产业集群形成的内部因素，产业集聚形成的外部因素加速市场的发展，政府对农民、企业和产业集群的发展应给予支持[②]。农村电子商务产业集群发展的作用机制可以从技术创新、资源禀赋、竞合互动和政策支持四个方面进行分析，推动农村电子商务产业集群发展的对策包括五个方面，吸收和培养专业技术人才，重视本地产业基础设施建设，强化综合性电子商务协会功能，政府、协会与集群内企业合作，制定宽松的制度支持政策[③]。农村电子商务产业集群影响因素是多方面的，可以运用层次结构（ISM）分析方法，探索我国农村电子商务产业集群的影响因素，结合采用模糊层次分析法（FAHP）研究各个影响因素的权重，研究结果表明：影响我国农村电子商务产业集群形成的核心层级包括物理系统环境、产业政策导向、互联网环境和网络市场需求度，其中网络市场需求度是最为核心的因素[④]。影响农村电子商务产业集聚发展的动力因素分为内生动力和外部动力，内生动力机制包括产业链推动力、资源共享推动力、行业模仿推动力和技术创新推动力，外部动力机制主要包括政府的宏观调控、政府对产业的长远规划、市场发展需求和外部竞争等。内生动力和外部动力两者共同作用才能有效推动农村电子商务产业集聚化发展，特别是内生动力的部分因素和外部动力的部分因素相互作用，比如：政府宏观政策支持、良好制度环境、市场发展需求和外部竞争力这些外部动力机制的变化，直接影响集群内生动力的作用，使内生动力各因素相互促进、相互推动，

[①] 凌守兴.我国农村电子商务产业集群形成及演进机理研究[J].商业研究，2015（1）：104-109.

[②] 刘维.河南省农村电商产业集群的形成机制研究：以光山县为例[J].农村经济与科技，2020，31（1）：188-191.

[③] 麦英凤.农村电子商务产业集群发展研究[J].物流科技，2020（11）：71-73.

[④] 王冬屏.农村电子商务产业集群影响因素的层次分析[J].商业经济研究，2020（17）：128-131.

进而实现农村电子商务产业集群的良性发展和革新[①]。

二、区域经济与协同发展

不同学者对区域经济协同发展的界定虽各有侧重，但均强调了不同区域经济系统之间、系统内部各子系统之间的相互作用。区域经济协同发展是区域内各地域单元和经济组分之间协调共生，自成一体，形成高效和高度有序化的整合，实现区域内各地域单元和经济组分的"一体化"运作与共同发展的区域经济发展方式[②]。以省际毗邻边缘区域为主要研究对象来进行分析，区域经济协同发展是指区域系统内部及各个子系统之间的相互适应、相互协作、相互促进、和谐发展的良性循环过程，是一种"整体性""综合性"和"内在性"的聚合，能反映所有子系统之间相互关联、作用的动态过程[③④]。区域经济系统之间的协同发展是指一定条件下，通过调节控制各个经济要素的独立运动以及要素之间的关联运动，使经济要素之间的关联支配各个要素的独立发展，达到各个经济要素相互配合、相互协作的发展态势，进而主导整个区域经济系统的发展趋向，使整个区域经济系统由旧结构状态发展变化为新结构状态，从而实现经济要素合乎规律发展、区域内部与外部经济互惠共赢发展、区域经济社会全面协调可持续发展[⑤]。

从我国区域经济协调发展的实证研究来分析，我国区域经济协调发展水平整体上显著提高，东部地区和东北地区的区域经济协调发展水平趋于上升，中部地区的区域经济协调发展水平略有降低，西部地区的区域经济协调发展水平则下降

---

① 曹翔.大数据视域下农村电子商务产业集群动力机制研究 [J].农业经济，2019（10）：134-135.

② 黎鹏.经济协同发展及其理论依据与实施途径 [J].地理与地理信息科学，2005，21（4）：51-55.

③ 冷志明.区域经济协同发展研究：对湘鄂渝黔边区的实证分析 [M].长沙：中南大学出版社，2006.

④ 冷志明.湘鄂渝黔边区域经济协同发展的政策研究 [J].产业与科技论坛，2006（1）：17-20.

⑤ 王力年，滕福星.论区域经济系统协同发展的关键环节及推进原则 [J].工业技术经济，2012（2）：13-18.

幅度较大[1]。总体而言，我国区域经济发展存在显著的空间相关性，人力资本、市场化进程和财政支出等因素对经济发展有持续显著正影响[2]。区域性研究显示，广东省区域经济协调发展水平持续上升，珠三角、粤东、粤西和粤北四大区域的经济协调发展水平均较高，区域经济协调发展战略和政策措施实施效果较好，但也呈现显著的地区差异化影响[3]。江苏省南北梯度较大，苏南地区是区域经济协调发展的样板，全省内部短板现象直接制约各区域经济协调发展水平，存在城市辐射范围小等问题[4]。

上述研究表明，有关区域经济协调发展的内涵、评价标准、实证评估、影响因素、作用机制等方面的研究较为完善，但农村电子商务产业集群作为区域经济的一种类型与区域乡村振兴协同发展的机制研究的论述较少。本章节借助产业集群理论和协同发展理论，借鉴产业集群和农村电子商务产业集群等相关文献研究成果，对农村电子商务产业集聚的发展过程进行相关分析，总结出农村电子商务产业集聚形成机制以及与乡村振兴协同发展机制，以弥补这一领域研究的不足。

三、理论基础

（一）产业集群理论

产业集群理论产生于19世纪末，其历史渊源可以追溯到工业化发展时期马歇尔（Alfred Marshall）经典著作《经济学原理》关于规模经济理论中对产业发展的论述，而产业集群理论的形成和发展是由美国学者迈克尔·波特（Michael E. Porter）提出的。波特认为，产业集群是指在一个特定区域中，集聚着一组相互关联的公司、供应商、关联产业和专门化的制度和协会，通过这种区域集聚形成强劲、持续竞争优

---

[1] 覃成林，郑云峰，张华．我国区域经济协调发展的趋势及特征分析[J]．经济地理，2013，33（1）：9-14．

[2] 韩兆洲，安康，桂文林．中国区域经济协调发展实证研究[J]．统计研究，2012，29(1)：38-42．

[3] 覃成林，郑云峰．广东区域经济协调发展水平及政策效果研究[J]．开发研究，2012（3）：10-13．

[4] 庄亚明，李晏墅，李金生，等．区域经济协调发展的GAH-S评价体系研究：基于江苏的数据[J]．中国工业经济，2008（6）：127-137．

势的现象①。产业集群在大多数学者看来是较为寻常的一种聚集模式，这种模式存在和发展主要依据外部经济效应，从单一企业的规模来衡量确实微不足道，但从众多个企业的集群效应而言，双方彼此间的高效率生产、技术创新、分工合作等行为能大大提高生产效率，降低内部生产成本，增强特定区域的核心竞争力和竞争优势，使得整个产业集群产生一种极具区域规模性的影响效应。产业区域集群对地区形成的竞争优势具有显著的带动作用，而产业集群发展状况影响着某个地区的经济发展水平。因此，基于产业集群理论，优势特色产业集群建设将不断推动我国乡村地区产业转型升级，让地区资源优势转化为产业优势、产值优势，推进农业农村现代化走向高质量发展阶段。构建产业发展新格局将集中聚焦农业产业空间分布，使得各个产业间能形成分工协作、优势互补的竞争关系。

（二）协同发展理论

协同发展理论中关于"协同"概念，由德国科学家哈肯于1971年率先提出。1976年，哈肯先后出版了《协同学导论》和《高等协同论》，并在其《协同学导论》中系统论述了协同理论，创立协同论（synergetics）。根据哈肯的阐述，协同理论是研究开放系统内部各子系统之间通过非线性的相互作用产生的协同效应，使系统从混沌状态向有序状态、从低级有序向高级有序，以及从有序又转化为混沌的具体机理和共同规律的一种综合性理论。协同效应是协同理论主要内容之一，指开放的系统中大量子系统由于协同作用而产生的集体效应或有机整体效应，协同效应也是协同发展追求的目标②。

毫无疑问，协同理论的形成和发展，深化和丰富了系统论，成为研究不同系统间共同特征及其协同机理的新兴学科，并被广泛应用到物理、化学、生物等自然科学和经济、社会、人文等社会科学以及工程技术领域。尤其是协同理论在经济学领域得到了广泛运用，成为分析研究经济问题的一个非常实用的理论，并延伸形成了产业协同发展理论。根据哈肯的协同理论，协同发展是协调开放系统内部两个及以上的不同个体或资源为达到共同发展的目标，从而进行相互协作。协同效应展现了系统在不平衡状态下，从无序到有序的过程。同样的道理，作为开

---

① 迈克尔·波特. 国家竞争优势[M]. 李明轩，邱如美，译. 北京：华夏出版社，2002.
② 赫尔曼·哈肯. 协同学：大自然构成的奥秘[M]. 凌复华，译. 上海：上海译文出版社，2013.

放系统的产业集群，其产业协同发展可以促使集群内多种资源优化整合和产业结构的调整与转型升级，形成各产业间的优势互补，进而达到合作共赢的目标。

在农村电子商务发展过程中，农村电子商务产业集聚与区域乡村的振兴同样可以视为一个系统，农村电商产业集群与区域乡村的振兴各子系统的发展将会相互适应、相互协作、相互促进、和谐发展，即形成一种"整体性""综合性"和"内在性"的聚合相互影响。因此，本书将运用产业集群理论和协同发展理论分别在第四章和第八章对农村电子商务产业集聚形成机制及与乡村振兴协同发展机制及效应进行研究，探究二者之间从无序到有序、从低级有序向高级有序的具体机理和共同规律的发展过程。

第二节 农村电子商务产业集聚形成的动力机制

我们将农村电子商务产业集群作为一个大的系统，其演化过程可以分为三个阶段、五个环节。第一阶段为萌芽期，包括项目引入及初步扩散。在这一阶段，村民中有创新创业意识的新农人自发创业，引进淘宝项目，项目发展良好，并形成初期的示范效应。第二阶段为快速成长期，在创业带头人带领下，通过各种社会关系网络引发熟人带动效应，使得农村电子商务产业形成一定规模的快速扩张、合作共赢和纵向聚集，同时，快速扩张达到一定规模后，吸引政府、农协会、电商协会等进入该产业集群生态系统。第三阶段为成熟期，随着产业集群中产业链的延伸和扩展，各关键具有核心竞争力的企业不断壮大，产业集群中的各主要电商企业提供的产品或服务趋于同质化，竞争加剧，产业集群中企业平均利润下降。为了稳定市场秩序、减少恶性竞争、谋求共同发展，产业集群进入合作共赢的成熟期阶段。与此同时，农村电子商务产业集群大多在原有基本产业体系基础上同步纵向发展成为多样化的商业群落，形成成熟的农村电子商务产业集群生态系统，淘宝村的集聚化发展即是典型代表。根据农村电子商务产业集群形成的三个阶段，农村电子商务产业集聚形成机制应包括政府的支持、资源禀赋、农民的凝聚力、县乡村区域规模经济驱动力及企业家精神[1]。

---

[1] 池仁勇. 基于产业集群理论的淘宝村微生态系统研究 [J]. 浙江工业大学学报（社会科学版），2017，16（4）：383-389.

一、政府支持

农村电子商务产业集群形成初期，大多因为一部分村民到城市中打工，在工作过程中接触并了解到电子商务，把电脑技术和创业想法带回家乡，在村中开设电子商铺并带动全村居民抱团经营致富，逐步发展成为诸如"淘宝村"等类型的农村电子商务产业集群，集群的发展不仅完善了村庄的产业结构，更改善了村中的社会构成。在初期阶段，政府干预少，农村电子商务集群发展进入成长期以后，政府逐渐关注并扶持农村电子商务集群发展，如沙集模式等，在裂变式成长阶段才引起了政府的关注。政府的扶持和政策支持是农村电商产业发展的基础，对农村电子商务产业集群发展有着显著支撑作用。政府在农村电子商务产业集聚过程中主要起着宣传引导、资源整合、组织协调、人才培训、创业孵化、政策制定作用，全方位推进农村电商产业化发展，加快农村电子商务产业集群的形成和发展。

（一）政策支持

政府机构作为农村电子产业的引导者和地方产业政策的具体制定者，其引导和政策支持对于促进农村产业集群发展和升级具有十分重要的作用。国外学者将产业政策分为功能性产业政策和选择性产业政策，而长期以来，我国政府主要实施选择性产业政策，通过项目审核、供地审核等政策工具，鼓励特定产业的发展。2018年，一号文件《中共中央国务院关于实施乡村振兴战略的意见》发布，提出加快发展农村电子商务。通过推动互联网、大数据、人工智能和实体经济深度融合，以县域为基础，以交易服务、农村金融、数据开发为业务主体，发展具有较强品牌影响和服务带动力的农村电商综合服务平台。近几年，各省、自治区也出台了一系列加快农村电子商务建设的方案与意见，从发展电商园区、产业迭代升级、支持工业电商做强、支持服务电商创新、助力跨境电商发展等方面，为农村电子商务产业的发展方向、发展路径提供支撑，促进农村电子商务的发展。通过政府奖励、补贴、贴息等方式用于支持农村电子商务发展，为小型微利电商企业提供低息贷款，并对农村电商企业给予所得税减免、出口退税、固定资产加速折旧、房产税等优惠政策，让农村电商企业直接享受减税红利，优先引进、审核、批准农村电子商务发展项目，全方位促进农村电子商务产业集群发展。

（二）推进产业融合

一是推进农业产业链延伸，通过加长农业产前、产后延伸的产业链条，提高农产品加工增值转化率，进一步完善现代农产品市场体系、农产品流通以及电子商务经营模式的创新。二是拓展农产品功能，通过品牌设计与宣传等方式，在尽可能拓展某一品牌下的产品系列的长度与宽度的同时，赋予农产品精神层面的功能，最大限度满足消费者精神层面和文化层面的消费需求。例如，农业与旅游业、教育进行深度融合发展，在实现农业生产发展的同时，从简单休闲农村电子商务产业和乡村旅游业延伸发展出创意农业、农耕体验等，使其成为农村电子商务产业发展的新兴支柱产业，探索个性化农产品定制服务。

（三）营造良好的行业生态

随着农村电子商务产业集群的发展，政府所扮演的角色也在动态变化，政府不再对农产品生产进行管理，而更多的则是作为一个服务机构，在农业生产和发展过程中为农民提供各种服务，主要从简政放权、优化服务等方面营造良好的行业生态。

在简政放权方面，政府改善农村电子商务发展的环境，包括进一步压减行政许可等事项，减少社会资本市场准入限制，清理地方保护和行政垄断行为，依法治税、依法收费、依法精简行政处罚事项等。从提高行政效率、规范行政执法行为、降低市场准入门槛、保障市场自由竞争、降低企业办事成本等方面，为农村电子商务发展营造良好的市场环境。同时，政府根据当地农村电子商务建设和发展的具体情况，通过完善和规范农村电商市场体系、知识产权、公共服务供给、农村金融产业扶持等一系列政策来影响农村电子商务产业集群发展，促进产业集群转型升级，引导成立行业组织；通过行业自律，加强市场监督，控制恶性竞争，维护农村电子商务行业的有序、规范发展。

在优化服务方面，一要加强市场基础设施建设。随着农村电子商务产业集聚化发展的需要，企业规模的增加，政府必须具有前瞻性的战略视野，制定市场体系发展规划，根据市场定位、规模和建设时间有效建设市场的基础设施，提高基础设施运行效率。特别是在大型电子商务园区交易市场的投入建设时，地方政府为获得预期的经济效益应承担建设基础设施的责任。二要加强信息服务。互联网普及是电子商务发展的先决条件，中国互联网基础设施建设的城乡差异还比较大，农村地区在信息基站、宽带接入、光纤接入、无线覆盖等方面的建设都相对落后，特别是互联网普及率还是互联网应用程度都对农村电子商务集群有着显著的影响。因此，农村信息网络的建立和完善能够加快农村电子商务集群发展进程，是地方政府的一项重要职能。地方政府应利用信息技术手段一方面实现农产品生产和供应过程的科学高效性，同时也能为农户提供优质的农业全产业链服务。包括建立健全信息收集、分类系统，再通过系统平台的高准确性和权威性的信息发布，为农村电子商务产业集群企业战略与战术决策提供依据。三是建立农村电子商务人才支撑体系。农村电子商务产业集群的开展需要足够专业人才支撑。虽然近年来部分院校开始有意识地培养该领域人才，但由于电子商务产业结构优化升级及新技术应用对大学生的知识和能力结构提出了新的要求，出现了电子商务人才培养体系与企业经营实践脱节。造成了滞后的人才培养模式与迅速发展的电子商务产业结构之间的错位，大学生失业与电商产业岗位空缺并存的现象，加上高校推送的电子商务人才与农村电子商务需求不匹配，一定程度上影响了农村电子商务集群的快速发展。四是支持集群品牌建设。为促进电子商务集群的发展，政府大力支持电商品牌创建。随着我国经济向高质量发展转变，农业经济也由追求数量向追求质量转变，"三标一品"农产品成为发展趋势和潮流，农村电子商务集群发展在经历初期的粗放式发展之后，品牌建设越来越重要。为鼓励品牌建设，政府加强与阿里巴巴、京东、苏宁等知名电商平台合作，积极招引国内外知名电子商务企业开发电子商务项目，借助知名电商平台的力量，带动农村电子商务集群品牌建设。

二、资源禀赋与资源共享推动力

资源禀赋和资源共享是农村电子商务产业集群生成和发展的主要因素。农村电子商务产业集群化发展使得各种市场资源在集群内汇聚，企业可以轻而易举地享受到各种低成本资源和服务，形成强有力的市场竞争力。如集群企业共享产业发展优势，可以享受质优价廉的物流服务和信息服务等，这些都让农村电子商务产业集群化发展更加具有现实意义。集群内的企业还可以通过合作，实现产品的互助生产，避免因生产相同或类似产品而进行重复投入，规避恶性竞争，降低企业单独生产某一种产品的成本。同时，集群内企业还可以通过大数据及时了解市场动态，并通过协作进行优势互补，生产符合市场需求的产品，提高企业市场核心竞争力，进而提高产业集群化程度。资源禀赋与资源共享推动力具体表现在以下四个方面。

（一）产业基础

由于不同区域的发展状况、改革进程都不尽相同，发展的产业基础优势亦各有不同。依托各地各区域自然环境、文化环境等资源禀赋优势，可以形成区域有较大影响的区域品牌。通过专业村镇与农村电子商务平台的融合发展，可以带动农产品生产、加工和营销纵向一体化发展，降低企业生产和成本，提高农村电子商务产品的竞争力。

（二）高效的物流体系

建设高效的物流体系是农村电子商务产业集聚的基础，打通传统物流体系的"最后一公里"是县乡村物流业发展的突出特征。由于县乡村复杂的自然环境和相对落后的基础设施，传统物流体系中的基层壁垒未能完全打通。伴随农村电商发展以及电子商务龙头企业的引领，借助互联网技术与实体零售渠道体系，真正实现了电子商务实体销售渠道的全面下沉。销售网点、线下销售店越来越多开设在广大农村。基于农村电商发展的农村物流业的发展不仅体现在逐步密集的销售服务网点方面，更重要的意义在于农民在接受新型消费方式的同时对物流业产生更准确、更真实的认识，物流理念认可程度逐步提升。

物流业的发展带来诸多便利，一是增加了农民就业，销售网点根据实际经营情况招聘临时工作人员完成部分工作，不仅促进销售网点的快速发展，同时为解决当地劳动力就业带来诸多积极因素，农村环境就业结构得以深度优化；二是增加了物流配送站点建设，在销售网点逐步下沉的同时，由于经营权利下放，农村物流业蓬勃发展，这是农村物流体系的重要环节，为农村电商提供更方便的服务。

但农村物流体系依然存在一些问题，一是相当数量农村配送站点设置仍然不完善，也没有按照物流标准建立集散中心。部分农村地区的物流配送点建设存在没有科学规划，已经建成的效率不高，急需建设的配送点未能到位。二是当地农产品输出仍然过于依仗中介企业或者政府机构，由于中介企业自身管理存在的问题以及企业过度追求利润，为农村物流业发展带来极大不确定性，农村物流业中的纠纷因素多与中介企业相关。三是物流企业整体呈现出"小、散、乱"特征，导致配送体系乃至整个物流体系发展无序，物流业企业运行成本整体偏高，行业利润与发达国家相比偏低。

（三）网络信息化高效应用

农村电子商务产业集群与物流业的快速发展所积累的数字化产销渠道、数据资源要素和数字技术应用场景等资源，正在成为促进数字农业发展的基石。许多县乡村借助农村电商探索传统农业转型之路，将农村电子商务产业集群发展融入智慧农业信息系统建设，联合集群龙头企业建设农业大数据中心，从而可以实现以订单农业为基础，以农产品数字化供应链建设为重点，推动农业生产及销售过程信息化、标准化、精细化发展。同时，在更高层次上加速推进大数据、物联网、区块链、人工智能等数字技术在农业领域的落地应用，在更大空间区域内进一步推进传统农业全产业链实现数字化转型。在转型过程中，大数据整合了大量的信息资源，包括技术资源、市场信息、客户信息等诸多资源，这为产业集群化发展提供了全社会参与的广阔平台，能让企业、供应商、营销网络、客户积极参与，甚至相关研究机构、大学、政府机关等也可以通过大数据平台紧密联系，从而形成各方资源有效利用、持续提升产业竞争力的良性循环。

目前，农村环境中对互联网的认识呈现参差不齐的局面，一方面部分地区对线上交易、互联网技术以及大数据分析存有偏见，具体表现为对先进技术、先进理念的思想抵触情绪。另一方面物流信息更新偏慢造成农村范围内各个配送站点之间的沟通不畅，甚至会产生信息孤岛、数据不能共享等现象，也会影响电子商务集群向纵深发展。

三、农民凝聚力

农民的合作与凝聚是农村电子商务产业集群发展的关键。农村电子商务集群发展的典型模式在2018年前主要集中地以东部省份为主，2018年开始，中部、西部省份才有少量淘宝村呈现出明显的聚集趋势，作为中部省份的湖南，诸多农业以个体、规模小、分散型的小农经济为主，这种模式严重阻碍了湖南农村经济的发展以及农村电子商务产业集群的发展。因此，围绕乡村振兴开展体制机制改革工作，应以增强农民凝聚力和合作意愿作为问题关键，向农村电子商务产业集群的新形势、新格局靠拢。农民的凝聚力应当以构建产业良性循环发展模式为要务，围绕农民切身利益进行合作，使农民的向心效应进一步提高。事实上，农户以个体、分散、小型经营为主，农产品的产量规模小，难以满足现代化市场的需求，应彻底改变传统的自给自足的小农生产方式，把生产小规模的农户作坊或者农户组织起来，依托地理位置和资源优势进行专业化分工和区域化布局，壮大生产规模，明确发展方向，形成一村一品或一村二品的发展模式。在此基础上，农民通过自己的对产品的粗加工，联合企业或者农村合作组织通过数字化、专业化、技术化将产品进行加工为成品，通过现代化流水线加工生产模式对产品进行包装，以增加产品的附加值，满足市场上的需求。政府应高度重视农村电子商务产业集群的发展，给予政策和资金上的支持，以及完善当地基础设施建设工作，企业应通过提高互联网技术、通信技术以更高效的经营管理手段和更先进的管理理念吸引外出返乡人员创业和工作，有效提高当地产业规模和经济发展，使农户能从中获得财富价值和共享发展成果，引导农户更趋向于合作化经营，增强农民凝聚力。

四、企业家精神

以淘宝村为典型的农村电子商务产业集群，企业家精神是其产业演化的内生动力，这批企业家被称为"新农人"，其主要特征是年轻、文化素质高、拥有互联网基因、具备时代发展需要的意识与能力。在创业过程中，企业家的个人品质渗透在经营活动之中，他们坚持刻苦，善于学习新知识，接受新思想，这些对创业绩效具有重要的影响[1]。在基于农村电子商务创业成功的企业家的整体情况来分析，他们大多具有良好的战略视野、创新创业精神、风险承担意识和勇于竞争的魄力。如图4-1所示。

（一）战略视野与超前行动能力

战略视野与超前行动能力体现在三个方面，一是战略视野。战略视野主要体现在具有较强的市场预测能力，"新农人"大多接受过一定的网络学习教育或具备一定的电商运营经验，或者创业前在外打工积累、培养的市场经验和商业意识，也使得他们更具前瞻性和应对市场的能力，能够敏锐地抓住市场机会，在较短的

---

[1] 曾亿武，郭红东. 专业村电商化转型的增收效应 [J]. 华南农业大学学报（社会科学版），2016，15（6）：104-113.

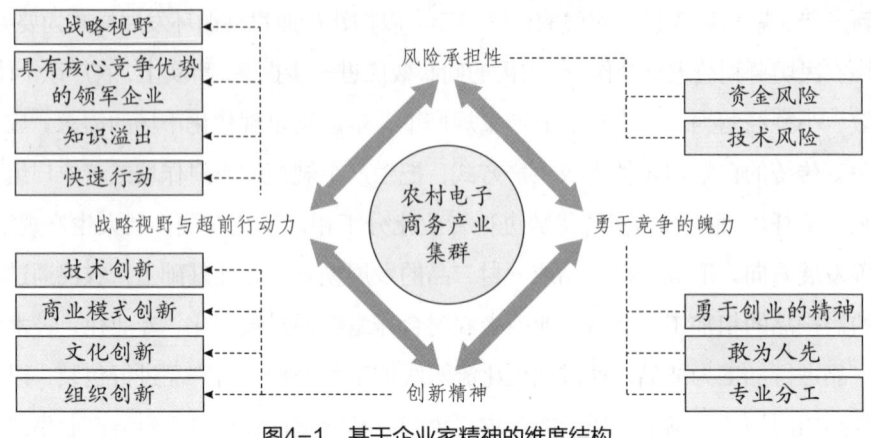

图4-1 基于企业家精神的维度结构

时间内整合资源创立企业，并不断形成与巩固企业的竞争优势。二是具有核心竞争优势的领军企业。领军企业是指农村地区具有战略视野、超前行动的"新农人"群体创立的企业，这类创业家群体在农村电子商务产业集群的萌芽期发挥着关键作用，"新农人"的超前行动及取得的成效会带动区域社会网络中的农户模仿跟随，通过电子商务模式的不断应用和创新，使产业链不断延伸和扩展，从而形成农村电子商务产业集群的不断演化。三是知识溢出。它指在领军企业的成功示范与引领下，知识（网店装修、网店管理、信息发布、新媒体运用、网上流量获取等电子商务知识）通过乡村社会关系网络溢出扩散。在集群内部的知识溢出是促进集群成长的最根本动力，是集群创新产出和生产率提高的源泉[①]。四是快速执行力。它指企业基于战略规划或领军企业示范，快速采取行动的能力。

（二）创新精神

"新农人"在企业管理中的创新精神包括技术创新、商业模式创新、文化创新和组织创新。技术创新指运用更先进的农产品生产技术进行创新，在对市场充分调研的基础上，针对不同的细分市场在产品研发、产品包装、功能类型、产品价格、营销策略等方面持续创新能力，通过技术创新助推农村传统产业的转型升级和产业聚集，并逐渐培育特色形成竞争优势。例如，农村电子商务产业集群够利用大数据，将先进的知识和技术与生产、销售、服务等环节对接，从而使得企

---

① FREEMAN C. Networks of innovators: a synthesis of researchissues[J]. Research policy, 1991, 20(5): 499-514.

业在先进科技的指引下创新生产方式、销售模式、服务模式，提升企业综合竞争能力。商业模式创新是指新型农村企业家能借助第三方电商平台，结合当地乡村的资源优势进行电子商务商业模式的创新。文化创新是通过借助农村电子商务创业领袖的影响力，能够推动社会网络组织文化和企业文化的创新，形成基于血缘关系、亲缘关系、地缘关系的县乡村地区社会网络，虽说这种社会网络并不具备对共同组织文化的高度认可，但有利于发挥集体效率和协同作用，提升农村社会网络的稳定性，并使农村电子商务企业更好地根植于农村电子商务产业集群[①]。组织创新是农村电子商务企业在不同的发展时期采取的组织形式不同。在初创期，商务企业为了节约成本，大多采取直线制组织结构，具有统一指挥、集中管理、沟通方便、结构简单的特点，但随着企业进入成长期后期，涉及的业务规模扩大，销售的产品系列增多，与供应商、消费者的沟通协调增加，围绕产品系列的品质管理、品牌塑造、供应链管理等工作内容增加，部分企业会选择以品牌或者技术为核心的网络型组织架构。它是整合外部优势资源开展业务经营活动的新型组织结构形式。

（三）风险承担意识

风险承担包括资金风险和技术风险。"新农人"在创业及运营过程中往往要承担资金短缺或负债过高的风险。对于农村小微企业而言，融资渠道少，融资成本高，随着产业集聚性加强，规模的增加，市场需求的不确定性大，往往面临的资金风险更大。具有较强的抗风险压力的企业家更能使企业可持续发展，从而推动电子商务产业集群向着良性发展的方向运行。技术风险是指"新农人"在创业中面临由于开发新技术失败，或者创新产品不被市场接受的风险，或者产品很受市场欢迎，但因为技术、资金及资源的不能持续支撑，导致市场开拓不理想而带来的风险。

（四）勇于竞争的魄力

勇于竞争的魄力包括三个方面。一是勇于创业的精神。它指创业家所具备的开创性思想、坚强的意志、坚毅的品质，具有较强创业精神的企业家更能直面竞争，更愿意创造条件引导产业集聚。二是敢为人先的精神。敢为人先的创业家更

[①] 田真平，谢印成.创业导向下的我国农村电子商务产业集群演进机理研究[J].科技管理研究，2017（12）：182-188.

愿意通过制定有效的竞争战略，在产品开发、技术应用和服务提升等方面始终领先于竞争对手，寻找有吸引力的细分市场主动出击，并保持竞争优势。三是专业分工。它指集群内具有企业家精神的企业领袖按照市场资源配置进行专业分工，形成完整产业链。集群内的企业领袖具有协调集群内企业既有积极竞争又有分工合作的能力，可以有效提升集群运作效率。

五、规模经济

农村电商产业价值链上纵向和横向相关的大量企业在农村地域内集聚会导致生产要素（比如资本、劳动力资源、公共设施和专业化的贸易市场等）集中，使得企业有条件实现生产资源的合理配置，从而促使集群内企业的同一产量下的平均成本下移，节省电子商务企业、生产性企业以及它们之间物流、信息流的生产和交易费用，有效提升产业经济的竞争力，进一步发展和壮大的外部经济效应的良性循环。同时，提高集群内资源配置效率，扩大和增强产业集群的生产能力和市场竞争优势，从而提升整个产业集群的发展水平。

农产品电商提供的巨大市场空间让传统农产品生产真正从小农作业往产业集聚化方向发展，使其生产能够更加专业化、聚集化、网络化和规模化，拓宽了传统农产品的深度与广度。农产品电商蓬勃发展的聚集趋势，缩短了四个"距离"，提高了产业组织效率。

（1）改变了农村的地理位置，让农民有了发展工业的可能，最关键的是，农村电子商务集聚化发展进一步缩短了供应商与消费者之间的"距离"，进一步减少了农产品的销售费用，提高了农民的产品质量，提高了农产品的利润。

（2）可以拉近不同行业的差距，当某个村庄的产品打出了名气，其他村子也会模仿跟进，逐渐形成产业集群，形成规模经济效益，带动村民致富。

（3）乡村产业集聚条件下，可以逆转农产品的交通运输的弱势，主要原因在于国家大力建设的"村村通"工程缩短了与物流的"距离"，在没有形成产业集聚的乡村，由于成本的原因，物流一般很少会在乡村设站点，但是，一旦乡村形成产业聚集，形成一定规模后，物流企业在乡村设定相关配套设施的边际成本降低，产业集聚程度越高，边际成本越低，物流企业越愿意在乡村投入相关资源，降低乡村农产品物流的费用。

（4）充分利用了农村土地资源优势，农产品电商把生产引流到乡村，缩短了与土地的"距离"。农村一般用自家土地，基本不用支付土地租金，可以在相当程度上节约农产品电商的业务成本，让节省的土地租赁成本归农民。

（5）农村电子商务集聚发展中的关联企业获得规模效益。关联企业是指在农村电子商务集群的网络交易中需要互相依靠和支持的企业，但这些企业可以脱离产业集群独立运行，同时也可以从产业集群的优化和发展中获取利益，产业集群也因为关联企业的加入使得产业集群的竞争力增加。关联企业包括物流公司、金融机构、第三方支付平台，以及为产业集群提供增值服务的提供商等，包括网络营销服务商、技术外包商、旅游业企业等。

第三节 农村电子商务产业集聚与乡村振兴协同发展机制

随着农村电商产业集聚程度的不断加深，农民网商急剧增加，越来越多的关联企业、互补企业、竞争企业在一定区域内的县乡村集聚、发展，并向一定的空间区域集中、演化，在新型城镇化建设、促进资源优化配置等方面与乡村振兴协同发展。

一、推进新型城镇化建设

农村电子商务产业集群与新型城镇化建设具有正向循环效应。在农村电子商务产业集聚的初期产生阶段，一般由创业领袖或者龙头企业成功创办企业的基础上，其他人或者企业会跟随模仿进行创业。随着创业者数量增多，在一定区域内形成人口集中和企业集中，产业集聚的雏形开始形成。在这一阶段，农村闲置劳动力在一定的空间区域聚集并得到有效利用，从而提高县乡村农民的就业率，增加农民的收入。跟随者企业通过社会关系网络获得基于电子商务的创业技能，企业与企业之间既有分工也有协作，通过资源共享、经验传授等实现知识外溢，并共同提高创业收入。随着县乡村区域内农民创业与就业收入的提高，农民的消费方式随之改变，消费需求水平提高，从而促进县乡村居住环境、医疗条件、文化教育和交通等基础设施的改善。农村电子商务集群发展到成长期后，县乡村电子商务集群的发展成为助力城镇规模扩张及形态演变的持续动力，尤其是在县域范围内打破了城乡分割格局，实现城乡融合发展。一方面，农村电子商务集群的发展带动劳动力、资本、技术等生产要素向一定空间区域的村镇聚集，推动形成县乡村统筹发展格局，农村电子商务产业集群会形成新的产业空间，并引起产业空间需求的持续增加，促进新型城镇空间结构的重构与拓展，为新型城镇的产生与持续发展提供了基础。另一方面，乡村新型城镇化发展是农村电子商务集群的创新发展的依托，具体表现：①为集群发展提供资源的优化配置。城镇空间重构与拓展、格局演化为农村电子商务集群提供"软条件"，赋予县级更多资源整合使用的自主权，强化了产业、基础设施、公共服务等县域内统筹布局，持续推进县域内城乡要素配置合理化、城乡公共服务均等化、城乡产业发展融合化，如推动劳动力、资本等要素的重新分配与布局。②乡村新型城镇化空间形成与演化拓展推动了交通、物流、信息技术等基础设施的完善，为农村电子商务集群提供"硬环境"，能有效降低了农村电子商务集群中的企业的物流成本、交易成本等，有利于产业集群良性成长。③新型城镇空间格局的演化也推动了知识、经验、技术等的快速传播，为集群内企业合作和发展创造了良好氛围，进而吸引更多企业空间集聚，为产业集群创新提供专业服务保障[①]。

目前，基于我国农村电子商务产业集聚视角的城乡融合发展机制已经基本完善，城乡要素自由流动制度性通道基本打通，城乡发展差距和居民生活水平差距不断缩小。

二、促进资源优化配置和专业化分工

农村电子商务产业集群的外部经济效应产生的技术进步、劳动力共享、专业化分工和知识溢出等影响效应将区域内自然资源、劳动力资源、人才资源和金融资源等社会资源进行整合，实现资源的优化配置。然而，由于资源的稀缺性，当资源供给不能满足农村电子商务集群的膨胀式发展时，资源的稀缺性导致供给跟不上需求的扩张时，便引起恶性价格竞争，由于集群内农产品的同质化而导致低价销售或劣质品盛行，阻碍当地乡村区域经济快速增长。此时，通过政府政策的支持及行业协会的协调，促进集群内的专业化分工，集群内现有的电子商务核心企业会重新评估

---

① 房裕. 河南省产业集群创新与新型城镇化耦合协调发展研究 [J]. 创新科技, 2020, 20（6）: 68-74.

评价自己的价值链，不再将企业的业务分布在价值链的所有环节，而是专注企业具有核心竞争优势的环节，如将一些费时费力而自己又不擅长的业务环节外包给其他专业的公司。与此同时，行业潜在的竞争者也会思考，为了避免与现有竞争者的竞争威胁，与其开一家与竞争者一模一样的店，导致集群内的平均利润下降，竞争加剧，不如换一种商业模式，成为集群内的支持型企业，如提供网店装修、摄影等服务。促进集群内专业分工，降低区域内竞争程度，有利于县乡村区域经济持续发展。

三、促进乡村技术与商业模式的创新

伴随着农村电子商务集群的形成和发展，新市场不断被开辟，资源被重新配置，要素不断被重新组合，这正是乡村技术创新和商业模式不断创新的过程，技术与商业模式的创新相互作用，共同推动乡村生产力水平不断提升。商业模式战略层面创新引导技术创新向符合市场需求方向发展，商业模式盈利层面创新是技术创新的重要补充，商业模式运营层面创新又为技术渐进性提供稳定的支撑平台。技术与商业模式的创新包括外部因素和内部因素，从外部创新因素来考虑，随着基于互联网的信息技术的创新与发展，推动了电子商务的高速发展，电子商务从城市向乡村不断渗透，彻底颠覆了乡村传统的小农经济和依托乡镇企业发展的商业模式，企业生产与经营的边界得到扩展，以核心企业为中心的无边界网络组织得以形成，组织效率得到极大提升。

从内部创新因素来看，县乡村地区只有极少数有实力的龙头企业通过庞大的资金投入建立具有一定外部性效应的品牌，绝大多数中小型农村企业缺乏足够的资金建立起有影响力的品牌。农村电子商务集群里的开创者和先行者有实力创建区域品牌，这些企业抓住互联网带来的网络电子商务平台交易的新机遇，基于乡村当地资源优势和产业特色进行自主创业，在某一农产品细分市场站稳脚跟，具有稳定的市场占有率的同时，基于竞争及市场需求变化的需要，不断进行产品和工艺创新，通过产品与当地区域文化的融合，形成具有辨识度和良好信誉的区域品牌。同时具有良好美誉度的区域品牌反过来会带动区域品牌下的全产业链延伸与产业集群的发展。借助电子商务产业集群的整体力量能够极大降低企业成长过程中的品牌的资金投入成本，通过宣传区位品牌，从而使农村电子商务产业集群中的每个企业都受益。这种集群品牌效应，不仅有利于提升产业集群的整体形象，

也有利于集群内企业生产与市场有效对接，集群与外部市场的信息交流顺畅有效，为农村地区电子商务特色产业集群的未来发展创造有利条件。

四、促进乡村产业融合和转型发展

只有让县乡村产业兴旺了，才能让农业经营有效益，才能让农民增收致富，才能让乡村留住人才、成为安居乐业的家园。农村电子商务产业集群发展使得新农村、新农民、新农业模式不断涌现的同时，催生了新的就业形态，吸收了大量农村剩余劳动力，并实现了农产品上行与工业品下行，极大程度上带动了农村一、二、三产业的发展与融合，进而促进了区域经济发展。随着电子商务在农村的不断深入应用，传统的以生产、加工、销售为主的农村电子商务产业集群开始出现产业生态上的变化，逐渐出现"农村电子商务+旅游业""农村电子商务+在线服务"等多产业融合的新态势。多产业融合发展的新价值主要表现为部分以淘宝村为代表的农村电子商务产业集群经过长期的发展，逐渐形成较为成熟的电商集群生态体系，一方面为集群产品升级形成较好的支撑，另一方面全面带动县乡村文旅、农旅产业的发展，并提升县乡村品牌。随着农村电子商务产业集群的大量显现，多集群相互融合促进的新格局已经出现，在农村电子商务产业集群数量较多的区域，呈现出多种产业并存的集群模式。产业集群融合发展具有两方面的促进作用，一方面知识、技能的溢出降低了创业的门槛，另一方面，集群已经形成的规模效应降低了发展成本。两个方面的作用通常会进一步催生出大型产业集群，一类呈现出较强的产业相关性，这类产业集群对于本地原有产业基础的依赖性较强；另一类产业集群呈现出较大的内部差异，即具有差别化竞争优势的产业集群的组合。这充分说明电子商务较强的赋能能力推动不同地区以自己的产业特色为基础，完成相关产业集群的转型升级。

近年来，在数字经济需求的带动下，农村电子商务产业集群逐步依托特色产业所具有的差别化竞争优势，抓住数字化推动产业集群的交叉融合发展与转型升级，形成产业融合式创新，这种融合式创新进一步带动数字经济技术在农村电子商务集群的深度应用，逐步形成上游以技术设备为基础，以数据算法为支撑的数字农业生产，中游以区块链溯源、AI品质分级、全域物流支撑、普惠金融支持的数字服务体系，下游全渠道产供销对接、区域公共品牌下的产品体系建设的产供销协同的多产业集群融合的数字农业生态链。在数字化赋能下，互联网与特色农业深度融合，形成创意农业、观光农业、共享农业等新的产业业态或产业集群。信息技术与农业的融合，推动农业生产托管、农业生产联合体、农业创客空间等商业模式和生产经营模式的创新，也催生了以数字技术为核心竞争力的新型农村电子商务产业园。新型农村电子商务产业园又依托信息技术推动产品生产与服务的相互渗透、体验与消费的同频互振，使传统农村产业集群与新创意、新消费、新技术融合，从而催生出巨大的新的增长空间，推动"农业+创意+文化"的融合，打造产业集群公共品牌，提升产品附加值，推动乡村产业向服务层面的双向延展和融合。

第五章 中国农村电子商务集群地方特色及发展模式

第一节 文献回顾

自20世纪70年代末的经济改革以来，中国经济经历了快速增长和深刻的变化，中国传统的社会主义经济体制经历了全球化、分权化和市场化的改革。中国各区域走出了独具特色的经济发展道路，其中典型的农村区域经济发展模式为"温州模式""苏南模式"和"珠三角模式"三种，温州模式的塑造基于当地家族小企业的生产方式和持续扩大的发展规模，其本质在于以商业化带动工业化。苏南模式则以乡镇企业为区域经济的主要驱动力，苏南模式的本质是农村工业化，企业经营目的带有经济和政治双重目标，由乡镇政府和官商企业家共同谋划企业的发展，二者共同掌握了要素资源配置的决定权。珠三角模式主要得益于外部驱动[1]。2003年，阿里巴巴上线淘宝网，采用免费提供电商平台的商业模式，迅速将电子商务浪潮推向整个中国城市并逐步向农村渗透，电子商务成为中国经济增长的重要推动力量的同时，对中国农村经济发展模式的改革与创新带来深远影响。

在全球化和信息化背景下，信息通信技术的广泛应用加剧了时空压缩的进程，形成了以互联网为基础设施的新的经济社会发展形态和空间形态。中国的农村地区出现了一种新的区域经济发展模式，即农村电子商务产业集群发展模式，这种发展模式是由于农村互联网的大规模普及而形成的新的区域经济发展模式，比如近几年发展迅速的淘宝村、淘宝镇、农村电子商务产业园区等典型的农村网络商业聚集现象。一方面，同一个村庄、乡镇或园区聚集了大量从事电子商务的农村个体创业者或企业，另一方面，这些电子商务从业者在淘宝等电子商务平台上提

---

[1] 黄卫挺.面向未来经济发展的典型区域发展模式再比较[J].科学发展，2012（7）：55-62.

供的商品或服务往往聚集在一个或几个相同或相近的产业内。这种商业聚集现象带动了电子商务技术流、资金流、商流、人才流逐步向农村地区集聚，形成农村电子商务产业集聚，这在一定程度上扭转了农村资源要素向城市单向流动的局面，能够对当地产业结构的调整、就业机会的增加、农民收入的增长等方面起到促进作用，增强了农村地区的吸引力和发展潜力，使得农村电子商务发展与乡村发展紧密相连。淘宝村、淘宝镇是农村电子商务产业集聚化发展达到成熟阶段的体现，这种发展模式极大地推动了农村地区的经济发展，并引起了国内外学者的注意。这种新型的社会经济网络一方面重塑了国家经济结构格局，另一方面对新的城乡关系网络产生深刻的影响。

不同的学者基于研究视角的差别对农村电子商务集群模式的界定不同。从集群内各主体资源与优势来考虑，可以分为五种形式：龙头企业集群型发展模式，中小企业集群型发展模式，依靠金融机构、科研院校的科技化发展模式，关联产业发展模式，价值最大化为核心的发展模式[1]。从集群内各主体关系来考虑，可以分为格局视域下的自组织模式和产业再造模式，资源依赖视域下的资源型产业模式和特色产业模式，参与类型下的网商参与角色自产自销、订单+网销、自产+多平台网销，共生视野下的寄生模式、非对称模式、偏利模式、对称模式[2]。在距离中心城区较远的偏远农村，可以借鉴发展遂昌赶街模式（农村电子商务的延伸式）、绩溪县聚土地模式（农村电子商务的介入式）和沙集模式（农村电子商务内生式）[3]。根据淘宝村的形成过程来分析，农村电商产业集群的发展模式主要分为"无中生有型"、资源基础型和生产贸易型[4]。从淘宝村的空间分布来考虑，农村电子商务集群可以分为区位城市依托模式和乡村内生模式[5]。从资源及特色来考

---

[1] 王欢，高彦，孔瑜霞，等.苏南农村电子商务产业集群发展模式研究：以常州横林镇为例[J].电子商务，2018（3）：28-29，32.

[2] 郭承龙.农村电子商务模式探析：基于淘宝村的调研[J].经济体制改革，2015（5）：110-115.

[3] 许婵，吕斌，文天祚.基于电子商务的县域就地城镇化与农村发展新模式研究[J].国际城市规划，2015，30（1）：14-21.

[4] 史修松，魏拓.农村电商产业集群发展模式与空间涉及差异研究：江苏淘宝村的调查[J].现代经济探讨，2017（11）：118-125.

[5] 刁贝娣，陈昆仑，丁镭，等.中国淘宝村的空间分布格局及其影响因素[J].热带地理，2017，37（1）：56-65.

虑，可以分为依托专业街区型、依托专业市场型、依托产业园[①]。在农村电子商务发展过程中，要积极引入系统性思维，改变传统思想观念，打破惯性思维，积极发挥政府作用的主导作用，促进产品的"无中生有"，其最显著的特征是依靠政府的有效服务、发挥龙头企业的带动作用、鼓励农户积极参与、利用网络做好产品资源的整合利用，即"政府+企业+农户+网络"发展模式[②]。"综合服务商+网商+传统产业"模式的典型代表为"遂昌模式"，"遂昌模式"最大的优势在于摆正了政府和市场各自的定位，让"有形之手"和"无形之手"和谐共处，各司其职，在电子商务发展中积极争取政府支持，创造了良好的发展环境，促进民间创造与市场机制良性竞争发展，从而推动传统产业和现代技术的融合[③]。对农村电商集群发展的基本模式进行综合分析，存在五种模式："综合服务商+网商+传统产业"模式、"区域电商服务中心+青年网商"模式、"生产方+电商公司"模式、"集散地+电子商务"模式和"专业市场+电子商务"模式，这些模式的总结分析，为推动农村电子商务产业集群全面发展提供了理论借鉴和现实指引[④]。

总体上看，作为一种新的县乡村经济区域发展模式，农村电子商务集群与经典的区域发展模式既有共同的地方也存在异同点。农村电子商务集群与珠三角模式存在一个共同点，即基于劳动力成本低廉和区域资源优势等内在因素。农村电子商务集群的经营主体和模式大体上与温州模式相近，其发展业大多基于小企业的生产方式和持续扩大的发展规模，不同点是农村电子商务集群依托电子商务平台销售产品，借助以数字信息技术为基础的新媒体，使传播和渠道、营销与交易合二为一，且对基础设施建设尤其是交通物流的依赖性强。在农村电子商务集群发展到成长期后期，政府采用政策支持、资金支持和电子商务产业园的建设等方式对农村电子商务有一定程度上的扶持，这与苏南模式也有相似之处[⑤]。但是，相较于传统的区域经济发展模式，农村电子商务集群发展非常迅速，有其独特的特

---

① 千庆兰，陈颖彪，刘素娴，等.淘宝镇的发展特征与形成机制解析：基于广州新塘镇的实证研究[J].地理科学，2017，37（7）：1040-1048.
② 陈嫩华.临安经济发展的新"蓝海"：农村电子商务[J].新农村，2013（7）：13-14.
③ 杜兴林.农村电子商务的"遂昌模式"[J].政策瞭望，2015（10）：34-37.
④ 李坚强.农村电商集群发展的基本模式与路径选择研究[J].农业经济，2018（1）：142-144.
⑤ 林娟.区域发展新模式：浙江省农村电子商务集群演化研究[D].上海：华东师范大学，2018.

色和可快速模仿复制的优势,这也是本章研究的重点。

第二节 中国农村电子商务集群发展

从1994年中国正式接入国际互联网以来,电子商务呈现跨越式发展。1999年,中国诞生了第一家电商C2C平台8848。2003年,阿里巴巴的淘宝网上线,采用免费提供电商平台的商业模式。迅速将电子商务浪潮推向整个中国的城市并逐步向农村渗透,成为中国经济增长的重要推动力量并对中国农村经济发展模式的改革与创新带来深远影响。2013年,我国农业部发布《特色农产品区域布局规划(2013—2020年)》,文件从强化特色农产品的关键和薄弱环节入手,确定了标准化生产、技术创新和推广、加工与营销等领域,为发挥我国农业资源优势、形成优质特色农产品加工生产区、推进农业综合开发利用、促进农民增收具有重要的指导作用。2015年,国务院在政府工作报告中提出"互联网+"行动计划,农业发展也开始大步走向互联网+时代,"互联网+农业"成为农业现代化发展的重要突破口而广受关注,我国农村互联网普及率上升为33%,网民规模已达到1.78亿人,其中网购用户人数超过7 714万,线上购物方式逐渐普及至广大农村地区,网购氛围日渐热络。为了鼓励农村电子商务发展,2015年11月《国务院办公厅关于促进农村电子商务加快发展的指导意见》发布,要求积极培育农村电子商务市场主体,加强政策扶持,加大金融支持力度,逐步建成统一开放、竞争有序、安全可靠、绿色环保的农村电子商务市场体系。在第三方电商平台的基础上,构建特色农产品电子商务平台,促进城乡优势资源的对接与整合,实现农业产业发展升级。同一年,财政部发布了《农业综合开发扶持农业优势特色产业促进农业产业化发展的指导意见》,要求不断完善农业优势特色产业链,鼓励发展"互联网+农业",力争在全国建设百个资源优势大,产业链条延伸长,第一、二、三产业融合发展的区域农业优势特色产业集群。

集群经济是经济发展战略中的重要问题,如果要转变传统工业化规模增长的方式,那么发展农村电子商务产业集群经济就成为集约增长的一个新选择。在国家政策持续大力支持农村电子商务集群发展的背景下,局部经济较发达的县乡村,如沙集、宁国、遂昌等地,农产品网络营销已成集聚化发展趋势,经营各类农产品的"淘宝村""电商村"等如雨后春笋般涌现。随着县乡村网上群体的兴起，农产品电子商务集群经历了探索和腾飞两个阶段，电子商务产业集聚在农村的出现形成了"淘宝村"，在"淘宝村"的基础上，又形成了"淘宝镇"和"淘宝村"集群。中国农村电子商务集群发展的过程，也是"淘宝村""淘宝镇"的形成与发展过程，是电子商务和农村紧密结合的产物，是我国农村经济发展中出现的独特现象，也是我国农村电子商务发展的重要里程碑。事实上，我国农村产业化天然带有集群经济的基因。农村有着特殊的社会土壤，成功很快会带来大批模仿者。因此会在有限的区域内，形成产业"扎堆"现象，从而成为集群经济的主要特征。本书主要从"淘宝村""淘宝镇"及"淘宝村"集群的发展视角来研究中国农村电子商务集群发展情况。

一、淘宝村认定标准

2009年，阿里巴巴发现了第一代"淘宝村"，意味着广大的农村地区与电子商务相结合，开始孕育出新的区域发展模式。2014年，阿里巴巴将企业发展战略聚焦市场空间广阔的农村市场，推出"农村淘宝"战略，从而引爆了"互联网＋农村"的核聚变反应。随着"淘宝村"扩张期的到来，2013年阿里研究院在《淘宝村微报告》中首次定义了"淘宝村"；2014年，在《中国淘宝村研究报告（2014）》对"淘宝村"概念进行了新的修订；2017年，在《中国淘宝村研究报告（2016）》定义了"淘宝村集群"概念；2019年，淘宝村的发展进入爆发期，阿里研究院在《淘宝村十年：数字经济促进乡村振兴之路》对"淘宝镇""淘宝村集群"的概念进行了再一次修改。总体来讲，"淘宝村"作为一种崭新的农村电子商务产业集聚发展模式，其定义及认定标准也因"淘宝村"所处阶段的不同逐步完善。

阿里研究院认为，"淘宝村"是大量网商集聚在某个村落，以淘宝为主要交易平台，以淘宝电商生态系统为依托，形成规模和协同效应的网络商业群聚现象[①]。根据阿里研究院对"淘宝村""淘宝镇"的认定标准，"淘宝村"在交易场所、交易规模和网商规模要符合如下条件：一是交易场所在农村地区，以行政村为单元；二是电子商务年交易额达到1 000万元以上的交易规模；三是网商规模要求，全村

---

① 阿里研究院.中国淘宝村研究报告（2014）[R/OL].（2014-10-01）[2023-09-28].https://www.waitang.com/report/6152.html.

较活跃的网店数量达到100家以上,或者较活跃的网店数量达到当地家庭户数的10%以上。阿里巴巴研究院在对"淘宝村"确定标准的基础上,对"淘宝镇"和"淘宝村"集群的认定标准是,在一个乡镇(或街道)有3个或3个以上的"淘宝村"可称之为"淘宝镇",相邻的"淘宝村"有10个或者10个以上,且在"淘宝村"分布的区域内集聚了关系密切的网商、物流公司等服务商、政府和行业协会,电子商务年交易额达到1亿元以上,可称之为"淘宝村"集群。随后在2019年,阿里研究院对于"淘宝镇"的相关概念认定进行了增补:在阿里平台,一个乡镇一年电商销售额超过3 000万元、活跃网店超过300个,不局限于是否有淘宝村[①]。

二、中国"淘宝村"发展现状

(一)淘宝村的发展

我国农村电子商务集群主要是根据地域性和网络化分布的,不同地区之间的差距随着经济的发展差距而逐渐增大。从时间分布来看(图5-1),纵观"淘宝村"发展历史,自2014年阿里巴巴推出"农村淘宝"战略开始,伴随着"互联网+农村"战略的实施和电子商务的迅猛发展,"淘宝村"的数量逐年增加。

图5-1 2009—2021年全国淘宝村总量、增加量与增速图

(数据来源:阿里研究院,南京大学空间规划研究中心分析)

[①] 阿里研究院.淘宝村十年:数字经济促进乡村振兴之路——中国淘宝村研究报告(2009—2019)[R/OL].(2014-10-01)[2023-09-28].https://www.waitang.com/report/323884.html.

十多年以来,"淘宝村"的发展历经了"萌芽期(2009—2013年)""扩散期(2014—2018年)"和"爆发期(2019至今)"三个发展阶段(见图5-2)。

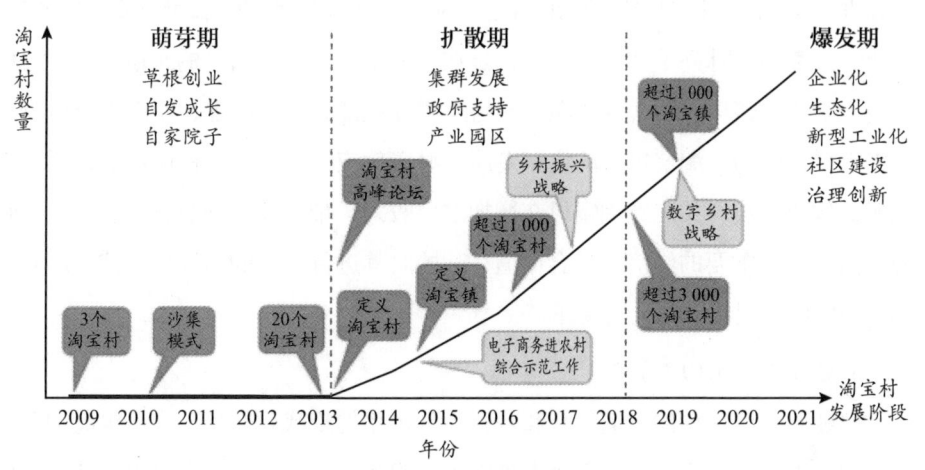

图5-2 淘宝村发展阶段

(数据来源:阿里研究院,2009—2019年中国淘宝村研究报告,2020年中国淘宝村研究报告,2021年中国淘宝村研究报告)

1. 萌芽期(2009—2013年)

从2009年开始,阿里巴巴研究院便开始统计"淘宝村",2009年中国只有3个。在这一阶段,城市返乡创业、城市与乡村接壤的边缘人群接触到电子商务,开始在自己的家乡庭院中创业,边创业边探索,自发成长,成为第一批基于农村电子商务创业的草根企业家。从2009年阿里巴巴第一次发现的3个"淘宝村",截至2013年底萌芽期末期,全国已发现各种类型的"淘宝村"20个,以这20个"淘宝村"为中心,"淘宝村"模式被周围地区快速复制,其辐射范围也逐渐向乡镇、县域漫延,具有先发优势的20个"淘宝村"中,大部分后来都发展成为"超大型淘宝村集群",成为产业融合好、规模大、核心竞争力不同的农村电子商务产业集群。

2. 扩散期(2014—2018年)

在2014至2018年这五年间,"淘宝村"模式在东部沿海地区被快速复制,"淘宝村"数量激增,成为具有全国影响的经济现象。五年内"淘宝村"由2013年的20个发展到2018年3 202个,光2018年一年"淘宝村"就增加1 084个,平均每周就增加20个"淘宝村","淘宝村"分布大体呈现出与全国经济分区相符的"东中西"

三级阶梯格局。2014年是淘宝村进入扩散期的初期，以浙江省和广东省为主；到2016年，我国淘宝村数量增长显著，但大部分淘宝村都分布在浙江省、广东省和江苏省，其中浙江省淘宝村数量就超过了500个，同年，北京、湖北、安徽、湖南、山西、云南和吉林开始零星分布；正是在"淘宝村"迅速增长的2018年，淘宝村呈现出明显的聚集趋势，这种集聚趋势集中在东部省份，中部、西部省份只有少量淘宝村，伴随"淘宝村"的集聚发展，财富效应迅速向周边村庄扩散，逐渐形成集群效应。政府关注到淘宝村在增加农民收入、带动返乡创业、促进产业兴旺等方面凸显出重要的经济、社会价值，开始对其进行有序的引导和扶持，产业空间规模建设及配套设施全面展开。

3. 爆发期（2019年至今）

伴随着人居环境的全面优化和乡村治理体系的现代化转型，农村电商创业支撑的农村网商企业家化，与蓬勃发展的电商服务业共同支撑起农村电子商务集聚发展生态大爆发。2019年为"淘宝村"发展爆发期初始阶段，这一年"淘宝村"数量增长了1 108个，创造"淘宝村"数量增长之最，在广度上也迎来了新的飞跃。淘宝村在25个省市广泛分布，浙江省共有1 573个淘宝村，占比超过总数的三分之一，处于绝对的领先地位，紧随其后的是广东、江苏、山东、河北、福建等沿海省份，其中黑龙江省"淘宝村"实现零的突破，"淘宝村"空间分布整体表现为以浙江为中心先向东部沿海省份、再向中西部地区扩散的明显特征，与中国"东中西"经济地理梯度相吻合。

从"淘宝村"的历年数量变化来看，2014年前，"淘宝村"数量增长缓慢。2014年以来，随着国家推进电子商务进农村综合示范项目的实施，以及阿里巴巴集团推出"农村淘宝"战略，"淘宝村"的数量逐年持续增加，近三年每年新增数量在1 000个以上。东部沿海六省"淘宝村"数量占据全国总数的36.5%。2019年中西部和东北地区"淘宝村"数量超过150个，其中在早期发展较好的河南省在中部地区处于发展领先地位，"淘宝村"数量达到75个，接近中西部地区综合数量的二分之一。2020年，全国共有28个省份出现淘宝村，海南、甘肃、上海市首次出现淘宝村，"淘宝村"数量突破5 000个大关。2021年，淘宝村共7 023个，较2020年增加了1 598个，增量再创新高，连续第四年增量保持在1 000以上，在淘宝村经历了十余年的发展且数量已达到较高基数的背景下，淘宝村仍然实现了近30%的较高增长，表明数字经济与乡村深度融合仍然具有较大潜力空间。

（二）淘宝镇发展迅速

2014年"淘宝镇"概念首次被定义，截至2014年12月，"淘宝镇"元年，全国共出现19个淘宝镇，其中浙江省6个，广东省5个，福建省、江苏省、山东省、河北省各2个。2016年，"淘宝镇"经历了两年的发展，数量增长为135个，浙江省、广东省、江苏省"淘宝镇"数量最多，其中浙江省"淘宝镇"数量超过50个。2019年因为评定标准的扩展，从2018年的363个，到2019年的1 118个，中西部地区的"淘宝镇"数量达到210个，占比达19%。"淘宝镇"与"淘宝村"的空间分布情况大致相同，主要分布地域为长江以南地带，南多北少，浙江依然是"淘宝镇"分布最多的省份。其中东部沿海地区"淘宝镇"多源于原有"淘宝村"在农村"熟人社会"土壤下的扩散集聚而形成，中西部"淘宝镇"多源于近年来个别区域优质"淘宝村"影响（满足"淘宝镇"新修订的概念：电商销售额超3 000万元、活跃网店超过300个），"淘宝村"集聚特征并不显著。2020年，"淘宝镇"覆盖到27个省（自治区、直辖市），数量达到1 756个，比上年增加638个，增长57%，总量约占全国乡镇总数的5.8%。2021年数量达到2 171个，比上年增加415个，增长24%。2021年，全国27个省（自治区、直辖市）共出现2 171个淘宝镇，较上一年增加415个，增长23.6%，约占到全国乡镇（不含街道）数量的7.2%。中西部以及东北地区淘宝镇数量占全国比重达到23.4%。这反映出，在中西部地区以及东北地区，电商发展将以镇、乡为核心单元，而不局限于村一级。在基础设施、物流快递、人才、土地等方面，镇乡中心辐射各村，带动全国乡村蓬勃发展，如图5-3所示。

中西部地区淘宝镇数量普遍呈现高速增长，小城镇作为中西部地区乡村电子商务发展主要载体的态势更加明显。西部地区的四川、广西、重庆、陕西四省（自治区、直辖市）淘宝镇增速均超过30%。从2021年淘宝镇数量与增速来分析，中部地区的江西、湖北、河南、安徽四省的淘宝镇增速维持在20%~40%之间。东北地区的吉林省淘宝镇数量出现较大突破。如图5-4所示。

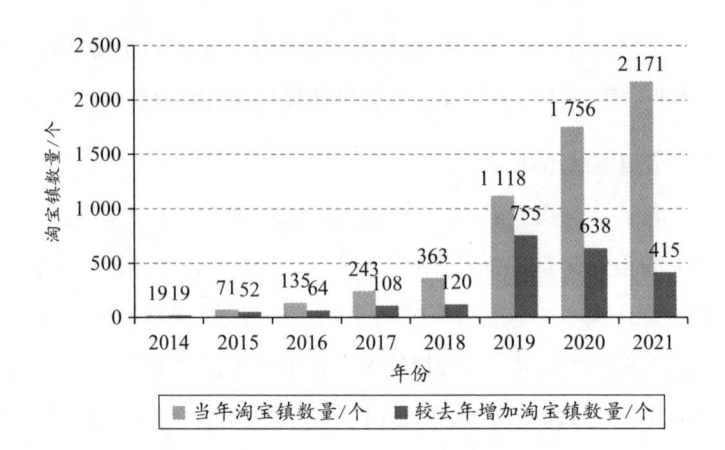

图5-3　2014—2021年中国淘宝镇数量

（数据来源：阿里研究院，南京大学空间规划研究中心分析）

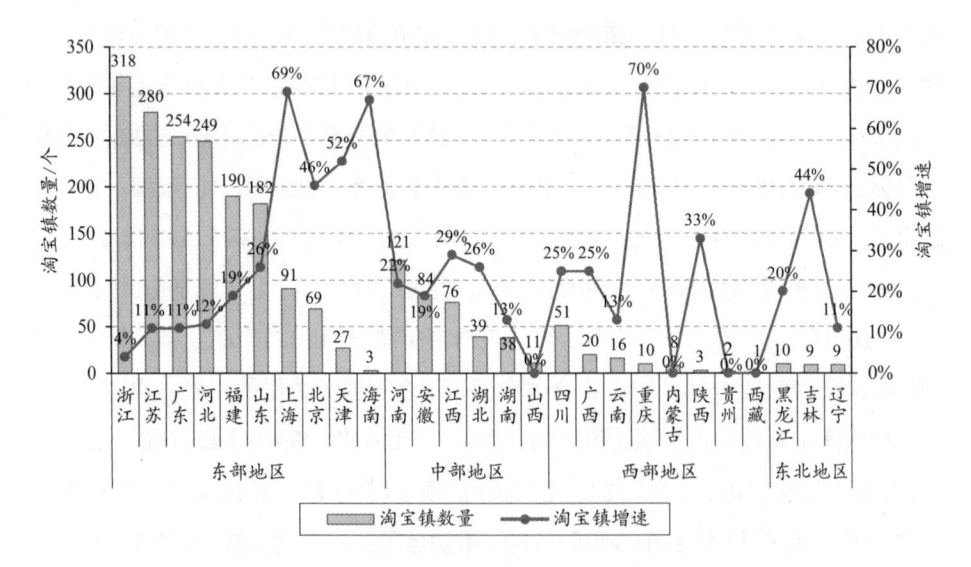

图5-4　2021年分地域各省（自治区）淘宝镇数量与增速

（数据来源：阿里研究院，南京大学空间规划研究中心分析）

淘宝村、淘宝镇数量增长再次印证电子商务在推动乡村振兴、共同富裕的过程中发挥着重要作用。过去，淘宝村、淘宝镇为农村地区提供销售农副产品、手工制品的机遇，提升贫困地区收入水平、消除收入差距。如今，淘宝村、淘宝镇再出发，持续在乡村催生新的产业集群，实现多产业融合发展，促进县乡村数字化转型和高质量发展。

（三）裂变增长与大型集群发展

近年来淘宝村、淘宝镇呈现裂变式增长、集群化发展趋势非常明显。

（1）淘宝镇增长迅速。2020年，虽然淘宝村、淘宝镇的选取范围缩小了，只限定于农村地区的行政村和乡镇，不再将新的居委会纳入淘宝村的范围，不再将街道纳入淘宝镇的范围。但淘宝镇的数量覆盖到27个省（自治区、直辖市），数量达到1 756个，比上年增加638个，增长57%，总量约占全国乡镇总数的5.8%。淘宝村和淘宝镇年交易额破万亿，成为农民工返乡创业的沃土。并且，淘宝镇分布广泛，尽管浙江、江苏、广东淘宝镇数量排名前三较为稳固，但中西部地区淘宝镇数量有新的突破，其中四川、广西、贵州、陕西、西藏等西部地区淘宝镇的数量呈现快速增长之势。在淘宝镇经历了近十余年的高速发展且数量已达到较大基数的背景下，2021年、2022年仍然实现两位数的增速，进一步说明电商经济与乡村深度融合仍然具有较大潜力。

（2）淘宝村集群逐年增长显著。2014年，"淘宝村"迎来了爆发式发展，"淘宝村"数量由20个发展为212个，活跃卖家数量超7万家，直接带动就业高达28万人，集群化发展初具规模。2015年以来，淘宝村集群所包含淘宝村数量占全国总数的比列逐年提高，由2015年的54%提升到2021年的83%，2020年，所含淘宝村数量占比与2019年齐平，但淘宝村集群数量持续增加，如图5-5所示。2015年，全国首次出现了25个"淘宝村"集群，主要分布在浙江、江苏、广东、山东等东部沿海省份，"淘宝村"也呈现出了集中连片发展趋势。2016年与2015年相比，约64%"淘宝村"源自38个"淘宝村集群"。2018年全国首次出现"超大型淘宝村集群"（浙江义乌、山东曹县）。2019年，全国淘宝村集群达到95个，所含淘宝村数量占全国76%，比2018年高3个百分点，"大型淘宝村集群"达到33个，"超大型淘宝村集群"达到7个。这一年，全国"淘宝村"集群化发展迅速，但是依然主要分布在东部沿海地区，"超大型淘宝村集群"分别分布在浙江、山东、江苏三个省份中。2020年，全国淘宝村集群达到118个，比2019年增加23个，大型淘宝村集群达到46个，比2019年增加13个，超大型淘宝村集群达到8个，比2019年增加1个。2021年全国淘宝村集群所含淘宝村数量占全国总数的比例再上新高，从2020年的76%上升到83%。2021年，全国"淘宝村集群"（淘宝村数量达到或超过10个）达到151个，比2020年增加33个。"大型淘宝村集群"（淘宝村数量达到或超过30个）达到65个，比上年增加19个。"超大型淘宝村集群"（淘宝村数量达到或超过100个）达到12个，比上年增加4个，如图5-5、图5-6所示。

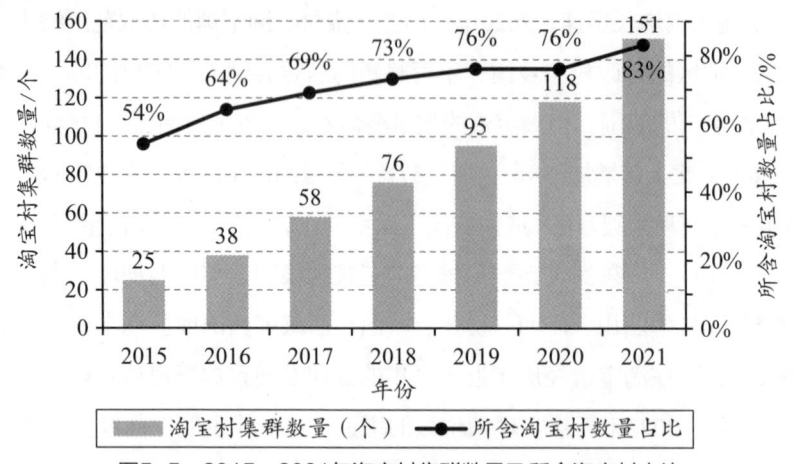

图5-5 2015—2021年淘宝村集群数量及所含淘宝村占比

（数据来源：阿里研究院）

图5-6 2021年淘宝村集群、大型淘宝村集群、超大型淘宝村集群示意图

（数据来源：阿里研究院）

（3）亿元淘宝村大量涌现。2020年，淘宝村交易规模出现1亿元的达到745个，占淘宝村总数的13%，其中浙江271个、广东234个、江苏103个，是数量最多的前三个省份。在中西部地区亿元村数量增加，同时，中西部地区的亿元村数量有所增长，在江西、河南、四川、湖北、陕西5个省共有12个亿元村。规模过亿淘宝村省际分布如图5-7所示，亿元村的大量涌现，说明淘宝村产业化、集群化发展正向深度发展。

（4）3亿元以上淘宝镇交易规模占比高。由于镇的规模性比村大，因此，淘宝镇与淘宝村在交易规模上的分布是截然不同的，数据显示，2020年，淘宝镇交易规模超过1亿元的有991个，其中超过3亿元的有535个，如图5-8所示。这充分说明淘宝镇产业集聚程度越来越高，形成了一定的规模效应。

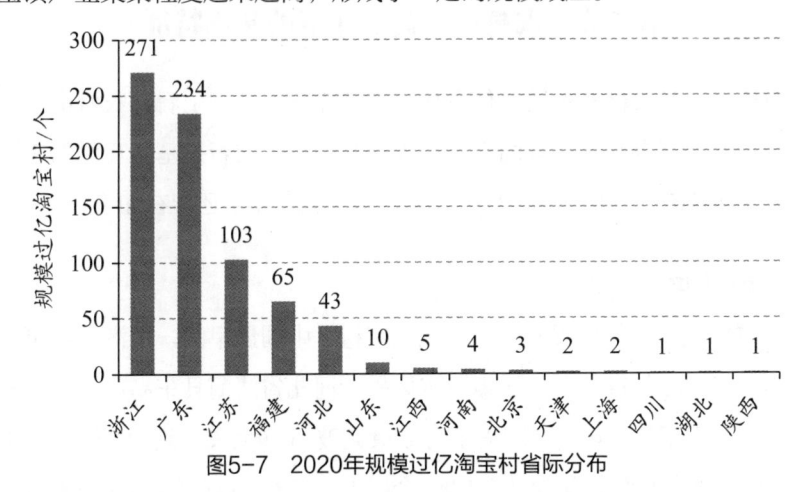

图5-7　2020年规模过亿淘宝村省际分布

（数据来源：阿里研究院：2020年中国淘宝村研究报告）

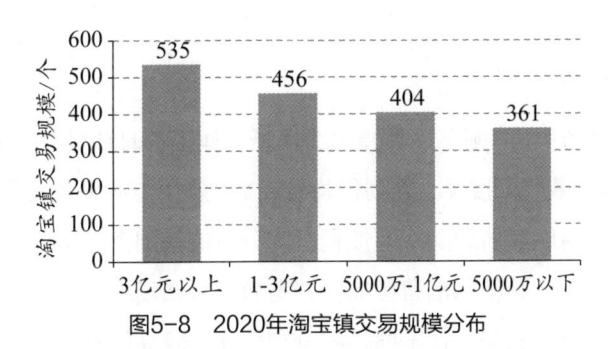

图5-8　2020年淘宝镇交易规模分布

（数据来源：阿里研究院：2020年中国淘宝村研究报告）

（5）产品类型演变。随着农村电子商务快速集聚发展，淘宝村、淘宝镇主营产品呈现总体稳定、持续升级的趋势，淘宝村、淘宝镇主营产品主体包括服装、家具、鞋、箱包皮具和玩具五类产品。近几年，与家装相关的产品需求快速上升，家电、灯具、餐具、五金工具产品等业逐渐成为部分淘宝村主营产品，这种变化，也一定程度上反映出淘宝村集群化发展趋势，向工业化、产业化升级态势。

第三节 农村电子商务集群的基本特征

农村电子商务集群的本质是信息化带动工作化。总体上看，农村电子商务集群与传统产业集群存在一些异同点，最大的差别在于前者是基于互联网来销售产品，且对交通物流的依赖性强。此外，农村电子商务集群还存在如下特征。

一、分布的地域广泛

作为农村电子商务集群的典型形式淘宝村，中国最早的一批淘宝村可以追溯到2009年，包括江苏省睢宁县沙集镇东风村、河北省清河县东高庄、浙江省义乌市青岩刘村。截至2021年，全国淘宝村数量突破7 000大关达到7023个，较上年增加1 598个，连续第四年增量保持在1 000个以上，广泛分布在全国28个省（自治区、直辖市）。

二、成本优势

农村电子商务集群能够较大幅度减少市场主体花费的时间和其他交易成本。

（1）可以有效降低搜寻、复制和营销成本。基于电商平台大数据对交易信息的高效存储，在对购买者的购买习惯和行为分析的基础上，集群内各经营主体能够精准把握消费者的特征和消费倾向，并有效进行市场细分。针对每一个细分市场制定电子商务营销策略，在不同的细分市场获得较高的基于差别化市场营销策略的收益，而消费者也能从农村电子商务集群经营主体中购买到更加个性化的产品。我国地域广大，东南西北不同的消费者群体对消费品需求差异较大，且农产品生产具有鲜明的地域特征，农村电子商务集群可以通过淘宝等电商平台，通过网络搜寻克服人际交流的障碍，在很短的时间内让供货商与消费者建立联系，供需双方更易达成交易形成有效匹配，减少搜寻成本。例如农村电子商务集群中通过电商交易的数字化产品，如软件、文学作品、音乐等数字化产品可以做到零成本复制。此外，农产品实体产品具有食用药用、地域消费和文化特征，农产品生产需要与自然和气候条件相结合，为确保购买的产品安全、环保，消费者也有了解农产品生产过程的需求，农产品功能与地方文化特色相融合，又能赋予产品精神层面的功能，无论是实体产品层面标准化特征、生产过程，还是与文化融合的产品故事都可以通过电商进行零边际成本传播。

（2）有效降低物流成本。物流和快递是影响农村地区货物收发的关键系统，在区位先天条件不足的情况下，加上村落分散不集中，对交通基础设施建设的要求比较高，尤其是部分农村处于山地、丘陵等地带，在自然条件上就阻碍了物流仓储的发展，加大了物流配送成本。农村电子商务集群无论从生产数量上，还是产品质量和产品差别化特色上，其经营主体有一定的能力直接越过传统营销渠道的中间环节而直接面对消费者，具有高密度人口特征及居住方式集中的城市为农村电子商务集群提供了市场基础，城市基础设施建设的互联互通业务也缩短了电商物流时间。因此，农村电子商务集群经营主体在电商交易过程中，可以实现产品储存、运输成本的整体下降。

（3）降低验证成本。农产品交易过程存在三个方面问题，一是对农产品质量安全和食品安全要求较高。二是大多农产品具有季节性、价格低、品牌效应不高等特点，导致农产品消费者黏性不大，忠诚度低。三是在农产品交易过程中，传统营销模式的购买商通过"打白条"的方式达到农产品货款延后支付的目的，使农民无法及时获得货款，严重影响农民的持续再生产和正常生活。针对这三个方面的问题，农村电子商务集群经营主体更有规模优势，可以在农产品生产环节就形成检验检疫信息，农产品入库前生成食品安全报告，实现生产者和消费者之间的同步信息透明，进而形成销售和采购行为的无缝对接。

（4）农村电子商务集群经营主体由于具有区域品牌优势，可以更好地通过社交平台建立信誉体系，通过销售者和购买者的快速沟通，提升消费者信任水平，农村电子商务经营主体可以基于抖音、直播、VR/AR等方式对农产品生长过程、质量安全等方面进行溯源，更能够取得消费者信任。通过科技赋能和文化赋能，农产品本身融合科技和文化元素，可以吸引更多的消费者购买，通过互联网可以实现更加高效地传播。

（5）移动支付收款方便，具有实时到账功能且具有第三方平台保证等特点，能够有效降低农户对购买者的验证成本，大幅减少收款风险。

三、技术与人才驱动

任何产业的发展都离不开人才和技术创新。农村电子商务作为新兴产业，其发展更大程度上是由人才和技术驱动。技术创新是农村电子商务集群发展（即其中企业经营主体发展）的基础，人才战略是技术创新的前提。在企业发展层面，技术创新能够对农产品生产工艺技术、产品标准化、新媒体营销进行改进以更好地满足消费者需求；置换新设备、新工艺以满足新的外部要求；技术创新还可以研发新产品、简化生产流程，提高产品质量，提高企业产品的核心竞争力，使企业具有核心竞争优势。技术创新成功之后，企业可以利用核心竞争优势进军新的细分市场并重构供应链体系，使核心竞争优势能够全面支撑全供应链可持续发展。同时，在产业发展层面，技术创新推动农村传统产业转型升级。随着农村互联网覆盖范围进一步扩大，农户可以通过电子商务购买所需商品，农村企业和农户也可以通过电子商务平台推广和销售当地特色产品，为加快农村电子商务产业集群发展创造条件。

此外，中国网络信息技术水平的提高，进一步推动了农村电子商务产业集群发展。互联网普及是电子商务发展的先决条件，中国互联网基础设施建设的城乡差异还比较大，农村地区在信息基站、宽带接入、光纤接入、无线覆盖等方面的建设都相对落后，无论是互联网普及率还是互联网应用程度都对农村电子商务集群有显著的影响。只有夯实互联网基础设施的建设，农民才能接入互联网，提高应用信息化的能力。所以，信息技术的迅速普及以及农村道路等基础设施不断完善和分布优化能够大幅降低农村产业的经营成本，方便产品和劳务的输出。

四、资源与产业依托

对于农村电子商务产业集群发展而言，其生产和发展通常与本地的资源及产业优势密切相关。农村电子商务产业集群植根于当地农村，农村网商不可能去外部市场获取基础资源再进行加工处理，其目光还是瞄准了本地已有资源，农村电子商务主要是售卖农村特色农产品和手工艺品等，资源优势是农村电子商务产业集群生成和发展的主要因素。依托各地自然环境、文化传统等资源优势，带动生产、加工以及销售等产业一体化发展，降低企业生产和运输成本，提高农业电子商务产业的竞争力。此外，本地已有的、成熟的产业基础，尤其是特色产业，是农村电子商务产业集群发展的强大动力和支撑，在有产业基础的地区，经由互联网介入和应用之后，部分农户开始尝试通过电子商务平台销售特色农产品、手工艺品等。当这部分农民通过电商平台增加收入之后，当地村民以及亲戚朋友进行模仿加入，促进电子商务实现连片发展，生产格局区域化，产业聚集逐步形成，并推动县乡村区域经济发展。比较典型的遂昌模式，主要依托竹炭、烤薯、山茶油、高山蔬菜等农特产品，引入互联网主导的分销平台以后，通过第三方组织把零散的农户组织到一起发展电子商务，实现包容性创新的模式。网店协会、"遂昌馆"和遂网公司，协同发挥资源整合、信息互动、标准制定等的中介桥梁作用，为村民搭建了一个信息获取、知识培训、产品销售、利益协调的平台，解决了农民营销能力低、农产品产业链过长、农产品非标准化生产、缺乏高品质农产品和规模经济等系列问题。在为农民带来较高的收益的同时，通过综合服务平台的驱动和支撑还实现了农产品进城、工业品下乡、电商创业服务，有效打通了商品的双向流通，带动农村电子商务产业集群多个产业领域协同发展。诚然，基于资源与产业优势的农村电子商务产业集群发展需要充分整合传统的供应链、信息链和服务链等资源，这就要求地方政府从战略和全局角度对产业发展进行统筹规划，解决配套服务体系与配套产业的建设问题。

五、企业领袖引领

在资源丰富但没有产业基础的地区，一般会先出现一个创业领军者，农村电子商务集群遵循典型的自下而上由企业领袖推动的发展路径。在农村电子商务集群产生的萌芽期，个人因素，甚至偶然性因素会起到了重要的作用。全国著名的几个淘宝村都是通过企业创始人的引领示范推动形成的。正是农村电商领导人敢为人先、率先涉足农村电子商务取得良好的业绩后，其商业模式在亲戚朋友之间口耳相传，吸引更多的人学习转型农村电子商务，形成具有典型地缘、亲缘关系的农村电子商务产业集群，这类产业集群本地化特征十分显著，还表现出一定的排外性。随后网店数量、经营规模大幅攀升，农村电子商务集群的规模进一步扩大。

六、竞争和合作并存

农村电子商务集群内的许多企业聚集在一起，既展开激烈的市场竞争，又开展多种形式的合作。随着农村电子商务集群的初期聚集阶段的完成，集群内部企业数量已初具规模，开始进行产业链上下游企业与辅助企业的配套，加强产业链的专业化深层次分工，这也使得集群规模进一步扩大。基于产品技术与农村电子商务技术的技术溢出效应加剧，企业既有纵向合作也有竞争，企业在进一步开拓新市场，重构生产体系和供应链方面，在成本控制、知识与经验共享方面，形成一种既有相互竞争又有相互合作的经营管理机制。在复杂的外部环境带来的威胁和机会的情况下，集群内的企业为了规避风险，后发企业会紧紧跟随在领先企业之后，学习与吸收领先企业的经验，企业之间通过设施、经验和知识的交流，还可以通过技术转让、网络和信息等多种方式进行相互合作，形成共同的正式或非正式的行为规范和惯例，或称之为集群文化。这种文化约束既可以实现生产互助，降低生产成本，也可以避免因产品相同或相似导致的同质化生产，不仅提高集群内企业的核心竞争力，也提高农村电子商务产业集群整体的平均收益。

第四节　农村电子商务集群典型发展模式

伴随着现代信息技术的应用与发展，农村电商已经形成了独有的电商发展体系，农村电子商务产业集群以其独特的创新能力和经济效益带动着农村经济发展，其发展模式具有一定的共性的同时也呈现典型的地方特色。

一、"综合服务商+网商+传统产业"模式

（一）遂昌模式概况

"综合服务商+网商+传统产业"模式的典型代表为"遂昌模式"，2013年阿里研究院发布遂昌模式报告，报告指出"遂昌模式"是以本地化电子商务综合服务商作为驱动，带动县域电子商务生态发展，促进地方传统产业，尤其是农业、农产品加工业和旅游业实现电子商务化的一种农村县乡村区域经济发展模式。综合服务商、网商、传统产业之间相互作用，在政策推动下，实现了让农产品上行进城，让工业品下行进乡，形成基于信息技术发展的县乡村经济发展新模式。

遂昌县位于浙江省西南部，是丽水市下辖的一个县，素有"中国竹炭之乡""中国菊米之乡""中国茶文化之乡""全国休闲农业与乡村旅游示范县"等称号。遂昌县是传统农业地区，长期以种植粮食作物为主，稻谷为大宗品，其次为玉米、

第五章 中国农村电子商务集群地方特色及发展模式

番薯、豆、麦和荞麦等,同时拥有茶叶、竹业、生态蔬菜、生态畜牧业和水干果五大主导产业,但是,由于其存在山地过多的地理环境劣势,造成交通不方便,物流成本高。2013年以前,遂昌县主导产业产品由于销售渠道体系未建立起来,交通、通信等基础设施未建好,产品销路差,造成当地的农业经济发展缓慢。总体而言,"遂昌模式"的发展经历了萌芽、发展及成熟三个时期:2005—2009年是遂昌模式的萌芽时期,当地网商通过网络销售竹炭、烤薯、菊米等地方特色农产品;2009—2012年遂昌电商集群进入快速发展时期,返乡创业者潘东明、遂昌团委和当地企业共同创建遂昌网店协会,帮扶网商成长,整合供应商资源,规范服务市场和价格,开展网商培训工作;2013年至今,遂昌模式逐渐完善和成熟,已成为我国最成功的农村电商集群发展模式之一。"遂昌模式"仿照工业上的"流程化"模式建立起了农林产品的社会化大协作与专业化分工,其核心企业是电子商务综合服务商,网商是发展的基础,传统产业是遂昌模式的动力,而政策环境则是遂昌模式产生的催化剂。这种模式在县乡村电商的发展初期具有效率高的优势,特别适合推动当地小电商的批量发展。

"遂昌模式"打造了一个融良好生态、美丽经济、特色文化于一体的遂昌县电子商务集群生态体系,该电子商务集群生态体系是由网商、服务商、供应商、消费者及社会环境共同组成的共融共生进化系统。其中生态体系中的综合服务商主要包括企业性质的遂网公司以及公益性质的网店协会,综合服务商作为连接网商与供应商之间的桥梁,本身具备强大的资源整合能力和业务素质。信息经济时代,人们的消费需求逐渐开始形成了个性化、即时化、便利化、互动化、精准化和碎片化的要求,并且开始不断地裂变,在这种情况下,综合服务商可利用网络市场调研,依靠"大数据"的数据挖掘、统计和分析等作用,对网络客户行为进行分析,为农产品的生产与销售提供有效情报,甚至可以持续跟踪客户的需求变化,对应提供相匹配的产品,或打造以销定产和以销优产的系统,通过定制化生产和订单农业,推动农产品供给侧升级改革,减少产销对接中资源浪费和损耗,促进传统农产品产业转型。

作为电子商务综合服务商的龙头企业遂网公司,该公司致力于辅助平台卖家的成长与促进线下卖家向新电商的转化,承担起货源整合、商品数据、仓储、发货及售后这些比较琐碎复杂的工作,让上游的生产端和下游的销售端专注于自己最擅长的工作，不用操心全产业链的事，大大提升了当地电商的整体运行效率和竞争力。特别是帮助农户对接电商渠道，为其提供专业性的服务，整合农业资源和互联网生态资源，集约化采购、航运、货物控制、仓储过程，降低物流控制和管理成本，解决服务配送带来的成本问题，提高农产品附加值，促进本地电商生态链的完善，拉动互联网经济。综合服务商中具有公益性质的网店协会主要作用是凭借其行业影响力，向农村传输现代生产要素和经营模式，在为本地网商提供专业培训、技术咨询、信息传递等各项服务的同时，对接相关政策，为行业确立标准，有效的规范各网商之间的竞合关系。

此外，作为连接网商与供应商之间的桥梁，综合服务商的主要功能是依靠其较强的资源整合能力和业务素质，合力打造一个农产品电商公共服务平台。2014年，淘宝网"特色中国·遂昌馆"与农产品电商公共服务平台在遂昌本地综合服务商的积极运作下应运而生，以县域加盟的形式，打造服务农村、专属农民的农村电子商务平台，通过创新运营模式、整合各县域特色产品资源完善物流体系，着力打通农村电子商务的"最后一公里"，在促进本地农产品网络销售的同时，也让农民享受到网购的实惠与便利。

（二）遂昌模式特点

纵观遂昌农村电子商务集群的发展脉络，其特点概括起来就是：从自身情况出发，利用当地丰富的农业资源、依托快速发展的互联网和现代物流业，依托政府的支持，综合服务商牵头创新组织合作、整合资源，调动民众创业热情，培训线上营销人才，利用网络营销技术与手段，建立一套以互联网为平台、现代物流业为通道、涉农产品为对象的网络传播营销体系。其主要特点如下。

（1）依托综合性服务商。电子商务综合服务商可谓是以"遂昌模式"为代表的新型农产品网络营销平台的核心，特色农产品网络营销平台的建立依托于网商、供应商和服务商的紧密配合与共同发展。综合服务商高品质、全方位的服务形成了巨大向心力，使得遂昌地区的网商和供应商牢牢积聚在以遂网公司与网店协会为代表的服务商综合体周围，实现了经营主体"抱团发展"，提升了集群整体核心竞争力，并形成可以持续发展的核心竞争优势。

（2）打通农产品供应链。特色农产品网络营销平台建成的前提在于平台能够提供种类丰富、品质优良、极具地方特色的农产品，具备完整稳定的农产品供应链。目前较为成熟的农产品供应链主要包括农户生产、合作社组织采购供货、加工型或服务型企业对采购的农产品进行加工包装后统一发货三个核心环节，对产品质量把控和库存管理是打造特色农产品供应链的关键。遂昌模式在打通农产品供应链、农产品供应链的塑造上积累了丰富的经验。其所采取的方式是，遂昌农产品网络营销平台在基于电子商务的生鲜农产品供应链安全管理上进行了更多的探索与投资，打造智慧供应链管理体系，建立农产品信息管理及预订系统、农产品质量标准体系、农产品质量可追溯体系、冷链仓储体系、C2B2C农产品程序管理体系、农产品生鲜技术研究中心、检测检验中心。具体由政府单位主层制定生产标准、规则，农户根据标准规范采购原料、开展生产，合作社按流程标准控制、指导农户的生产、计划、采购进货，服务商统一采购、入仓抽检、审核资质、建立档案、投放市场。正因为农产品质量管控上层层把关，产量安排上井然有序，使得遂昌在县域产业经济"小、低、散"的局面下，通过各方的配合衔接，最终形成品质优良、库存合理的农产品供应链。需要指出的是，遂昌县能够构建一套极具竞争力的"土特产"供应链，还得益于其得天独厚的地理环境，蕴含了丰富的特色农业资源，并在此基础上孕育出了优质的"土特产"以及国家地理标志产品，这一点可谓遂昌模式的天然优势。

（3）完善仓储物流体系。农产品网络营销平台仓储物流体系的构建不仅有赖于各类软硬件设施的投入，还需要相关模式和机制的不断创新和完善。依托这两个手段，因地制宜地处理好农产品集散，是打造农产品网络营销平台仓储物流体系的重要思路。农产品通常具有运输仓储要求高、成本高的特点，尤其是生鲜产品，这就需要网络营销平台及其物流服务商在包装、冷链、运输效率等方面加大投入，仓储配送服务已然成为电子商务核心环节之一，全面完善的物流仓储配送解决方案对于农产品网络营销平台的持续发展至关重要。遂昌模式以"赶街网"为代表的农村电商平台所采取的做法是，借助网店协会强大的资源整合能力和号召力，同第三方服务商谈判签署服务协议，为其平台网商提供统一仓储、统一包装、统一配送的全方位仓储物流服务。此外，还在遂昌县域内以加盟合作的方式，将各村的便利店升级为集货物代发、代收、代买、代卖等服务为一体的综合服务站，从而有效解决了农村电子商务"最后一公里"的问题。

（4）引入金融支持系统。实现"消费品下乡"和"农产品进城"双向流通的另一个核心环节在于资金流的畅通，即构建一套操作便捷、安全可靠、功能齐全的金融支持系统，为网商、消费者、供货商等网络营销平台的各类主体提供线上支付、资金融通、投资理财等一整套解决方案。农户型网商是农产品网络营销平台服务的主要群体，对于平台金融支持系统有特殊要求，往往更为看重线上交易的安全性与便捷性、融资服务的可靠性与性价比。淘宝网的"特色中国·遂昌馆"是遂昌同阿里巴巴开展深度合作的产物，借助阿里完备的金融支付系统与广泛的用户网络，不仅保障各项交易顺利开展，还大幅降低了建设和运营金融支付系统的成本。在融资服务方面，遂昌县采取网店协会出面担保、本地商业银行提供贷款的方式，为网商提供充足资金支持，有效解决了许多网商在初始资本不足、资金周转不灵等问题。根据遂昌模式的成功经验，同传统银行业以及互联网金融企业紧密配合，共同打造一套合作共赢的金融支持系统，可以有效降低成本，提升平台综合竞争力，是一种值得借鉴的做法。

二、"网络＋公司＋农户"模式（自下而上）

（一）沙集模式概况

"网络＋公司＋农户"模式是网络、公司和农户相互作用、滚动发展，形成信息网络时代农民的创业致富经验的农村电子商务集群发展模式，这种模式的典型代表是沙集模式。2011年，阿里研究院和中国社会科学院信息化研究中心将沙集模式总结为：由最初的"农民自发创业＋政府引导服务"发展成为"网络＋公司＋农户"，其中农户是发挥主导作用的主体，公司是农村产业化的基础，电子商务平台则是产业化发展的引领力量。因此，沙集模式是自下而上的自发模式，也是农村经济中信息化带动产业化、产业化促进信息化，实现农村产业化升级的典型，具有可复制性可为其他地区的发展提供借鉴。

沙集镇地处苏北睢宁县，睢宁地处淮海经济区的核心地区，是作为江苏省三个都市圈之一的徐州都市圈一城两翼的南翼之一，具有"公路、铁路、航空、水运"立体交通优势，在全国具有承东启西、沟通南北的重要区位优势。睢宁县是长三角、东陇海和环渤海三大经济带的交汇处，县城毗邻京沪、徐淮盐高铁，境内有国家一类开放口岸徐州观音机场，徐洪河通过南水北调工程成为京杭大运河三级航道，可航运千吨级的货船，京沪、连霍高速临境而过。而沙集镇位于睢宁县城东部15千米处，东临宿迁市，是睢宁县的副中心，2009年，睢宁县东风村成为全国第一批淘宝村，2016年沙集镇成为全国第一个"所有村都是淘宝村"的乡镇，2018年，睢宁县的淘宝村达到92个，成为江苏省第一大淘宝村集群，成为全国第一个"所有乡镇都有淘宝村"的县，10个淘宝镇，覆盖超过一半乡镇。2021年，睢宁县委县政府将该县东部四镇（沙集镇、高作镇、凌城镇、邱集镇）定义为"电商转型示范区"，打造布局集中、功能集成、产业集聚、发展集约的格局。目前，睢宁县有4万多家网店，2021年网络销售额达460亿元。其中，沙集电商转型示范区有网店2.85万家，2021年网络零售额达232亿元[①]。

  沙集镇从简单拼装家具开始，逐渐发展成为全国规模较大的农村电商集群，沙集模式经历了自发式生产、裂变式成长和包容性发展三个阶段。在自发式生产阶段，以家庭生产为单位进行的夫妻店形式的小微电商卖家，采用前店后厂、夫妻档模式，网商以家庭成员为主，用几十平方米的场地，投入几万元的设备，满足自己网店供货，生产的产品主要有鞋架、花架、书架和书桌、衣柜、茶几等板式家具。通常情况下妻子做客服，老年人做后勤保障，丈夫在家庭作坊式小工厂里进行生产、加工等活动，这种家庭小作坊迅速得到沙集镇百姓的复制与效仿，很快蔓延开来。在裂变式成长阶段，产生了大量中型电商卖家，引起了政府的关注。在政府扶持引导和网商互助下，沙集镇电商实现快速复制裂变，形成具有规模化、多样化和独特性的完整产业链。在这一阶段，大多数企业家已经具备了基于市场需求来进行产品生产、宣传和销售的意识，初步具备市场竞争意识。网商在完成最初的原始资金积累后，开始建设规模达到几百平方米的专业厂房，购买价值达几十万元的现代化机械设备，招聘工人的数量也达到数十人不等，产品组合更丰富，产品包括实木家具系列和钢结构家具系列产品，产品线的长度与宽度都得以扩展。企业家初具商品品牌建设和品牌保护意识，能够利用知识产权来维护和保障产品品牌价值。在包容性发展阶段，信息化与工业化深度融合，产品逐步实现品牌化和创新常态化，网销产业、网商环境与社会环境之间良性互动，形

---

① 李宁，刘作霖. 睢宁：提振精神苦干实干 [EB/OL].（2022-06-20）[2023-09-28]. http://www.zgjssw.gov.cn/shixianchuanzhen/xuzhou/202206/t20220620_7587592.shtml.

成了和谐、稳定的生态圈，涌现出一批优秀的大型电商企业，并开始在全国市场崭露头角，更大、更现代化、更规范的电商企业已成为时代发展的必然要求和趋势，采用更加现代化的企业管理模式，更加注重知识产权和品牌创新。在这一阶段，企业一方面非常注重固定资产投资，购买上百万元的设备，现代化的标准厂房达到几千平方米，另一方面非常注重无形资产的建设与产学研合作，如与高校合作提升家具产品的设计水平。新的产品设计理念和创意成了沙集电商赖以成长和生存的源泉，根据客户需求实行定制化生产，重视产品创意和知识产权保护，更全面的产品品种和设计，形成包含更多产品品种的产品线，不断拓展产品线的长度、宽度和深度，通过全业态融合发展的新方向为沙集电商拓展更广阔的利润和生存空间。同时，政府对症下药，加大对自主创业的支持力度，加大财政税收扶持力度，改善金融服务，提供信贷支持，组织相关培训，提高创业者素质，来顺应电商新时代发展的需求。

（二）沙集模式特点

纵观沙集农村电子商务集群的发展脉络，有以下五个方面的特点。

（1）以家庭为经营单位。沙集网商快速发展的一个重要特点是以家庭为基本单位。以家庭为基础，可以充分调动农民的积极性，家庭成员分工明确，年轻人负责网店运营，包括网站建设、网页优化、服务客户、获得订单等工作，年长者负责包装及其他零活。家具设计与生产可以在自家庭院进行，也可自建较大的简易生产厂房。这种以家庭为单位的经营一方面非常适用低水平生产力，同时可以快速对接并适应任何现代化的大机器生产方式。

（2）创业领袖引领。沙集模式始于江苏睢宁县沙集镇东风村的创业领袖孙寒，在网上开设了第一家销售和加工简单组装家具的网店，他早年在上海工作，注意到了宜家家居的商业模式，回到家乡东风村尝试在电子商务平台上制作并贩卖仿制简易家具，周围村民在孙寒的带动下复制这种电商模式，很短的几年时间里，村里的网店业务从无到有，许多大学生和农民工通过进城务工的机会，开阔了视野，积累了经验，在村创业领袖的影响下，返乡创业，网店模式迅速被更多村民成功复制，最终东风村成为中国电商第一村。沙集家具因其质量高、价格低，已销售到北京、上海等全国各地，韩国、日本、中国香港等地的订单源源不断。网络销售和加工也带动了板材生产加工、五金配件、物流、快递等业务的兴起和发展。通过开设网店，农民不仅增加了收入，而且解决了就业创业问题。

（3）自发复制扩张。"沙集"模式的产生和发展，均源于农民内在的自发动力，创业领袖发起，模仿者复制，跟随者转型，新加入者兼并，无论哪一种，都是受到内生动力的驱动，基于市场需求规律及竞争状况去经营，当地政府不加以任何形式干预。

（4）信息化带动产业化。沙集镇原本没有家具产业基础，也没有家具业原材料木材的优势，交通也不发达，资金也不充足，因为网络销售，催生了沙集镇家具产业的产生、扩张和延伸，即带动一个全新产业集群的产生和崛起，成为信息化带动工业化的典型，随着网销家具业的规模增长，带来了大量原材料、物流、零配件的需求，集群相关经营主体不断加入，产业链上下游被打通并迅速发展，网销产业链逐步形成，电子商务集群生态体系逐步完善。生态体系的完善，又进一步激发更多的农户参与网销家具产业链中来，网销家具业规模进一步迅速扩张，并推动整个农村经济的可持续发展。显然，信息化对于农村电子商务集群的发展不仅仅是生产效率的提高，企业核心竞争力的提升，从长远的发展意义来考虑，信息化重构了产品生产价值链，重新塑造企业业务边界，形成新的生产经营模式。

（5）构建良好的生态体系。睢宁县沙集模式在"一心多镇"的引领下经历从"小微电商卖家——夫妻店"到"中型电商卖家——企业化"，直到今天的"大型电商卖家——品牌化"的"三级跳"式的发展和蜕变。在此期间沙集模式多种经营模式共存，协调发展，共同推动着沙集家居电商产业的几何式成长。大量电商家具企业以及相关配套企业聚集在"沙集模式"的发源地——睢宁县沙集镇东风村的睢朱路沿线以及两侧，形成了明显的集聚效应，并引领沙集模式家具电商产业的升级蜕变，形成（由龙头企业、网商、网络营销服务支持企业、物流公司、政府等组成运行）良好的生态体系。

三、"生产方＋电商公司"模式（自上而下）

（一）吉林通榆模式概况

"生产方＋电商公司"模式的典型代表为"吉林通榆模式"。该模式通过电子商务服务、基地化种植、政府支持、科技支撑、产业深加工及营销创新，使得地方政府、农户、电商企业、消费者、平台、网络运营商组成六位一体、资源与价值共享的农村电子商务集群生态体系，既满足了集群中各经营主体的价值追求，又推动了县乡村经济的快速发展。

通榆县作为农业大县素有"葵花之乡""绿地之乡"的美誉，并盛产杂粮杂豆、打瓜、牛羊肉等特色农产品。2013年，通榆县利用其特色农产品优势实施农产品电子商务战略，突破传统的经销商、批发商、零售商组成的实体长渠道营销模式，充分利用互联网电商平台推进原产地直销模式。随后加入阿里巴巴的"千县万村"发展战略中，在淘宝网建立三千禾通榆农产品旗舰店，并与著名的网上1号店签约，合作建设1号店农产品直销基地，通过利用微信公众号平台、电商直播等新媒体方式和手段发布通榆农产品信息。2014年，通榆成为我国第三个农村淘宝示范试点县。"生产方+电商公司"模式是在吉林通榆当地政府的支持下形成的，该模式结合地区农产品资源，借助资金支持和社会力量，有效整合生产方产品，地方具有较好信誉的企业提供包装和销售服务，真正发挥农村电商增值价值。

（二）模式特点

（1）借助地域特色，实施差异化竞争战略。通榆县地处北纬45°上的"黄金粮食产业带"，是有名的杂粮杂豆和葵花之乡，通过将原产地资源高度整合，创造出"电子商务+基地化种植+政府支持+科技支撑+深加工+营销创新"全产业链一体化运作模式。该模式从全产业链视角，通过实施差异化竞争战略，即从产品特色到产品推广和营销全方位建立差别化竞争优势，使集群内企业获得高于行业平均水平的利润。该模式的差别化竞争优势之一是高质量的特色农产品组合。优质才会优价，互联网时代实现农产品电商快速发展，必须强化农产品的质量，努力以优质的农特产品，换取市场份额和网民信赖。由于每个地域都有其唯一性，经纬度、温度湿度、光照时长、土壤结构等不同，会生长出不同的具有明显地域特色的农产品，需要在此基础上挖掘优质农产品的特色卖点，进行专业化的品牌化包装。通榆县针对当地产品多元的特点，引导运营公司在本地开展多方合作，通过异质化产品整合增强供应链的竞争力。同时鼓励运营公司整合吉林全省范围的原产地产品资源，从通榆的杂粮杂豆到畜禽产品、镇赉大米、延边养生产品，运营公司的产品品类结构、产品线得到不断完善与丰富。该模式的差别化竞争优势之二是传统生产方式的转型，由运营公司牵头，联合通榆10个较大规模专业合作社，组建"三千禾"合作社联合社，通过合作联社影响合作社，再由合作社影响农民，更好地进行品质把控、规模销售及统一服务，带动了整个生产方式的转变。通榆县正是依托其独一无二的地理位置、产品优势及生产组织方式打造出"三千禾"区域知名品牌，从而走出一条具有地域特色的差异化农产品的成功突围之路。

（2）政府支持。为了推动通榆电子商务集群发展，通榆县政府在基础设施建设、资源整合、品质监督、标准制定等方面提供了引导和服务。①党政一把手高度认同农村电子商务发展方向，并组织专家团队仔细分析项目落地可能遇到的困难。县政府将推进农村电商发展作为一把手工程和每年的重点工作，由县委书记、县长和运营公司负责人等组成的电子商务发展领导小组，为电商发展提供政策支持，在项目运营的过程中，书记和县长全程参与设计和策划，遇到难题及时决策解决。②组建强大的协作服务机构。组建了"县级电子商务发展中心"，并从政府相关部门抽调优秀干部，积极协调和组织各种资源，为项目快速落地保驾护航。③成立专项发展资金和出台扶持创业政策，并组建由工商、质检、食药监等相关方面人员组成的市场监督管理分局，加强农产品电商监管，维护消费者权益，并用行政手段与力量，为农村电子商务集群发展建立"绿色通道"。④开展产学研政对接，引入域外人才进行科技支持。通榆县政府在与白城市农科院签订战略合作协议后，又相继争取到清华大学、中国农业大学、吉林大学等科研院所在产品研发、人才培养等方面的支持。聘请国内燕荞麦、向日葵、食用豆研究领域及中国农科院等单位的顶尖科学家、专家为科技经济顾问，为保证通榆农产品品质提供了高端人才支撑，奠定了先进技术基础。

（3）采取统一品牌策略。品牌化运作是农产品实现溢价增收的先决条件，在当前农产品电商竞争十分激烈的情况下，农户、企业要在群雄逐鹿中立于不败之地，采用品牌化战略至关重要，以产品品牌带动县乡村品牌推广，以一个品牌带动多个品牌的发展，以品牌占据市场，将是农产品电商集群发展的一大趋势。同时，县乡村电商集群使用统一品牌策略有利于企业统一产品形象，便于公众识别、记忆，在较短时内快速提升集群知名度，有利于新产品进入市场，同时还可节约品牌与商标的设计和广告促销费用。通榆县"三千禾"合作社联合社旗下的产品采取"三千禾"统一品牌进行推广，利用微博、抖音、VR、AR方式全方位呈现与推广"三千禾"统一品牌下的产品及其特色，大大节约了新产品推广费用，在较短的时间内集中资源塑造了一个知名度、依赖度、安全感都很高的"三千禾"品牌，品牌价值迅速提升，品牌资产得到快速累积。正是通过"三千禾"这个品牌，在与阿里巴巴合作过程中，对外塑造通榆形象，提升通榆农产品品牌知名度，同时也促进了农村消费方式和农民思维观念转变，推动电子商务与三农发展融合互动。为了保护好品牌不受到劣质产品损害，通榆县加强对农产品种植、生产、包装、仓储、运输等全过程监控，建立了农产品分包装中心和农产品检测体系，推动原产地农畜产品溯源体系建设，实行"统一品牌、统一标准、统一质量、统一包装"的标准化营销方式。

（4）加强新媒体营销。首先，举办了大量的营销创新活动，如"通榆，互联网史上整盘葵花直送""七农下江南，一日一粗粮""聚土地""通榆1号店原产地直销新闻发布会"等活动，这些营销创新活动通过抖音、小红书、天猫/淘宝等各大网络媒体平台广为传播，使通榆地域品牌及产品品牌快速走向全国。第二，深度挖掘本地产品的特色、亮点，环境资源亮点，将"北纬45°弱碱粮仓""杂粮主食化倡导者""原产地、原生态、原汁原味"等作为主打内容，在抖音、微信、微博等新媒体平台推广。第三，实施KOL营销策略，即通过KOL参与通榆县品牌推广和产品营销。通榆让当地现任书记、县长做代言人。代言的背后，是书记和县长要为通榆农产品品质承担责任，这也是通过政府公信力提高产品信誉的一种方式，如在"三千禾"旗舰店上线天猫当天，县委书记和县长联名写了"致淘宝网民的一封公开信"。在碎片化、圈层化的用户触媒习惯下，书记、县长充当了"三千禾"品牌最为重要的信任代理，通过高效种草深度连接消费者与品牌。第四，高度重视用户体验，将"杂粮主食化"等养生理念通过"三千禾"微信公众号等渠道广泛传播，并邀请用户作为"品质督导"定期试吃产品，通过体验营销让用户监督产品品质。

四、"集散地+电子商务"模式

（一）陕西武功模式概况

"集散地+电子商务"模式又可以将其称为"陕西武功模式"。"集散地+电子商务"模式始于2013年,陕西武功县在发展县域电商的同时,打破县域的空间限制,提出"立足武功,联动陕西,辐射西北,面向丝绸之路经济带"的未来发展方向,结合地处西北与中东部地区连结点的区位特点和本县产业实际,整合农村农产品生产加工以及流通存储等合作企业,汇聚众多特色农产品,着力打造西部农产品快递物流集散地,实现"买西北,卖全国"的一种农村电子商务集群模式。

武功县地处陕西关中平原腹地,地处"一线两带""西咸一体化""关中平原城市群"建设圈的中心叠加地带,位于国家"关中天水经济区"核心位置。这种地域优势为实现"西北农村电子商务第一县"目标提供了良好的基础,通过多年探索实践,武功县成功实现了从无到有、从小到大、从弱到强,县域农产品电商排名全国第五位、西北第一位,呈现出"产业兴、百业旺、收入增、经济活"的良好态势。2021年,该县已引进各类电商企业370余家,物流快递公司40余家,辐射引领西北地区乃至全国40多类2 000余种特色农产品触网销售,发展农村电子商务服务点185个,个体网店1 400余家,电商从业人数3 200余人,日均发货量达到18万单,日交易额2 000万元,电商销售额达到50.59亿元。为了进一步落实"立足陕西、辐射西北、面向丝绸之路经济带"发展思路,确立"西北电子商务第一县"奋斗目标,武功县打造"中华农都·电商新城"名片,依托园区作为重要电商平台,借助自身的地理优势,紧紧抓住"互联网+"以及"一带一路"发展机遇,培养专业电商技术人才,构建西北农产品电商企业聚集地,形成西北地区独特的电商发展模式[①]。

(二)模式特点

"集散地+电子商务"模式的应用推动了当地县乡村域经济发展,增加了农民实际经济收益。该模式具有如下特点:

(1)面向更宽广的市场。一般的县域电商集群模式立足点都是将本地的特色产品卖出去,"陕西武功模式"提出"买西北,卖全国"口号,是基于将全西北的特色产品面向全国市场销售,销售规模更具有发展空间。同时,武功模式突破了县城的狭小概念,充分利用毗邻大西安和地处丝绸之路交通线的区位优势和较好

---

① 刘小鱼.陕西武功:用"武功电商模式"燃旺数字经济之火[EB/OL].(2021-12-27)[2023-09-28].http://www.sxde.com.cn/c/2021/1227/493566.shtml.

的基础设施优势，确立"立足武功，联动陕西，辐射西北，面向丝绸之路经济带"的市场发展目标和资源利用空间。武功距西安只有50千米，距离咸阳国际机场只有40分钟车程，高铁、高速和国道穿境而过，紧靠有20多家物流企业入驻的关中最大的冷库集群，有紧邻武功的杨凌农科城提供智力与技术支持。

（2）建立以园区为核心的产业集群。要在一定的空间进行产业集聚，园区是有效的载体，武功投资22亿元建设了占地650亩的电子商务产业园，投资3.5亿元建设西北电子商务大厦，投资10亿元建设西部数字经济产业园，电商聚集条件和发展环境得到全面改善，已吸纳包括西域美农、云创智境等电商龙头企业363家，物流快递企业40余家，快递包装、胶带厂、金融服务等配套企业20余家。产业园集农特产品加工、冷链仓储、物流快递、综合办公、产品展示等功能为一体，是服务和推进电子商务发展的综合性功能园区。园区中的龙头企业如西域美农起到了很好的示范带动作用，产生了较强的辐射带动作用，园区通过加大电商企业招商和加大本土企业的扶持力度，形成了大小结合、内外相济、资源整合的竞争发展格局。2021年，电子商务产业园紧跟电商发展趋势，大力发展直播电商，投资1 000万元建成集孵化、展示、直播等功能于一体的西北网红直播基地，并作为淘宝、快手、京东、抖音等平台的区域直播基地，进一步拓宽农产品上行渠道。同时，以园区为核心支撑有序发展社区电商，鼓励和支持县内龙头企业在西安、宝鸡、咸阳、渭南等市布局社区团购，服务人群超过600万。[①]

（3）加强产业融合。农村电子商务产业集群如果只是局限于农产品销售，其对乡村振兴的意义会受到限制，基本属于第三产业范畴。武功电子商务产业集群突出的特点是超越了一般县域经济电子商务模式，从促进农产品销售开始的初步模式上升到催生乡村经济新增长的中级模式，通过把涉及生产、储藏、加工和销售各个环节打通，实现对一、二、三产业的融合发展，直接跨越到县域经济的较高层次。

（4）以龙头企业为引领，以人才为支撑。引进了西域美农为标杆的60多家企业，在这些企业的引领下，产生了很好的辐射带动作用，通过大企业的招商和

---

① 陕西省商务厅.陕西省武功县推进电子商务发展的主要做法[EB/OL].（2021-09-06）[2023-09-28].http://ltfzs.mofcom.gov.cn/article/dzswn/ncdf/202109/20210903195369.shtml.

本土企业的扶持，形成了大小结合、互为补充、内外相济的竞争发展格局。同时，与淘宝大学合作，建立电商孵化中心和人才培养中心，加强人才引进和培养。通过龙头企业的引领及人才的孵化和培养，着力将武功建设成为农产品电商企业集聚地，西北农产品物流集散地，电子商务人才培训地。

五、"区域电商服务中心+青年网商"模式

（一）丽水模式概况

"区域电商服务中心+青年网商"模式的典型代表是"丽水模式"，即已经由丽水市先行试验，陆续在国内其他几个地区推广的、具有一定区域电商推动成效、可移植可复制的区域电商公共服务体系构建模式。区域电商服务中心是一个政府扶持、多方参与，共同构建的致力于发展农村电商、面向区域各市场主体的服务机构。根据阿里研究院公布的2020年淘宝镇、淘宝村名单，丽水市就有6个淘宝镇和21个淘宝村进入名单当中，2019年丽水市就已经实现了电商专业村市域全覆盖。"区域电商服务中心+青年网商"模式积极鼓励农村青年加入互联网创业之中，并构建相应的区域电商服务中心，为农村青年提供就业创业机遇，借助"区域电商服务中心+青年网商"模式能够构建健康的农村电商发展环境，将政府与市场有机结合，使得大量优秀人才回归本土创新发展。

（二）模式特点

（1）适用于处于萌芽期的农村电子商务产业集群。区域电商服务中心模式与协会推动模式、产业园推动模式进行比较，前者由政府牵头、企业负责运作，旨在打造全方位一体化的区域电商公共服务体系，促进和加速区域电商发展，更适于在基础相对薄弱、自发不足或是第三方电商服务发展不充分，需要政府加快推动的地区进行复制，有针对性地根据区域内电商人气不足、经验缺乏、政策缺失、服务空白等问题进行综合性的诊断把脉，提出解决方案并有效实施，在电商集群发展处于萌芽阶段的区域，服务中心模式有利于加强前期的公共服务，具有很强的复制和可操作性。这是一种具有自我生长与进化能力的区域电商服务体系构建模式，该模式有助于电商发展的后进地区尽快地建立起自身的区域电商公共服务体系，加速本地电子商务生态的形成和电子商务产业的发展。而协会推动模式、产业园推动模式是区域电商市场主体发展到一定规模层级后的升级模式，这种模式比较适用于已有一定产业基础的、已经具有大量的电商从业者和服务从业者，并已经具有一定的市场规模的区域电商发展，政府已经出台相对成熟的市场发展与管理政策，为区域农村电子商务集群的发展提供一些集约化的专门服务，诸如办公地点、物流仓储的整合、人才培训等。

（2）分阶段推进农村电子商务产业集群的发展。该模式在农村电子商务集群发展初期主要以公益性电商服务项目为主，随着电商发展不断升级，逐渐向个性化需求与市场化运作的第三方电商服务靠拢。

（3）承担全面的公共服务及农产品上行职能。相较于协会推动模式和产业园推动模式，区域电商服务中心是区域电商体系建设的核心环节，它以整合各方资源为基础，为政府制定政策提供依据，帮助落实政府相关政策，打造培训、物流、农产品质检和营销等体系，解决农村观念、人才缺乏、农产品销售、物流配送等问题，职能主要体现在以下两个方面。

第一项职能是承接政府公共服务的具体工作。作为对接电商经营主体、第三方服务商及当地政府的桥梁，为区域农村电子商务产业集群内的有相关需求的各主体单位提供免费的电商服务。具体来说，在为政府制定和落实政策方面，区域电商服务中心在与政府有关部门协调沟通的情况下，进行市场调研，及时搜集、整理并报告相关统计数据，为政府制定计划、调整实施计划、制定进一步政策等提供决策依据，推动落实政府关于区域农村电商发展的政策与方案。在加强农村区域电子商务集群内各电商主体管理方面，区域电商服务中心要在深入调研各电商主体的需求的基础上为它们提供共性需求，在具体实践过程中，针对入驻企业或会员企业的不同需求提供个性化服务。在资源整合与统筹方面，区域电商服务中心要承担全面整合政府资源、行业资源和第三方服务资源的责任，要对源自政府各部门的优惠扶持政策进行融合整理，实现与农村电子商务集群发展相关的政策落地执行；协助农业企业、电商企业、农村合作供销社、家庭农场、休闲农庄等主体进行产业升级，鼓励企业进行多元化投资，推动农村一、二、三产业融合发展；在全力整合第三方服务资源基础上，通过与淘宝大学、各高校、电商培训机构、物流企业、平台运营商、金融机构等第三方服务商建立良好的合作关系，为区域电商服务中心在专业培训、仓储物流、平台营运等方面提供精准的、有针对性的公益服务，让服务群体直接快速地获得相应的服务。

第二项职能是推动农产品上行。区域电商服务中心主要通过供应链整合来控制农产品质量、加强网络平台建设，加强区域品牌建设以扩大农产品销售、优化仓储物流来解决农产品运输难题。一是营造农村电商创业氛围。区域电商服务中心需要制定翔实的农产品上行宣传方案，为农村电子商务集群内各主体企业的发展营造良好的农村电商创业氛围，为农村电商创业者在创业活动开展过程中遇到的难题提供咨询，力求一对一地解决实际问题；为有前景的创业项目提供前期孵化，并向当地政府为其争取扶持；通过积极举办各类农村电子商务相关的活动，为各市场主体提供经验交流和实践典型的平台和机会；搜集已经取得成功的经营案例和创业典型借助新媒体渠道如相关网站、自媒体、抖音、微博、公众号等现代渠道进行宣传，同时积极推进产业融合，如将农特产品与休闲旅游服务相结合，使农村电子商务集群发展形成区域特色优势，形成规模效益并高质量发展。二是承担农产品上行供应链管理及营销服务职能。为了加大农产品上行力度，区域电商服务中心要建立农产品标准化与检测检验中心，完善农产品质量标准检测和溯源体系，根据农产品的产出和分布地域特点，规划布局相应的加工地点和物流网点，建立健全农产品上行渠道；开放农业生产、电商数据和信息资源共享，推动农业生产技术和商业模式的融合，加快建设农产品供应链管理和优化，提高农业现代化水平；结合区域历史与文化特色，为区域农村电子商务集群制定整体品牌策略，为本地特色农产品制定合理的品牌策略，提供商标注册服务，塑造特色农业区域品牌。

六、"专业市场+电子商务"模式

（一）清河模式概况

"专业市场+电子商务"模式的典型代表为"河北清河模式"。它是指草根农户基于已有的产业优势，通过电子商务对接市场，借助传统专业市场所提供的丰富的系列产品资源以及产业分工，使各个企业在不同的细分市场上进行深入耕耘，形成差别化竞争优势，最终实现专业市场和电子商务协同发展的创新模式。这一模式非常关注专业市场的作用，并将重点着力于构建专业农产品交易中心，专业市场在农村电商构建品牌、平台以及渠道等方面具有竞争优势，能够通过电商网站提高自己的影响力，并带动行业发展进步。

清河模式的形成分为以下三个阶段。

（1）2006—2007年为自发创业阶段。该阶段是羊绒电子商务集群发展的萌芽期，以东高村为发源地，草根农民借助区域产业特色优势，自发进行电子商务网络营销阶段。在清河县东高庄村创业带头人刘玉国的影响和带动下，年轻的村民便开始进行羊绒产品的加工与网上营销。

（2）2008—2010年为产业化发展阶段。政府投资建立了清河羊绒制品市场并投入运营，羊绒电子商务集群快速发展，集群内大部分企业从一根网线、几台电脑的家庭作坊式的小、散、弱的经营状态，逐渐走向国模化和集中化，并涌现出部分具有专业设计、运营能力的大规模企业。集群内不同规模的企业经营方式有差别，小规模企业只从事线上销售，从其他企业拿货；中等规模企业建立了自己的加工厂，生产的产品在网店销售；规模较大的企业则建立了产、供、销一体化经营。

（3）2011年至今为产业融合发展阶段。在这一阶段清河县电子商务呈现爆发式增长趋势，政府也加大了对羊绒电子商务市场的扶持，政府和市场的双重推动促使传统的生产企业和零售企业不断涌入，市场竞争格局从最初的一根网线连接供需双方的模式转向全息化竞争，从此，全面整合了人流、物流、资金流及全产业链资源的清河模式进入全新发展的时代。

（二）模式特点

纵观"清河模式"形成过程，相较于网商＋协会的遂昌模式，以及农户＋网络＋公司的沙集模式，清河模式的独特性主要体现在以下三个方面。

（1）区域优势产品的加工制造驱动农村电子商务集群的形成。清河县农民做电商的第一人是"淘宝大王"刘玉国，在他的带领下，东高村村民纷纷仿效，开设网店销售羊绒制品，并迅速以星火燎原之势形成较大规模的产业集群。但清河模式不能定义为通过电子商务销售而形成的产业集群，恰恰与网络销售拉动起新兴产业集群的"沙集模式"相反，"专业市场＋电子商务"的清河模式是建立在清河县羊绒产业优势基础上的，通过大量农民参与到羊绒的生产、加工和销售的整个产业链过程而形成的产业集群，即通过羊绒加工制造业的驱动促进网络销售。这又与以当地农产品和土货为主进行网络销售形成产业集群的"遂昌模式"也有着本质区别。清河县东高村是最早从事羊绒分梳的专业村，首家从事羊绒深加工企业的东高集团也建在东高村，东高集团是一个具有从分梳到纺纱织衫完整产业链的羊绒深加工企业，东高村大部分村民曾在东高集团的产业链上的各个环节工作，积累了丰富的经验。东高集团后因只有传统销售渠道导致产品积压而倒闭，拥有一定实力的技术工人便离开企业自行开设了小型工厂和家庭作坊，正是这些线上销售线下生产加工的小工厂和作坊为羊绒电子商务产业集群的形成提供了基础。

（2）专业市场发挥平台作用促进电子商务集群的发展壮大。在2006—2007年自发创业阶段，清河羊绒电子商务的发展速度较慢，单个网店销售的平均规模小，大部分网店的年销售额在几万到几十万之间。在2008—2010年产业化发展阶段，政府为主投资多方参与的总建筑面积达24万平方米的清河羊绒制品市场建成并正式运营，清河羊绒电子商务市场小、散、弱的状况很快得到改变，开始由自发阶段向产业化发展阶段转变。羊绒制品市场推动了羊绒产业深加工步伐，加速了羊绒产业晋档升级，发挥了产业聚集效应，推进了羊绒产业集群化发展，提升了羊绒产业综合竞争力。[①] 羊绒制品专业市场的建成，使产品供应链日趋完善，专业市场内200多家羊绒生产企业可以提供羊绒产品系列中10余个产品系列，产品涵盖羊绒纱线、羊绒被、羊绒衫、羊绒大衣、羊绒手套等达1 000余款，具有货品丰富、货源高度集中优势的专业羊绒制品市场让淘宝卖家可以及时补货，尤其是将库存风险降为零，且具有较好的讨价还价能力，节约了成本，提高了效率，这些相对优势吸引了大批电子商务企业和业务向市场聚集，从而形成既有高集中度又有良好辐射性的电子商务产业集群。一方面，电子商务不断向羊绒制品市场聚集，带动了市场人流、物流、资金流的快速运转，形成了线下具有有形市场的支撑、线上有无形市场的高效沟通和互动的良好氛围；另一方面，突破了羊绒制品在市场辐射范围、交易时间和方式的限制，使市场触角由区域延伸至全国乃至全球。基于电子商务的产业集聚及网络渠道的拓展大大增加了羊绒制品的销售规模，也全方位降低了物流成本、仓储成本和交易成本，并催生了区域产业集群内如北方羊绒、牵恋等品牌供应商，产业市场朝着多元化发展。

（3）政府主导推动产业升级。清河县电子商务借助专业市场迅速发展的同时，也引发了一些新问题。一是产品同质化严重，造成以价格作为竞争手段的恶性竞

---

① 方志清河.志载清河　中国清河羊绒制品市场在哪一年开始投入运营？[EB/OL].（2020-10-22）[2023-09-28].https://www.thepaper.cn/newsDetail_forward_9675160.

争，产品品质也随之下降，行业平均利润下降，造成如此状况的主要原因是大量中小企业由于缺乏高水平设计人员，导致产品研发能力薄弱。随着行业市场平均利润的下降，处于产业链条上的生产加工和研发环节的利润被进一步挤压，生产加工企业的积极性遭受打击，从而形成恶性循环。二是淘宝店铺的快速增加造成平台拥挤，规模小的企业卖家很难获得买家的访问流量和转化率。三是缺乏支撑产业集群规范化、有序化、规模化发展的高端复合型人才，人才的缺乏使产业集群的发展很难突破平台期，一些实力雄厚的大企业为了进一步发展不得不将运营中心建在具有人才支撑的江浙地区，导致资源大量流失。为了推进产业集群从散乱、无序的发展方式步入规范、有序及专业化发展道路，由清河县政府主导推进，构建规范的电子商务基础信息资源体系，培育公共服务平台，对市场生态建设进行引导、监管和调控。这也是"清河模式"区别于"沙集模式"和"遂昌模式"地方。清河模式在农户们自发的创业致富的内在需求驱动电子商务集群发展的同时，在集群发展的中后期，加强了政府的主导作用，而"沙集模式"和"遂昌模式"更多是依靠网商协会驱动。针对电子商务产业集群发展存在的三大问题，清河县政府出台了"网上网下互动，有形与无形互补"的发展方针，制定了推进电子商务发展的系列政策，完善了电子商务支撑体系和相关配套服务。针对平台拥挤的问题，多举措拓展信息交易平台，一方面积极引进"京东""唯品会"等网站前来市场招商。另一方面建设了专业的B2C的"清河羊绒网"和B2B的"百绒汇"两个网站。为了解决人才缺乏的问题，组建了电子商务中心和产品设计研发中心，为中小电商企业提供相关的人才培训和技术推广，同时，羊绒制品市场管委会积极引进服装设计、质量检测等方面的人才和机构，整合人流、物流、信息流和资金流，将有形市场和无形市场无缝对接，着力建设集信息发布、商品交易、物流集散、品牌培育、质量监管于一体的新型电子商务产业集群。

第六章　湖南农村电子商务集群发展基本特征与模式

随着电子商务浪潮从中国城市向农村渗透的进程的加快，电子商务在成为中国经济增长的重要推动力量的同时，也对中国农村经济发展模式的改革与创新带来深远影响。国务院和国家财政部于2015年先后出台的《国务院办公厅关于促进农村电子商务加快发展的指导意见》《农业综合开发扶持农业优势特色产业促进农业产业化发展的指导意见》，要求"逐步建成统一开放、竞争有序、安全可靠、绿色环保的农村电子商务市场体系"。在此基础上，"不断完善农业优势特色产业链，鼓励发展"互联网+农业"，力争在全国建设百个资源优势大，产业链条延伸长，第一、二、三产业融合发展的区域农业优势特色产业集群。"[1] 在国家政策大力支持农村电子商务集群发展的背景下，县域网上群体规模迅速壮大，局部经济较发达的县域，如沙集、宁国、遂昌等地，农产品电子商务集聚化发展规模越来越大，经营各类农产品的"淘宝村""淘宝镇"等在全国如雨后春笋般涌现。

农村电子商务集群发展的典型模式在2018年前主要集中在以东部省份为主，自2018年开始，中部、西部省份也有少量淘宝村呈现出明显的聚集趋势，财富效应迅速向周边村庄扩散，逐渐形成集群效应，政府开始对其进行有序的引导和扶持，产业空间规模建设及配套设施全面展开。农村电子商务产业集群发展模式从东部省份被快速模仿并发展，成为具有全国影响的经济现象。湖南省作为中部城市，农村电子商务产业集群正是在这一背景下通过借鉴东部沿海地区（如江苏省、浙江省、广东省高密度区域）的成熟电子商务产业集群模式，结合湖南自身的资源优势产业特色发展起来的。

---

[1] 董坤祥，侯文华，丁慧平，等.创新导向的农村电商集群发展研究：基于遂昌模式和沙集模式的分析[J].农业经济问题，2016（10）：60-65.

本书为了对农村电子商务产业集群的发展模式搜集更多的研究案例，有必要对处于中部省份且发展相对滞后的湖南农村电子商务产业集群模式及特点进行探讨，从中探寻农村电子商务产业集群从东部沿海地区辐射到中西部其他地区的规律与特点。

一、湖南农村电子商务产业集群发展基础

（一）特色农产品资源丰富

湖南是一个农业大省，农产品资源丰富，盛产粮食、生猪、棉花、油料等农产品，并享誉全国，同时还是著名的茶乡、桔乡、蚕乡、竹乡、禽畜产品和水产品之乡。近年来，湖南农业充分发挥传统特色优势和产业基础优势，一方面，调整农产品产业结构，构建完整的农产品产业链，在对农产品全产业价值链进行认真评估的基础上，整合资源培育优势产业，形成在产业间可转移的核心能力，提高农业产业化水平；另一方面，湖南农村城镇化水平不断提升，不少县（市）都开发出具有一定知名度的区域公共品牌，如"湘潭湘莲""2098·石门味道"等，这些区域品牌旗下又有系列特色农产品品牌，这些特色农产品品牌在一定区域内集聚，形成了既有著名品牌支撑又有显著规模优势的完整产业链，为农村电子商务产业集群的形成、发展和升级转型提供了产品保障和品牌支撑。

（二）农业信息化程度逐步提高

湖南已经建立完善的农村信息服务体系，实现了全地域、全网络覆盖，"农信通"覆盖了100%的乡村，用户数超过300万；数量众多的地方特色农产品网络平台将政府、学校、农产品产业链上的企业结合成为庞大的资源共享、多元协作的网络组织；农业数字化步伐加快，建成了土地深松精耕作业监控服务系统等平台和省农业物联网中心，省信息入户综合服务平台也上线运行。截至2020年底，122个县级运营中心和19 277个益农信息社完成建设；基于电子商务的现代服务业快速健康发展，2020年全省电子商务交易额达到1.5万亿元，网络零售额超过3 000亿元，跨境电商进出口总额超过140亿元。中国（湖南）自贸试验区成功获批，长沙、株洲、郴州创建国家电子商务示范城市，长沙、岳阳、湘潭、郴州获批设立跨境电商综试区，全省共有国家级数字商务企业4家，电子商务试点示范数量居中西部省份首位；生活性服务业线上线下融合加速，社区电商、直播带货等成为电商发展新

热点[1]。

湖南作为全国唯一的移动电子商务试点示范省，分别与中国联通、中国电信签署了加强信息化基础设施建设战略合作协议和"十大信息化工程"战略合作协议；长株潭作为唯一城市群被纳入国家第一批"三网融合"试点地区（城市）名单，长株潭城市群实现了通信一体化；健全、发达的农村信息服务体系已经建成。大学推广模式逐步发展，科技特派员创业行动不断深化，"七站八所"服务模式日趋多样，产业技术联盟逐步形成，大学生村官等人才队伍不断扩大，市、县两级政府和农业企业建立了大量的地方特色农产品网络平台，把政府、协会、企业和科研单位、大专院校等紧密联系在一起，形成多元化、多层次的农产品利益共同体。农业数字化步伐加快，建成了土地深松精耕作业监控服务系统等平台和省农业物联网中心，省信息入户综合服务平台上线运行。

（三）交通设施基础良好

2015—2020年，湖南省高速公路里程整体呈上升趋势，由2015年的5 652千米增加至2020年的6 955千米。2020年，全省客货运输换算周转量3 262.7亿吨公里，全社会物流总费用占GDP比率由2015年的17.5%下降至14.7%。"四好农村路"深入实施，实现了村村通客车、组组通硬化路，冷链物流覆盖90%以上的县市区[2]。目前，湖南省正全面构建以"一江一湖四水"为骨干的全省航道网和"一枢纽、多重点、广延伸"的港口体系，基本形成规模适度、内畅外联的高速公路网，以及结构合理、衔接高效的普通国省道网和覆盖广泛、便民惠民的农村公路网。

（四）湖南省淘宝村发展现状

淘宝村是农村电子商务产业集群发展的典型形式，自2013年起，湖南省委、省政府启动了淘宝村建设工作，推动了农村电商的发展和乡村振兴。2014年，湖南省委、省政府确定了20个试点淘宝村，直到2015年，湖南省首次出现三个淘宝

---

[1] 中共湖南省委网络安全和信息化委员会办公室,湖南省发展和改革委员会.湖南省"十四五"信息化发展规划[EB/OL].（2021-09-06）[2023-09-28].http://hunan.gov.cn/topic/hnsswgh/ghwj/202111/t20211109_21026921.html.

[2] 湖南省人民政府办公厅.湖南省"十四五"现代化综合交通运输体系发展规划[EB/OL].（2021-08-23）[2023-09-28].http://www.hunan.gov.cn/hnszf/xxgk/wjk/szfbgt/202108/t20210827_20402418.html.

村，它们分别是娄底市双峰县洪山殿镇太平寺社区、湘潭市岳塘区易家湾镇路口社区、岳阳市君山区柳林洲镇挂口村。2020年，湖南省淘宝村突破个位数。截至2022年，湖南省已拥有18个淘宝村。2022年湖南省淘宝村名单如表6-1所示。

表6-1 2022年湖南省淘宝村名单

省	市	县区	乡镇	村	村代码	编号
湖南省	长沙市	天心区	大托铺街道	黄合村	430103014204	TBV20226180
湖南省	长沙市	岳麓区	岳麓街道	桃花岭村	430104002202	TBV20226181
湖南省	长沙市	岳麓区	望岳街道	谷峰村	430104009203	TBV20226182
湖南省	长沙市	开福区	沙坪街道	大明村	430105019202	TBV20226183
湖南省	长沙市	长沙县	榔梨街道	保家村	430121004203	TBV20226184
湖南省	长沙市	长沙县	榔梨街道	龙华村	430121004205	TBV20226185
湖南省	长沙市	长沙县	黄兴镇	蓝田新村	430121102203	TBV20226186
湖南省	长沙市	长沙县	黄兴镇	鹿芝岭村	430121102204	TBV20226187
湖南省	长沙市	长沙县	黄兴镇	黄兴新村	430121102206	TBV20226188
湖南省	长沙市	长沙县	黄兴镇	金凤村	430121102207	TBV20226189
湖南省	长沙市	浏阳市	沿溪镇	花园村	430181107226	TBV20226190
湖南省	株洲市	醴陵市	孙家湾镇	龙虎湾村	430281125212	TBV20226191
湖南省	岳阳市	岳阳楼区	洛王街道	延寿村	430602012204	TBV20226192
湖南省	岳阳市	平江县	汉昌镇	天岳村	430626100217	TBV20226193
湖南省	益阳市	赫山区	赫山街道	大丰村	430903001203	TBV20226194
湖南省	益阳市	桃江县	桃花江镇	株木潭村	430922112265	TBV20226195
湖南省	益阳市	桃江县	桃花江镇	石高桥村	430922112269	TBV20226196
湖南省	益阳市	湖南益阳高新技术产业园区	谢林港镇	谢林港村	430972109229	TBV20226197

（数据来源：阿里研究院）

从湖南省淘宝村空间分析，湖南省淘宝村集中分布在长沙市、益阳市、岳阳市、郴州市，特别是长沙市长沙县、长沙市岳麓区以及益阳市桃江县。可以看出淘宝村分布特别不均，多则"一镇四村"，少则"一市无村"。

从图6-1可以看出，湖南省淘宝村增速不高，且近两年呈现增速下降的形势，很显然，湖南省作为中部城市，淘宝村发展存在一定的局限性。

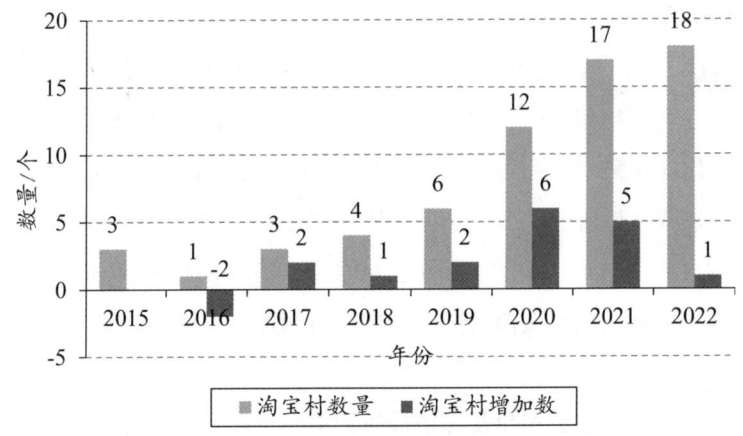

图6-1　2015—2022年湖南省淘宝村数量与增速的变化

二、湖南农村电子商务产业集群发展模式及特点

农村电子商务产业集群是电子商务与农村区域产业经济发展相结合而形成的，其发展模式具有一定的共性同时也呈现典型的地方特色。目前，已经形成成熟经验的模式有五种："综合服务商＋网商＋传统产业"遂昌模式、"网络＋公司＋农户"沙集模式、"生产方＋电商公司"的吉林通榆模式、"集散地＋电子商务"的陕西武功模式、"区域电商服务中心＋青年网商"的丽水模式、"专业市场＋电子商务"的河北清河模式[①]。湖南省农村电子商务集群的发展在借鉴全国成熟模式的经验基础上形成了具有地方特色的三种典型模式。

（一）"基地＋专业市场＋电子商务"的花石镇模式

花石镇湘莲电子商务产业集群是基于花石镇已有的湘莲产业优势基础上发展起来的，即通过电子商务对接市场、企业和基地，借助传统专业市场所提供的丰富的系列产品资源以及产业分工，使各个企业在不同的细分市场上深入耕耘，形成差别化竞争优势，最终实现传统专业市场和电子商务协同发展的"基地＋专业市场＋电子商务"创新模式，该模式具有以下三个方面的特点。

1. 专业市场驱动农村电子商务集群的形成

花石镇拥有全国最大的湘莲生产基地和莲子贸易集散中心，湘潭县拥有湘莲

---

① 董坤祥，侯文华，丁慧平，等.创新导向的农村电商集群发展研究：基于遂昌模式和沙集模式的分析[J].农业经济问题，2016（10）：60-65.

种植、收购、加工贸易的企业近100家，其中规模以上企业有17家，湘莲从业人员多达10万人次，年产值高达100亿元[①]，家庭农场种植大户500家，有湘莲产业农业产业化龙头企业国家级1家省级2家，市级8家，有湖南省高新技术企业2家，湘莲种植专业合作社26家，湘莲产业经营主体呈现多元化发展[②]。花石湘莲大市场始建于1996年，建成区包括一、二、三期工程，占地面积142亩，市场内共有商业门面520个，四期工程完成后，商业门面增加200多个，基本形成集壳莲贸易、初级加工、仓储物流纵向一体化的专业市场构架，与花石湘莲市场紧邻的便是花石镇荷花基地[③]。

堂皇湘莲食品有限公司是花石镇最早的电商企业，该公司利用京东商城和淘宝网等进行湘莲系列产品的网络营销。此后，花石镇农户和企业纷纷仿效，开设网店销售湘莲系列产品，并迅速以星火燎原之势形成较大规模的电子商务产业集群。但花石镇模式不能定义为通过电子商务销售而形成的产业集群，恰恰与网络销售拉动起新兴产业集群的"沙集模式"相反，这种"基地+专业市场+电子商务"模式是建立在花石镇湘莲产业优势基础上的，通过众多企业参与湘莲的生产、加工和销售的整个产业链过程形成电子商务产业集群，即通过湘莲加工业的驱动促进湘莲网络销售。

2.政府扶持推动产业发展

在这一模式发展过程中，地方政府的扶持政策起到了重要推动作用。一是支持集群品牌建设。为了促进湘莲电子商务集群的发展，政府加强与阿里巴巴、京东、苏宁等知名电商平台合作，积极招引国内外知名电子商务企业开发电子商务项目，借助知名电商平台的力量，推进以湘莲为主的"一县一特"优势产业建设，让湘莲品牌成为中国百强农产品区域公用品牌的发展目标，带动湘莲电子商务集群品牌建设。注重以湘莲为主的特色优势产业，深挖湘莲产品内涵，延伸湘莲精深加工链，做大做强湘莲经济。同时，立体打造湘莲品牌，不断提升"湘潭湘莲"品牌价值在全国农产品区域品牌地位，在品牌的精神层面，将湖湘文化融合到湘

---

① 李芬.湘潭市湘莲产业融合发展模式与效应研究[D].长春：吉林大学，2020.
② 同①。
③ 张沁.湘潭花石镇：全国最大的湘莲生产基地和莲子贸易集散中心[EB/OL].（2018-09-04）[2023-09-28].https://hunan.voc.com.cn/article/201809/201809040854106788.html.

莲品牌内涵以提升品牌价值，在品牌的产品层面，进一步优化农业产业链、价值链，形成功能多样、业态丰富的产业融合发展的新格局下，开发众多产品线，产品组合的宽度与深度得以延伸，极大地提高湘莲及其产品附加值。二是建立以园区为核心的高度集中的产业集群。2020年始，政府启动了湘莲产业园一期建设项目，通过整合资源拓宽特色产业链，已经打造了一个集湘莲精深加工、仓储、物流、电子商务、研发为一体的现代化产业园区。

3.电子商务平台促进电子商务集群发展规模

花石镇于2014年注册中国湘莲网，湘莲电子商务产业集群发展有了更大的线上电子商务交易平台，借助全国最大的花石湘莲市场和花石镇荷花基地，通过线上线下融合发展，花石镇湘莲电子商务市场小、散、弱的状况很快得到改善，开始由自发阶段向电子商务产业化发展阶段转变。花石镇湘莲产业对接现有的农产品电商合作企业和湘莲规模加工企业，以"湘潭湘莲""湘潭县特色优质农产品"等公共品牌为依托，加大与企业自营平台、淘宝、京东、阿里巴巴等电商平台的合作力度，现在"淘宝网·特色中国·湘潭县馆"已升级为一级馆；京东湘潭特产馆运用京东资源、技术、服务对外赋能的窗口，向全国市场推介富有特色的湘莲食品，通过这些立体化的乡村振兴网络帮助"京东湘潭特产扶贫馆"进行产品线上销售，为推动湘莲产业集群振兴惠农提供了有效路径。线上电子商务交易平台具有货品丰富、货源高度集中的优势，能够促进湘莲专业市场融合发展，让淘宝卖家可以及时补货，节约了成本，提高了效率，将库存风险降为零，这些相对优势吸引了大批电子商务企业和业务活动向花石湘莲市场聚集，从而形成既有高集中度又有良好辐射性的电子商务产业集群。一方面，电子商务企业不断向花石湘莲市场聚集，带动了市场人流、物流、资金流的快速运转，形成了线下有实体市场的支撑，线上有网上市场销售的高效率沟通和互动的良好营商氛围；另一方面，突破了湘莲产品在市场辐射范围、交易时间和方式的限制，使市场触角由区域延伸至全国乃至全球。基于电子商务的产业集聚及网络渠道的拓展，湘莲产业大大增加了销售规模，也全方位降低了物流成本、仓储成本和交易成本，并催生了区域产业集群内诸如宏兴隆、粒粒珍、兴宏运、莲冠、莲美等品牌供应商，产业市场朝着多元化方向发展。

（二）"龙头企业+农场+电子商务服务中心"的临武模式

湖南临武舜华鸭业发展有限责任公司是临武农村电子商务产业集群的核心企业，该企业是一个将现代水产养殖业与第一、二、三产业深度整合、交叉发展而形成的致力于临武鸭的种苗孵化、养殖、加工、销售一体化经营的电子商务产业集群。集群具有如下特点：

1. 以龙头企业为主导推进产业标准化

作为舜华鸭业产业集群的核心企业，湖南临武舜华鸭业发展有限责任公司一直致力于推行标准化养殖模式。在养殖过程中，从"种苗、饲料、防疫、技术、收购"五方面实行严格的"五统一"管理：由公司统一提供纯种临武鸭种苗，统一提供饲料，统一提供防疫服务，统一提供技术支持，统一进行收购。这一模式帮助鸭农解决了技术措施难配套、标准化管理难到位、质量标准难统一、优质农产品难销售等难题。目前公司已发展养殖基地236座，基地范围扩大到2省、3市、11县(市)，带动养殖农户5 000多户，养殖农户市场有销路、利润有保障、风险有防控。目前，养殖模式由分散小规模养殖正向大规模养殖、专业养殖转型。

2. 电子商务服务中心助推产业集群发展

临武县农产品加工园内设立了一个大型的县域电子商务中心，面积达40~50亩，电子商务中心是一个集协调、管理、服务于一体的综合服务中心，主要功能包括：电子商务人员培训、创新创业孵化、产品开发、平台推广、品牌培育、信息宣传与服务、数据管理与统计、技术支持、营销推广、管理咨询等依托电子商务服务中心，公司以互联网信息技术应用为重点，将线上互联网平台和线下实体店深度融合，电子商务销售部以开设的200多家实体门店、28 000个销售网点为基点，通过线下实体店展示产品、吸引客户关注，通过线上天猫、京东等电商平台完成购买与支付，线上线下融合，大幅度提高顾客的忠诚度和复购率。

3. 产业融合催生集群经济新增长

农村电子商务产业集群如果只是局限于农产品销售，其对乡村振兴的意义受到限制，临武电子商务集群的突出特点就是超越了一般县域经济电子商务，从促进农产品销售开始的初步模式上升到催生乡村经济新增长的中级模式，把涉及生产、储藏、加工和销售各个环节打通，实现对一、二、三产业的融合发展，直接跨越到县域经济的高层次。临武电子商务服务中心服务于临武鸭产业的同时，也是舜华美食、舜华旅游品牌的宣传推广中心，并为临武香芋、乌梅、红心桃等系列土特产提供分拣、仓储、物流、售后等一站式服务，通过以电商网络平台为载体，一、二、三产业整合资源，建立从农户到客户、从农田到餐桌、从农村到城市的精准、高效对接，催生出以鸭产业为主体、其他产业协同发展的具有众多经济增长点的农村电子商务产业集群[①]。

（三）"电子商务＋差异化＋公共品牌"的石门模式

"电子商务＋差异化＋公共品牌"的石门模式使得地方政府、农户、电商企业、消费者、平台、网络运营商组成六位一体、资源与价值共享的农村电子商务集群生态体系，既满足了集群中各经营主体的价值追求，又推动了县域经济的快速发展。该模式具有如下特点。

（1）差异化竞争战略。石门县地处湘鄂边界，东望洞庭湖，南接桃花源，西邻张家界，北连长江三峡，有"武陵门户"与"潇湘北极"之称。石门县地处北纬30°附近，被国际柑橘界公认为"远东蜜橘的绝佳产地"，具有生产有机茶和高山蔬菜的最佳生态环境。石门县政府通过高度整合原产地资源，创造出"电子商务＋差异化＋公共品牌"全产业链一体化运作模式，形成了"东南部平丘区重点发展柑橘、生猪和家禽规模养殖，西北高山区重点发展茶叶，中部丘陵区重点发展香猪、土鸡"的无缝覆盖式农村电子商务产业集群发展格局，以及柑橘、茶叶、高山蔬菜、家禽、生猪、烤烟六大农业特色产业，先后被评为中国柑橘之乡、中国早熟蜜橘第一县、中国名茶之乡、全国茶叶百强县、湖南省高山蔬菜生产基地县、湖南省家禽养殖大县、湖南省生猪调出大县、湖南省烤烟生产重点县。石门从全产业链视角，从产品特色到产品推广和营销全方位建立差别化竞争优势，挖掘柑橘、茶叶、蔬菜、土鸡等优质农产品的特色卖点，进行专业化的品牌化包装，通过整合异质化产品增强供应链的竞争力。

（2）统一区域公共品牌策略。从20世纪90年代开始，石门县政府通过各类宣传活动着力打造区域公共品牌，近几年，伴随石门农产品的品类不断丰富，以及旅游资源的不断挖掘，县政府以打造区域公共品牌、助推乡村产业振兴为目标，

---

① 方莹.湖南省"互联网＋"现代农业组织模式研究[D].长沙：湖南农业大学，2019.

将"石门"品牌发展为"2098·石门味道"区域公共品牌，并从人文、旅游、农产品三个角度进行全方位宣传与推介。2098是湖南最高峰壶瓶山的海拔高度，也寓意石门农产品纯天然、真品味，"石门味道"寓意石门农产品的信誉与美味，"2098·石门味道"以简洁、形象、情感、价值、凝练和独具个性特色的语言展现了石门丰富的历史文化底蕴、独特的自然景观和现代化的城市气息。"2098·石门味道"区域公共品牌有效整合了石门县的自然资源与社会资源，并驱动集生产、销售、品牌营销于一体的石门农村电子商务产业集群的发展。借助石门厚重的历史、优美的环境、丰富的物产，在"2098·石门味道"区域公共品牌下，形成了以"石门银峰""石门柑橘""石门土鸡""石门马头山羊"等国家地理标志产品为主导的特色产业体系。为了保护并提升品牌价值，使其不受劣质产品损害，石门县加强了对该区域品牌下的农产品种植、生产、包装、仓储、运输等全过程监控，建立了农产品分包装中心和农产品检测体系，推动原产地农畜产品溯源体系建设。

（3）线上线下整合营销。县域农产品公共品牌"2098·石门味道"，实行"统一品牌、统一标准、统一质量、统一包装"的标准化营销策略，通过线上旗舰店和线下特色馆互动，建立了覆盖全县18个乡镇区、4个街道、4个农林场的特色农产品资源库，结合产业发展、文旅资源等因素，在9个乡镇建设了10个"2098·石门味道"电商扶贫示范店，在常德河街开设了"2098·石门味道"形象店，授权24家本地企业统一入驻"2098·石门味道"特色馆，并在淘宝、京东、拼多多等主流平台开设了线上旗舰店，收集100多款优质农产品在平台销售①。目前，"石门土鸡"品牌价值达45.94亿元，"石门柑橘"品牌价值达24.04亿元，"石门银峰"品牌价值达15.89亿元②。

随着淘宝村、淘宝镇数量逐年增长，农村电子商务集群在推动乡村振兴、共同富裕的过程中发挥着重要作用，通过多产业融合和县域数字化经济转型，持续催生新的农村电子商务产业集群，2022年"淘宝村"数量达到7 780个，新增757个；"淘宝镇"数量达到2 029个，新增258个，数字经济、电商经济与乡村振兴的深度

---

① 周瑜. 石门电子商务助力乡村振兴 [EB/OL]. （2021-07-19）[2023-09-28].https://hunan.voc.com.cn/article/202107/202107191008332551.html.

② 石门县人民政府. 石门县2021年政府工作报告 [EB/OL]. （2021-01-22）[2023-09-28].https://www.changde.gov.cn/zwgk/public/6616759/8214040.html.

融合呈现出蓬勃发展态势的同时蕴含较大潜力。从农村电子商务集群省域分布来分析，东部沿海城市仍然是农村电子商务集群分布的主要区域，以浙江为中心向周边沿海省份扩散，呈现出明显的以东部沿海地区集聚的特征，2022年，沿海六省（浙江、广东、江苏、山东、河北、福建）共计拥有6 914个淘宝村，占"淘宝村"数量的88.8%，拥有"淘宝镇"1 595个，占"淘宝镇"总数的65.7%。随着东部沿海地区农村电子商务集群发展模式的辐射，湖南省农村电子商务集群发展速度加快，2021年，湖南省电子商务进农村综合示范县达到79个，居中西部首位，湖南省近几年淘宝村数量不断增加，2021年达到17个[①]。实地调研发现，湖南省农村电子商务集群的发展在借鉴全国成熟模式经验基础上形成的三种典型模式虽各有其地方特色，但也存在一些共性问题。农村电子商务集群发展的总体趋势呈现基于技术创新而升级转型并与全产业链多个集群相互促进的新格局，一、二、三产融合发展特征明显，农村电子商务集群与文旅、农旅产业融合发展越来越紧密。在此发展趋势下，具有跨学科、跨专业知识结构的农村电子商务复合型人才的缺少成为制约农村电子商务集群发展的瓶颈，为了突破瓶颈，校政企合作为农村电子商务集群发展培养复合型人才迫在眉睫，这是推进湖南农村电子商务产业集群发展过程中需要进一步探讨的课题。

---

① 阿里研究院，南京大学空间规划研究中心. 2021年淘宝村名单出炉，全国淘宝村数量已突破7000[EB/OL].（2021-10-12）[2023-09-28].https://wenku.baidu.com/view/5d2c27bbe418964bcf84b9d528ea81c759f52e95.html.2020-10-29.

第七章 农村电子商务产业集群演化路径

第一节 文献回顾及理论基础

一、文献回顾

产业集群是在特定空间区域内由同一或相关产业的企业、组织机构聚集形成。产业集群的形成与演进需要一个渐进的过程，国内外已有许多文献基于网络与社会资本视角、基于知识溢出、信息和创新视角对此进行了相关研究[1]。从集群演化视角考虑，可以将集群视为一个有机的生物系统，有着起源、增长、成熟的生命周期[2]。从经济发展和地理角度，经济学家亨德松探索了产业集群的形成和演化、驱动机制[3]。由于企业的异质性，集群要经历从形成、成长、成熟到衰退或新的循环再生过程[4]。产业集群在不同的时期，影响其发展的因素不同，地理优势与领军企业在萌芽期双轮驱动促使集群雏形形成；在成长期，外部经济、社会网络、政府行为三驾马车拉动集群快速发展[5]。在产业集群的发展全生命周期中，创业家在产业集群成长过程中发挥着关键作用，是产业集群从低级向高级演进的最根本的

---

[1] VATNE E, TAYLOR M.The networked firm in a global world: small firms in new environments [M]. Farnhan, UK: Ashgate, 2000.

[2] AHOKANGAS P, HYRY M, RASANEN P. Small technology-based firms in fast-growing regional cluster[J]. New england journal of entrepreneurship，1999(2): 19-26.

[3] HENDERSON J V. Marshall's scale economies[J]. Journal of urban economics, 2003, 53(1): 1-28.

[4] MENZEL M P, FORNAHL D. Cluster life cycles: Dimensions andrationales of cluster evolution[J]. Industrial and corporate change, 2010, 19(1): 205-238.

[5] 凌守兴．我国农村电子商务产业集群形成及演进机理研究[J]．商业研究，2015（1）：104-109.

动力因子[①]。在创业导向视角下，创业导向的创新性、风险承担性、行动超前性、积极竞争性四个维度对农村电子商务产业集群形成与演进产生影响，四个维度是平行关系[②]。为了使农村电子商务集群能够持续创新，在演化过程中，应通过分工细化和资源整合，降低集群中种群的复杂结构效应，并逐步增加实现电子商务生态共同体的种群类别直至复杂性最高的种群规模出现，这是实现农村电子商务产业集群持续创新的必要手段和途径[③]。从技术演化视角分析，农村电子商务集群发展过程中存在技术获取、技术扩散、本地学习网络形成等过程，以及在技术创新上存在模仿创新、局部创新和自主创新等方式。现阶段，农村电子商务集群正处于从模仿创新向局部创新的方向演进。从农村电子商务集群的产业组织分析，企业、协会和政府三者之间存在互动关系，农村电子商务集群和产业组织发展具有共同演化机制。农村电子商务集群始于自组织市场，在企业、政府和协会的共同推动下，农村电子商务集群呈现出规模化、规范化、企业化和园区化的特征[④]。

二、理论基础

美国哈佛大学的教授雷蒙德·弗农在1966年提出了产品生命周期理论，对于典型的产品生命周期而言，可将其分为四个阶段：介绍期、成长期、成熟期和衰退期。关于产业集群的生命周期理论有很多，学者们划分集群生命周期往往是结合产品和产业的生命周期理论，将产业集群的生命周期一般可分为四个阶段：聚集阶段、出现阶段、成熟阶段和转型阶段。有的学者也有其他的分类方式，如将集群生命周期分为雏形阶段、融合阶段和成熟阶段三个阶段[⑤]。相对于不同产业的集群演化，学者们在研究他们各自生命周期的长短的过程中发现其生命周期存在

---

① 郑风田，程郁. 创业家与我国农村产业集群的形成与演进机理：基于云南斗南花卉个案的实证分析 [J]. 中国软科学，2006（1）：100-107.

② 田真平，谢印成. 创业导向下的我国农村电子商务产业集群演进机理研究 [J]. 科技管理研究，2017（12）：182-188

③ 李煊. 农村电子商务产业集群演化的计算实验研究 [J]. 海峡科学，2017，127（7）：99-102，113.

④ 林娟. 区域发展新模式：浙江省农村电子商务集群演化研究 [D]. 上海：华东师范大学，2018.

⑤ 李雅楠. 关于产业集群生命周期理论综述 [J]. 商，2016（19）：271.

不同之处。基于产品生命周期理论，国外学者对产业集群的演化观点具有相似性，他们认为，在一个生命周期内，如果技术有了突破性的进展，那么出现新产业集群的可能性就非常的大，或者是在当前已有的产业集群的基础上，创造出新的发展机会。在集群内部，当技术得到快速发展的时候，集群的演化、集群核心技术与生命周期之间的关系会更加的紧密，一方面企业的技术异质性决定了集群的产生、成长、衰退和重建；另一方面，集群内部的相互学习将导致技术融合，集群向外部的学习将产生技术分歧。

国内学者在借鉴国外学者的研究成果基础上，基于产业集群生命周期概念，将企业集群生命周期分为诞生、成长、成熟和衰退四个阶段。并借助波特钻石模型，分析了产业集群不同阶段的形成方法和约束其发展进程的原因，得出了稳定发展阶段是最普遍的阶段这一结论，在这一阶段，当存在的问题使得集群竞争优势丧失时，集群就会进入暂时的衰退阶段。当集群在组织、文化、技术等方面有创新性发展时，集群会形成新的竞争优势，从而进入一个新的稳定发展阶段，反之集群则走向消亡[1]。

20世纪80年代，社会学界基于达尔文的生物进化论，将生物基因变化的理念运用到人类文化和社会的演化过程中，并取得了显著的进展。至90年代，演化思想被广泛运用到经济学界，尤其是经济地理学界的学者们借鉴演化经济学的理论与方法，逐步搭建起新的理论框架与研究思路，并推动了经济地理学的"演化主义转向"[2]。

整体而言，学者们认为，新经济地理学强调地理空间的重要性，认为空间集聚是经济活动收益递增的重要驱动力，演化经济地理学有所不同，着重强调历史在经济景观中的重要性，认为经济活动空间分布的不平均是历史演化的结果。基于演化经济地理学的产业集群聚集经济的观点认为，聚集的发生主要取决于生产过程的报酬递增和运输成本之间的权衡。这种观点还考虑到了历史偶然性和预期

---

[1] 庞之栋.产业集群生命周期分析[J].现代管理科学，2007（8）：87-88.
[2] 刘志高，崔岳春.演化经济地理学：21世纪的经济地理学[J].社会科学战线，2008（6）：65-75.

的作用并意识到多重均衡的存在，即特定产业在哪个区位聚集是不确定的[1]。在存在多个适合某种产业发展的区位情况下，该种产业最终选择在哪里聚集有一定的历史偶然性，聚集经济的力量可以使没有太多优势的区位成为某种产业的聚集地[2]。通过对多个产业集群案例进行研究发现，偶然的历史事件会造成产业的特定性要素在局部地区形成与发育，这些产业具有显著的地方文化根植性，并在演化过程不断强化[3]。国内外学者基于演化经济地理学从企业的进入、退出与衍生来分析产业集群的产生与衰落，认为产业集群形成一定规模以后便集聚了大量相互关联的企业，基于业务的关联性，这些企业的商业模式、组织文化、组织结构、组织管理规章制度等便在发展中演化并留在下来，并逐步构成产业集群内企业共同遵守的集群文化。集群文化的形成构建起产业集群的发展优势，对其全部企业具有共同的约束力，并转变为各企业员工的行为准则。当一个区域拥有一定数量的企业和较为突出的优势以后，这些企业逐渐形成对潜在进入企业的进入门槛，并影响后来企业的进入率。例如，区域经济中具备了多样性和技术关联性以后，可能组合出新的产业或产业集群，即产业的衍生或裂变。由于组织惯例、文化的传承，企业衍生保持了与初期优秀企业的高度相似性，衍生企业取得成功以后，还会创造出自己的衍生企业，逐渐形成新的产业集群。企业与产业的不断衍生是集群内产业以及企业自我复制的重要路径，新企业或产业能否产生新的知识以及组织文化的创新，能否适应经济发展的新需求是企业衍生成功与否的重要影响因素。在这个过程中，具有竞争力的企业会存活下来并衍生子企业，而缺乏竞争力的企业则被淘汰出局。

本书在结合众多学者研究成果的基础上，在借鉴产业集群生命周期理论以及演化经济地理学理论的基础上，实证研究农村电子商务集群在形成初期的技术演

---

[1] BOSCHMA R A, LAMBOOY J G. Evolutionary economicsand economic geography[J]. Journal of evolutionary economics, 1999, 9(4)：411-429.

[2] DAVID P A. Path dependence in economic processes: Implications for policy analysis in dynamical system contexts[M]//DOPFER K. The evolutionary foundations of economics. cambridge: Cambridge University Press, 2005:151-194.

[3] 金祥荣，朱希伟. 专业化产业区的起源与演化：一个历史与理论视角的考察 [J]. 经济研究，2002(8)：74-82.

化路径及技术创新的影响因素，以典型的农村电子商务集群为例，从技术、组织和区域演化三个方面来探索农村电子商务集群演化路径。

第二节　农村电子商务产业集群知识来源

目前，农村电子商务集群的企业网络相对单一，主要以家庭（个人）、生产商、分销商三者的关系为主，垂直专业化分工远强于水平专业化分工。从淘宝村发展情况看，2021年，全国淘宝村在经历了十余年的发展且数量已达到较高基数的背景下，实现了近30%的较高增长，中部地区的湖南省淘宝村数量逐年增加，2021年达到17个，电子商务进农村综合示范县达到79个县，居中西部首位。但与浙江、江苏等省相比较，中西部省农村电子商务产业集群发展仍然处于较低水平。那么，后发地区农村电子商务产业集群发展要追赶领先地区的江浙地区，是否要靠接收领先地区的知识和技术来完成本土知识创造，引领区域创新扩散？我们需要进行研究和探讨。另外，农村电子商务集群的形成，除了具备基本的基于互联网的信息技术知识，同时还要根据农村电商发展情况确定目标市场，进行市场细分和制定市场营销竞争战略，而通过产品和技术创新提高产品和品牌的附加价值是实现集群升级发展的重要途径。从基础知识的获取到专业知识的运用，再到核心技术的创新，最后形成农村电子商务集群的核心竞争力和竞争优势，农村地区如何在短短的几年时间就完成技术的演化？到目前为止，面对上述问题国内外文献尚不能完全解答。鉴于此，本章充分考虑农村电子商务集群的特殊性，从知识获取与产品创新两个维度，实证考察中国农村电子商务集群知识获取来源及途径。

一、电子商务知识来源

为了客观地体现农村电子商务集群中电子商务知识来源，我们在不同区域、不同产业的农村电子商务集群中共选择300家电商企业作为案例进行调研，基于调研和数据收集的方便，我们重点考察了湖南花石镇模式、临武模式、石门模式。通过对300家电商企业的主要知识来源进行统计分析（见表7-1），我们发现自学是农村电子商务产业集群电商获取电子商务知识的最主要渠道。首先，自学是获取知识最低成本的方法，对于文化水平普遍较低且收入低的农民来说，网店的入门门槛不高，尤其是对经济投入的要求不高，此外，良好的乡村人际关系更多保留有稳定的乡土社会的特征，即基于血缘和地缘建立起的中国乡村两种基本关系，促使地缘-血缘-业缘所构成的人际关系更加立体化，农民自学或者是向亲友、成熟网商学习成为最优的获取电商知识的方式。参加付费培训学习获取电子商务知识的企业所占百分比相对较少，其原因是培训需支付学费导致投入成本增加，这与开网店低投入的初衷相悖，因此选择该渠道的人较少。但随着农村电子商务集群发展规模的扩大，尤其是在农村电子商务进入成长期后，政府扶持力度增大，政府在电子商务人才培训方面力度加大，参加政府支持的免费培训的人数较多。但在农村电子商务集群形成的萌芽期，农村电商在一定地域范围内集聚，在同一村甚至镇内，农村电商销售的产品相对同质化，其产品定位、目标顾客、产品定价、网店设计等均有相似性，农村电商间的地位较为平等，由于同属创业者之间存在密切的亲缘、地缘关系，这种亲密的社会关系有利于电子商务知识和经验传播。

表7-1 农村电子商务产业集群电子商务知识来源

学习渠道	企业成立时间			
	所有	2010—2012年	2013—2016年	2017—2020年
自学	76.1%	80.2%	55.1%	40.2%
向亲朋学习	21.1%	40.5%	20.4%	20.2%
学习成熟网店	31.4%	23.4%	30.5%	32.5%
网络渠道	22.5%	36.5%	21.4%	22.3%
参加付费培训	11.4%	30.5%	20.6%	4.5%
参加政府培训	25.1%	3.5%	10.5%	35.5%
其他	1.6%	2.1%	3.5%	2.4%
样本数	300	12	110	178

（资料来源：问卷调查）

总体上说，农村电子商务集群中企业成功地进行电子商务运营，需要具备的电子商务知识包括：电子商务运营的基本流程、店铺的设计装修、网店运营与管理、宣传推广等方面的知识。2012年及以前成立的企业，农村家庭互联网接入数不高，农村淘宝店的数量更是凤毛麟角。在此期间，大部分淘宝店是由在城市工作多年并具备一定的电子商务知识的、回到乡村转型创业的人开设的，这是农村第一批进行农村电商的人，开店的主要渠道是自学，比重高达80.2%。此时的农村电商刚处于萌芽期，虽然也可从其他渠道获取电商知识，但由于当时在中部省（如湖南）可以借鉴的成功经验不多，政府免费开设培训课程较少，其他专业培训费用昂贵，自学虽然效率低，但也是最节省了成本的方法。同时，在一边自学一边进行开店实践的过程中，总会不断地碰到靠自身能力解决不了的问题，不得不向亲朋好友学习，或者是通过网络渠道向成熟的网店学习相关知识。此时，还有30.5%的人选择参加培训获取专业知识。

2013—2016年时间段成立的企业，随着农村家庭互联网接入数增加，网店数量剧增，农村电子商务集群初现，网络购物也越来越普及，自学渠道的比重下降至55.1%。此时农村电商已经目睹了身边成功转型为农村电商的成功经验，局部经济较发达的县域，如沙集、宁国、遂昌等地，农产品电子商务集聚化发展规模越来越大，经营各类农产品的"淘宝村""淘宝镇"等在全国如雨后春笋般涌现，湖南农村电商的创业者在很大程度上已经掌握了网店运营与管理的基本知识。自学比重的降低，很大一部分原因是互联网基本知识普及，农村电商跨过互联网知识的门槛，需要学习的知识较前一阶段减少。但从事不同行业的网店设计与装修、运营与管理、营销与推广等专业的知识，仍然需要向行业内成熟网店学习、向亲朋好友学习或参加付费培训等其他渠道获取。在这一阶段，农村电商关注的不仅是学习费用，更关注到学习效率。一方面是自学的效率较低，而选择其他更高效的渠道以节省时间成本；另一方面是网店蓬勃发展，政府支持力度增加，以及政府免费培训的课程增加，获取针对性知识的来源越来越丰富。

2017—2020年时间段成立的网店，自学的比重进一步下降至40.2%，同时，向亲朋好友学习及向网络渠道学习的比重均有不同程度的下降。这反映出农村电商所具备的基础知识进一步丰富，开设网店的相对门槛降低。与前两个阶段具有很大不同的是，参加政府培训的农村电商企业比重高达35.5%，参加付费培训的比例下降到4.5%，说明政府在推动农村电子商务产业发展的重视度越来越高，政府培训基本可以取代专业渠道的付费培训。在这一阶段，除了自学与政府培训之外，各渠道所能提供的知识更加多元化，基础知识获取的平均渠道数量随之降低。

二、创业创新能力与方式

从淘宝村的省域分布来分析，2020年东部沿海城市仍然是淘宝村分布的主要区域，以浙江为中心向周边沿海省份扩散，在省域层面上，中国淘宝村呈现出明显的沿东部沿海地区集聚的特征，沿海六省（浙江、广东、江苏、山东、河北、福建）共计拥有4 895个淘宝村，占全国总数的比例达到91.89%。浙江省、广东省成为处于淘宝村数量第一等级的省份，分别占全国的比重为32.39%和18.89%。2020年，中部、西部和东北地区淘宝村数量分别为255、71、15个，中部和西部地区淘宝村相对2019年增长明显，尤其是作为第三等级的河南省，是除了东部沿海六省以外唯一的淘宝村数量超过100个的中部省份，淘宝村数量达到135个。第四等级主要位于东北和西部地区，其淘宝村数量普遍较少，由于地理区位、交通条件、技术水平等要素的限制，这些地区的农村电子商务发展水平明显滞后于东部沿海地区。至2021年，淘宝村数量由东部沿海向西部内陆依次递减的空间梯度格局依然明显。与2020年相比，四级梯队的格局进一步强化——以浙江和广东为龙头的东部沿海省份为第一梯队，紧邻东部地区的中部四省（河南、安徽、湖北、江西）为第二梯队，中西部以及东北的六省市（陕西、四川、重庆、湖南、广西、辽宁）为第三梯队，中西部其他省份为第四梯队。但是，数字经济向内陆相对欠发达地区乡村扩散的态势已显现，从区域分布上看，东部沿海地区在淘宝村数量上保持较大优势，达到6 538个，占到全国淘宝村总数的93.1%，其中山东省淘宝村增速尤为亮眼，淘宝村数量排名达到全国第三。中部地区淘宝村增速普遍超过东部沿海地区，西部以及东北地区部分省份淘宝村数量实现了跨越式增长，中部地区淘宝村共365个；西部地区淘宝村共96个。

为了客观地体现农村电子商务集群中企业的创业创新能力与方式，我们仍然以前面在不同区域、不同产业的农村电子商务集群中选择的共300家网店为案例进行调研（见表7-2）。调研发现，农村电子商务产业集群内企业普遍存在产品同质化竞争现象，为了提高产业集群中企业的竞争能力，提高产品销售平均利润率，农村电商必须不断地推出新产品或者改进产品以提高对网络购买者的讨价还价能力，并获取相对较高的利润。在过去一年中，9.67%的农村电商没有推出任何新的产品，37%的农村电商推出的新产品在10件及以下，31.67%的农村电商推出的新品在11~50件之间，21.66%的农村电商推出的新产品超过50件新产品。产业集群中的企业推出的新产品数量与其销售的产品类别有很大的关系，特色农产品、服装、饰品类品类繁多，并带有季节性与潮流性，产品更新率高，具有区域公共品牌的农村电子商务产业集群的网店推出的新品种更多，一般食品、文体用品的产品类别比较单一。在农村电子商务集群发展呈现由传统的劳动密集型向技术密集型转型，并形成集群内产业交叉融合发展、多个产业集群相互促进的新格局背景下，农村电商新产品层出不穷，但受制于人才、资金、技术等因素的制约，以及大多农村电商企业没树立品牌意识，自主创新能力不足。46.67%的农村电商在过去一年中完全没有自主研发的新产品，还有33.33%的农村电商仅有10件及以下的自主研发新产品。这反映出农村电商主要依靠于外部创新，通过购买、销售新品寻求发展，而真正通过农村电子商务产业集群内企业自主设计、采用新设备和新工艺等提升产品品质和推动产品创新的能力还比较薄弱。

表7-2 农村电子商务产业集群电商技术创新能力

新品种数	企业/家	比例/%	自主研发新品种数	企业/家	比例/%
0	29	9.67	0	140	46.67
1~10	111	37	1~10	100	33.33
11~20	45	15	11~20	22	7.34
21~50	50	16.67	21~50	19	6.33
51~100	40	13.33	51~100	10	3.33
>100	25	8.33	>100	9	3

（资料来源：问卷调查）

在160家有自主创新活动的农村电商中，我们发现农村电商的自主创新活动还在起步阶段，64个农村电商自主研发新产品占总新品数的20%以下，还有50个农村电商自主研发新产品占总新品数的20%~50%。值得注意的是，我们在调查中发现，有38家农村电商的自主研发新品数占总新品数的80%以上，这一部分企业大多属于多产业融合发展好且有集群品牌的农村电子商务集群，企业有足够实力推出自主研发新产品，且自主研发新产品占总新品数比例相对较高，虽说这类农村电商的数量目前相对比例不高，但已经代表了农村电子商务产业集群企业自主创新的发展趋势。

根据波特的产业竞争力量分析模型，农村电子商务产业发展同样受到潜在的竞争者、现有行业竞争者、供货商、购买者和替代品的竞争，大部分农村电子商务产业由于没有高技术门槛，没有著名品牌，农产品大多是同质低价品，所以所承受的竞争压力较大，行业平均利润不高。因为竞争力量大，为了使企业能够生存并尽最大可能获取较高的利润，农村电子商务产业集群中企业的产品升级、技术革新多为被动创新（见表7-3），如会引进先进的设备和技术提高生产效率，或通过产业链上核心技术创新增加产品附加价值，核心技术在集群间转移辐射，增强了农村电商产业集群的整体发展潜力。此外，农村电商通过网络营销，没有了中间渠道商直接面对消费者，第一时间掌握消费者的需求，市场需求的快速变化促使农村电商通过不断创新推动产业转型升级、延伸产业链和融合相关产业，不断改良旧产品，推出新产品，产业技术水平提高而产生的知识溢出也推动农村电商的技术创新。

表7-3 农村电子商务产业集群电商产品升级与创新的原因

原因	推出新产品		自主研发新产品		类型
行业竞争力量的推动	167	61.62%	98	61.25%	被动
行业整体技术水平的提高	98	36.16%	68	42.50%	被动
购买者需求变化	112	41.33%	72	45.00%	被动
供应商技术升级改造	40	14.76%	37	23.13%	被动
管理者的战略远见	46	16.97%	46	28.75%	主动
企业技术人员技术的升级改造	22	8.12%	22	13.75%	主动
政府技术创新的扶持政策	25	9.23%	25	15.63%	激励

注：多选，过去一年推出新品的网商共271家，过去一年推出自主研发产品的网商共160家。
（资料来源：问卷调查）

根据表7-3调查分析，农村集群电商主动创新主要来自两个方面：一是基于管理者对企业发展的战略规划的需要，如目标市场销售的渗透与拓展等，管理人员通过嵌入本领域的经济、社会、制度网络，与产业内不同主体分享先进的理念与发展的趋势，在企业发展战略与战略执行中，融入技术创新与产品创新战略，这样的发展战略规划推动电商不断升级技术突破创新；二是由于技术人员的技术升级改造，但技术突破而产生的产品升级比重较小，因此一般的农村电商的劳动分工并不细，仅有少数的大型农村电子商务集群才有专业化的劳动分工，进行专业化经营。从表中可以看出政府对农村电商的鼓励型创新成效不大。政府在农村电商发展的投入主要集中在加大农村电商基础设施建设、互联网、交通物流基础设施，电子商务产业园建设等方面，为农村电商发展提供支撑。

总结农村电子商务集群的技术创新与产品创新能力不足原因，主要有以下四个方面。

（1）创新意识不够。从农村电子商务集群省域分布来分析，东部沿海城市仍然是农村电子商务集群分布的主要区域，以浙江为中心向周边沿海省份扩散，呈现出明显的沿东部沿海地区集聚的特征。2022年，沿海六省（浙江、广东、江苏、山东、河北、福建）共计拥有6 914个淘宝村。随着东部沿海地区农村电子商务集群发展模式的辐射，中西部地区农村电子商务集群也在逐渐得到发展，如湖南省农村电子商务集群发展速度加快，2021年，湖南省电子商务进农村综合示范县达到79个县，居中西部首位，湖南省近几年淘宝村数量不断增加，2021年达到17个（阿里研究院，2021年淘宝村名单）。但无论是发展较早的东部沿海农村电子商务集群体，还是发展相对滞后（如湖南等）的中西部农村电子商务集群，其发展的基础大多基于与当地块状经济的高度耦合，经营的产品大多与本地资源和传统产业相关。比如湖南"基地＋专业市场＋电子商务"的花石镇集群，是基于花石镇已有的湘莲产业优势基础上发展起来的，即通过电子商务对接市场、企业和基地，借助传统专业市场所提供的丰富的系列产品资源以及产业分工，使各个企业在不同的细分市场上深入耕耘，形成差别化竞争优势，最终实现传统专业市场和电子商务协同发展。湖南"龙头企业＋农场＋电子商务服务中心"的临武模式是一个基于水产养殖业与第一、二、三产业深度整合，交叉发展而形成的致力于临武鸭的种苗孵化、养殖、加工、销售一体化经营的电子商务产业集群。"专业市场＋电子商务"的河北清河模式是基于其传统羊绒分梳业的发展。此外，临安的坚果炒货、杭州的服装、丽水云和的木制玩具、义乌的小商品、湖南桃江的竹制品等，都是淘宝村的重点聚集地。这些集群内电商由于完全依托当地的产业，存在产业依赖和市场依赖性，集群内电商企业在产业链条上从事分销即可营利，这种经营模式无法激发农村电商的创新意识。

（2）品牌意识有待加强。在农村电商发展之初，由于从业人员受教育水平的局限，缺少品牌建设的系统的专业知识，品牌意识较为薄弱，缺乏自创品牌，同时又很难打出区域品牌，造成产品同质化严重，行业竞争激烈。随着农村电子商务集群规模的扩大，尤其是在农村电子商务集群发展呈现由传统的劳动密集型向技术密集型转型，并形成多个产业集群相互促进的新格局背景下，无论是政府层面还是农村电商产业集群组织层面都已经意识到推动农村电子产业走品牌发展道路的重要性，注册公司和商标以及凝练与建设农村电子商务区域品牌是农村电子商务集群以及电商企业可持续发展的必由之路。许多发展较好的农村电子商务产业集群拥有区域公共品牌，集群内的电商企业有些采用区域公共品牌＋产品品牌的方式，即通过区域品牌的知名度与美誉度使产品品牌能够迅速进入市场，获得消费者认可，同时在区域品牌下又有自己的产品品牌来呈现产品的优势与特色，以区别于竞争对手的产品，有利于形成产别化竞争优势。

根据表7-4来分析，集群内16.67%的电商已经注册自己的品牌，走个性化品牌发展道路，集群内18.67%电商已经注册区域公共品牌＋产品品牌，还有集群内24.67%的电商正在计划注册自己的品牌。集群内电商的自主研发的能力薄弱，仅33.67%的电商参与到产品的设计与开发过程中，调研发现，目前有25.67%的电商打算参与到产品的设计与研发中。这一方面反映了农村电子商务产业集群电商经营者对产品创新的态度积极性不够，另一方面是由于电商从业者品牌设计的专业知识及能力水平不足。

表7-4 农村电子商务产业集群电商品牌注册情况以及参与研发情况

注册品牌情况	电商企业数	比例	是否参与研发设计	电商企业数	比例
注册自有品牌	50	16.67%	有	101	33.67%
注册区域公共品牌＋产品品牌	56	18.67%			
没有	120	39.99%	没有	122	40.66%
计划中	74	24.67%	计划中	77	25.67%

（3）创新投入不高。创新投入不高是农村电子商务产业集群电商创新能力不足的重要原因，农民从事电商创业的重要原因是其资金投入、人力投入和技术壁垒的低门槛，而聘请设计师或研发人员的投入超出多数网店的预算。创新也存在着一定的风险性，因为过多的创新投入也将对集群内电商造成高成本的经济负担，使得产品的低成本优势减弱，在价格竞争中处于劣势。从表7-5分析，技术创新与研发投入为零的电商占43.33%，集群内电商投入的研发资金仅占网店年收入

的10%以下的占29.67%，电商的技术创新与研发资金占网店收入的10%~20%的占9%，集群电商的技术创新与研发资金占网店收入的20%~50%的占13.67%，一个可喜的发展趋势是，4.33%的集群电商的技术创新与研发资金占网店收入的50%以上。调查发现，在一些规模较大的农村电子商务集群中，部分起步早、销售规模大的头部企业在技术创新与研发资金投入的比例较大，原因主要是两个方面，一是这类企业进入农村电商行业较早，企业已经积淀了较好的资金实力，另一方面，企业的经营者希望通过加大创新资金的投入，确保自己的优势地位，进一步提高产品的市场占有率。总体上说，农村电子商务产业集群电商的技术创新与研发资金主要用于聘请技术人员和升级生产加工设备。

表7-5 农村电子商务产业集群电商研发比重

研发投入占网店收入的比例	电商数	比例
0	130	43.33%
0.1%~10%	89	29.67%
10.1%~20%	27	9%
20.1%~50%	41	13.67%
>50%	13	4.33%

（资料来源：问卷调查）

如前所述，由于农村电子商务产业集群电商从业人员的整体知识水平不高，集群内电商的自主研发能力较薄弱，通过对农村电子商务产业集群电商的主要创新方式进行调研（见表7-6），发现集群电商的新技术来源是自主研发的比例仅占22%，进行自主研发的企业大多是农村电子商务集群中产业链上的龙头企业，这些企业在产业内具有产业标准制定、价格确定、技术领先的优势。大部分集群内电商由于自身没有自主研发的团队和资金实力，只能依赖于外来机构，如直接从生产商购买新产品的电商占30%，在产业集群或产业中排名靠后的电商企业，大多采取跟在头部企业的后面，模仿这些企业的产品进行委托生产，或提供经过修改的其他商家的产品委托生产的方式，这类企业占比达到23.33%，18.33%的农村电子商务产业集群电商企业采用与其他企业、高校、科研院所合作的方式获得新技术，说明只有少数集群内电商选择与企业合作生产新产品，与机构、科研院校、行业联盟间的交流不多，6.34%的企业通过技术联盟共享的方式获得新技术或创新产品,采用这种方式可以共同分摊技术创新和产品创新的成本,但也会造成行业内产品的同质化竞争。

表7-6 农村电子商务产业集群电商新技术来源

新技术来源类型	电商数	比例
自主研发	66	22%
与其他企业、高校、科研院所合作	55	18.33%
购买	90	30%
模仿	70	23.33%
技术联盟共享	19	6.34%

(4)知识产权意识有待加强。目前农村电子商务产业集群商品同质化比较严重,抄袭和模仿现象较普遍,其原因是多方面的,一是具有自主研发能力的农村电商企业研发的商品。其一旦在网上销售,其商品的包装、设计、材料及特点等诸多细节在网上公布,其他企业就可以零成本复制,由于这类企业在产品的创新和技术投入这一块没有任何成本,便可以更低的价格销售,投入大量研发成本的企业在价格竞争中反而处于成本劣势,也正是由于知识产权意识薄弱,农村电子商务产业集群企业一直陷入技术创新薄弱的恶性循环之中。二是农村电子商务产业集群电商企业的服饰类产品。其本来就是模仿外国企业的设计,因为众多企业模仿,必然导致行业内产品无差异,并陷入价格战之中。三是农村电子商务产业集群电商行业的从业人员受教育水平整体较低,技术水平有限,很难有创新发明类产品。大多产品停留于外观设计创新居多,而外观设计专利从申请到批准生效有一定的时滞性,而服装、饰品、玩具等产品更新换代率高,这些产品即使申请了专利也发挥不了作用。从表7-7来看,只有占比为11.3%集群内电商企业申请了专利。因此,农村电子商务产业集群电商企业知识产权意识的提高,加强创新产品的开发和保护,杜绝模仿和抄袭,还有很长一段路要走。

表7-7 农村电子商务产业集群电商企业专利申请情况

是否申请专利	电商企业	比例
是	34	11.33%
否	266	88.67%

（5）具有跨专业知识的复合型人才少。我们在对300个农村电子商务产业集群电商企业调研时发现，专业农村电子商务人才的缺失是制约产业转型升级、农村电子商务产业集群发展的瓶颈。在调查的300个样本中，集群内电商企业员工受教育水平与地区、农村电子商务产业集群发展所处的时期有关，在相对发达地区、农村电子商务集群处于成熟期的电商企业中，具有大学学历的员工人数占总员工人数的比例要高，如在湖南的几个农村电子商务产业集群中，湘潭所占比例为42.33%，龙山所占比例为18.33%，也说明大学生更愿意回到发达地区且有发展前景较好的产业集群进行创业。从表7-8来看，集群内电商对员工的培训次数与企业的规模以及创业的年限有关，电商企业成立之初，大多数企业规模较小，为了节约成本，并没有对员工进行培训，往往一个员工要熟悉多项岗位职能，这一比重占到45%。但随着集群产业规模扩大，员工数量增多，政府部门、培训机构提供了专业高效的培训课程，人员规模越大的集群电商，为员工培训的次数越多，为了让员工操作更熟练，提高其工作效率，培训包括电子商务基础知识培训、网站设计和运营、网站装修和推广、美工、摄影以及客户沟通等多种专项工作培训。小规模的集群内电商企业一般倾向于选择综合性或针对性的工作培训。

表7-8　农村电子商务产业集群电商企业员工培训情况

年均员工培训频次	农村电商企业数	比例	平均员工数
0	135	45%	4.8
1	58	19.33%	5.6
2	72	24%	7.2
3次以上	35	11.67%	11.3

第三节　农村电子商务集群演化规律

随着农村电子商务产业集群的不断发展，对中国农村经济发展模式的改革与创新带来了深远影响。尤其是在2015年国务院发布的《国务院办公厅关于促进农村电子商务加快发展的指导意见》及财政部发布的《农业综合开发扶持农业优势特色产业促进农业产业化发展的指导意见》指引下，农业优势特色产业链得到不断完善，"互联网+农业"蓬勃发展，资源优势大、产业链条延伸长、产业融合发展的区域农业优势特色产业集群建设发展迅速。正是在国家政策大力支持农村电子商务集群发展的背景下，县乡村电商群体兴起，农产品电子商务集群从探索阶段进入腾飞发展阶段，并在推动区域经济发展中发挥重要作用，赢得了政府与学术界的高度关注。但与此同时，也暴露出许多问题。一方面，全球化进程推动全球生产链的结构调整，农村地区以廉价的地租、低成本的劳动力和低价的水电资源承担了低端生产职能，而技术的创新、产品的创新和组织创新职能仍然保留在发达地区。因此，农村电子商务产业集群被嵌入于全球价值链的最底端，尽管目前仍保持较强的经济活力，但创新能力不足成为产业升级和可持续发展的瓶颈；另一方面，农村电子商务产业集群更多的是表现为空间上的集聚，基于存在竞争等原因，企业间的网络联系不够强。从产业集群发展理论来分析，产业集群不仅要有灵活的专业化和集聚经济，并具有密集的区域网络、区域创新和协同学习，包括小型企业集群在知识、技术等方面的紧密协作。因此，我们有必要从技术、组织和区域演化三个方面来探索农村电子商务集群演化路径。

一、农村电子商务产业集群技术演化路径

（一）模仿、协同与自主创新

农村电子商务产业集群作为一个自发性的产业集群，集群中的社会关系网络使个体企业间形成了密集且低成本的信息交流传递通道。与农村电子商务集群从萌芽期、成长期到成熟期相适应，其技术演化也经历了模仿、协同与自主创新三个阶段。模仿创新是指技术水平较低的企业通过模仿其他企业拥有的技术，利用现有的企业创新资源对技术进行某种程度上的复制和改进。在农村电商集聚的萌芽期，集群内电商的经验不足，并没有明确的技术创新目标。此时的创新环境不够理想，身边缺乏创新带来更高利润的成熟案例，因此在这一阶段，农村电子商务产业集群内电商企业创新的动力不足，创新活动在企业中没有占主导地位。再加上农村电商企业在创业初期，投入少、规模小，大多没有核心技术优势，产品的技术含量也不高，知识产权制度建立相对滞后，农村电商企业为了能够进入产业集群并保持生存，便以最低的成本模仿市场上经营同类产品的企业的技术，这是集群内部最主要的技术创新方式。集群内创新能力不足的电商为了减少风险和投入成本，往往倾向于选择市场上发展势头较好的新产品、热销产品进行模仿，通过品牌设计模仿、产品设计和包装模仿、营销推广方式模仿等来实现产品升级并获取超额利润。但正是因为农村电子商务集群内电商经营的产品大多没有核心技术优势，技术门槛不高，很容易被众多企业仿效，市场中模仿的群体过多，集群之间以及集群内企业则易形成恶性同质化竞争，如果被模仿者具有相对较高的市场占有率，能够依靠自己的品牌效应和质量保证得以持续发展，受到影响会相对较少。同时，在竞争激烈的产业，由于供应商与购买者的讨价还价能力强，行业的平均利润下降，低水平的完全模仿取得的超额利润不可持续。

农村电子商务集群发展到成长期后，农村电子商务产业集群的技术演化进入协同创新与自主创新阶段。在这一阶段，集群中往往存在少量的实力雄厚的龙头企业，龙头企业处于集群产业链、价值链的关键位置，本身拥有一定的技术自主创新能力和资源整合能力，为了专注于核心竞争力的打造，龙头企业希望部分零部件外包，这为龙头企业和非龙头企业之间的协同创新提供了可能性。但是，龙头企业与非龙头企业之间存在的技术差距使得两者之间的协同创新较难实现，这就代表该集群内龙头电商企业与非龙头电商企业技术不在同一匹配水平上，非龙头电商企业技术水平远远低于龙头企业的需要。因此，只有在农村电商集聚完成了萌芽期的发展后，非龙头企业已经通过模仿创新吸收了集群内龙头企业基础生产知识和技术之后，其自身的技术创新水平才会有一定程度的提高。一方面因为技术本身有着一定的延续性，企业经过模仿创新阶段已经积累了相关技术，这就自然而然地与农村电子商务集群内龙头企业的技术产生了一定的共性，使得相对应的龙头企业与非龙头企业之间更容易产生技术上的交流与合作，并有机会获得协同创新效益，同时初步获得具有企业升级或自主创新能力。另一方面，农村电商产业激烈的市场竞争也促使企业不能将目光局限于低附加值的环节当中，因此集群内非龙头企业有着较强的动机与龙头企业加强网络上的联系，从而提高技术水平以提高产品的竞争力，获取更多竞争优势，提高市场占有率。当非龙头企业进入技术创新演化的协同创新阶段时，已经具备与集群网络中其他主体间建立广泛联系的资源与条件，在这个阶段，部分非龙头企业将进入一个技术创新的发展时期。

农村电子商务集群发展到成熟期后，一方面，大多数非龙头企业很难发展到自主创新阶段，少数非龙头企业逐渐具备自主创新能力，为了进一步扩大其竞争优势，这部分非龙头企业也会主动地进行自主创新，希望在集群内处于优势地位，或以全面超越龙头企业为目标试图达到集群内龙头企业位置。另一方面，当部分非龙头企业拥有自主创新能力之后，龙头企业会加强技术壁垒的建立或采取其他的防御战略，防止非龙头企业过多地涉及自身的核心技术，因此，非龙头企业从集群内龙头企业获取核心技术和知识的渠道可能关闭，这将促使更多的非龙头企业走向自主创新的道路。

（二）构建学习网络

如前所述，在农村电商集群形成的萌芽期，集群内电商企业首先是在农村狭小的空间范围内集聚，其经营模式有很大的相似性，如生产和销售同类型技术含量低的产品，产品面向的目标顾客也基本趋同，所采取的价格策略及营销手段也基本一致，在这一阶段，集群内企业的知识、经验和技术主要是通过自主学习和向具有先入优势的亲朋学习。在成长期和成熟期集群内出现协同式创新与自主创新，也需要相互学习的过程。无论农村电子商务集群发展到哪一阶段，为了降低成本并达到部分技术、知识与经验的共享，形成集群优势，形成学习网络都是有必要的。

良好的乡村人际关系更多保留有稳定的乡土社会的特征，即基于血缘和地缘建立起的中国乡村两种基本关系，促使地缘-血缘-业缘所构成的人际关系更加立体化，农村电商之间本身就存在亲密的亲缘、地缘关系，加上经济关系的重叠，这种社会经济的双重关系以及农村电商间的相对平等地位，成为农村电子商务集群中电商获取知识和经验的有效通道。在这种社会关系网络与经济网络高度匹配的环境下，集群内部知识传播的频率较高、知识扩散效益明显，集群内扩散的技术、知识和经验逐渐成为集群的共性优势，这些共性优势支撑集群持续发展，也使集群内企业受益。

当社会关系网络与经济网络不匹配时，集群中核心的隐性知识的传播显示出一定的排外性，因此外来者在学习隐性知识的过程中会受到较大阻碍。在农村电商集群形成过程中，集群中的农村电商可以共享产品生产的知识和经营网店的经验，在网店经营方面，当农村电子商务集群到一定规模后，无论是在集群内学习还是跨集群学习，具有一定经验的企业都能够起到良好的示范效应，知识通过社会网络产生扩散，不会存在知识传播和扩散的隐形壁垒。在产业集群体内的企业之间的互动行为会累积成社会资本和经验曲线效应，有利于企业间建立以合作与信任为基础的社会网络，有效地降低交易成本，并促进技术的模仿、创新与扩散，对农村电子商务产业集群的规模发展、产业转型升级和技术更新迭代具有显著的促进作用。产品生产方面，特别是地方特色产品，农村电商所拥有的技术知识大多来自本地农户通过多年生产经营积累的经验和祖辈传承的传统技术，如湖南湘潭的湘莲加工技术，桃江县的竹产品制作技术，清河县羊绒制品加工技术等，属于农村电商集群中的隐性知识，加上在经营过程中地方政府也有深厚的地方保护意识，很难通过显性化方式进行跨集群传播。在这种情况下，集群内产业链上的农村电商和供应商基于具有一定技术竞争优势的特色产品的生产、加工与营销，形成了紧密的社会关系，并与亲缘、地缘关系高度耦合。由于经济关系和社会关系的高度重叠，在集群内形成共有技术优势带来的集群高额利润，也加深了集群内企业之间信任度，通过相互交流产品生产的技术和销售的经验，形成本地学习网络。也正是由于本地学习网络的存在，在产品开发生产与加工过程中的技术便成为特定农村电子商务集群的核心技术优势，如果同时拥有具有高附加值的区域品牌，便可以形成良好的竞争优势，并有可能转化为核心竞争力，从而比其他同类型农村电商集群具有更高的平均收益。

农村电子商务集群所销售的商品相似度极高，面临着非常激烈的同质化竞争局面，同质化使本地学习网络中的技术与知识传播更具有效性。同质化到了一定程度后，如果不从农村电商产业集群发展角度来规划集群发展战略，集群内农村电商的过度竞争会阻碍技术的学习与传播，因此，本地农村电商是竞争还是合作至关重要。基于紧密的地缘和亲缘关系，本地农村电商共同协商的机会多、成本低，集群内农村电商企业可以谋求共同的可持续发展。解决的方案有两种：一是在集群内实施纵向一体化战略，集群内龙头企业专注于品牌建设、市场开拓、产品销售、技术创新和标准制定，集团内其他企业专注于产业链条上的某一个环节的产品生产与加工。如湖南临武舜华鸭业发展有限责任公司作为主导企业形成的农村电子商务产业集群，是一个将现代水产养殖业与第一、二、三产业深度整合、交叉发展而形成的致力于临武鸭的种苗孵化、养殖、加工、销售一体化经营的电子商务产业集群，作为舜华鸭业产业集群的核心企业湖南临武舜华鸭业发展有限责任公司，在致力于推行标准化养殖模式中，从"种苗、饲料、防疫、技术、收购"

五方面实行严格的"五统一"管理,由公司统一提供纯种临武鸭鸭苗;统一提供饲料;统一提供防疫服务;统一提供技术支持;统一进行收购。这个模式帮助鸭农解决了技术措施难配套、标准化管理难到位、质量标准难统一、优质农产品难销售等难题。通过集群纵向一体化战略的实施,中小型农村电商为大型农村电商提供服务,通过在干中学加强商品生产知识与营销经验。

　　实施差异化竞争战略。近年来,农村电子商务集群中的新型农业经营主体带头人通过数字科技促进产销对接,助推其与现代农业有机衔接,改变传统农业中单一农户难以应对自然风险的现状,降低农业生产中人为因素的不确定性,提高风险防范能力,从而推动农业生产的集约化、规模化、工厂化、全程可追溯化。同时,依托不同区域的自然禀赋数据,因地制宜,"量身定制"专业化、接地气的特色产业,以"互联网+"形式带动"一村一品、一镇一业"的发展,实现"人才振兴－产业兴旺－乡村激活"的良性循环。如淘宝村巧云村的案例,农村电商间协商推出各自的主打商品,减少同质化竞争,并共享销售数据,共同商定营销策略。又如"电子商务+差异化+公共品牌"的湖南石门模式,该模式使得地方政府、农户、电商企业、消费者、平台、网络运营商组成六位一体、资源与价值共享的农村电子商务集群生态体系,既满足了集群中各经营主体的价值追求,又推动了县乡村经济的快速发展,石门从全产业链视角,从产品特色到产品推广和营销全方位建立差别化竞争优势,挖掘柑橘、茶叶、蔬菜、土鸡等优质农产品的特色卖点,进行专业化的品牌化包装,通过异质化产品整合增强产业集群供应链的核心竞争优势,集群内各类企业获得差异化竞争优势带来的高额利润。产业集群实施差异化竞争战略,加强了合作,减少了竞争,让农村电商对行业的整体发展有了更清晰的认识。

　　因此,对农村电子商务集群而言,集群企业间的学习网络建立在集群内部稳固的社会关系之上,社会关系与经济关系的重叠是形成集群内部知识传播的主要途径。由于良好的社会网络关系,集群企业间的沟通、协调和互动频率较高,知识扩散与溢出的效益显著,加上具有密切联系的企业形成的集群局限于相对较小的地域范围,可以通过本地"面对面"的交流方式加速知识和经验的流传。

二、农村电子商务产业集群组织演化路径

（一）萌芽期的组织演化

基于产业生命周期理论，已有学者从动态演化过程的视角对产业集群进行研究并分析其发展，他们认为产业集群通过企业的不断聚集，同时伴随着资本、技术、人才的聚集和组织的创新，最终推动集群经济的发展。如前文所述，在农村电子商务产业集聚的初期产生阶段，一般由创业领袖成功创办了龙头企业，其他人跟随模仿进行创业，随着创业者数量增多，在一定区域内形成人口集中、企业集中，产业集聚的雏形开始形成。也就是说，在产业集群的萌发阶段，具有企业家精神的创业领袖在区位条件、宏观经济、偶然事件等因素的刺激下，努力克服障碍、充分利用区域优势，成功开展生产经营活动，即为集群萌发撒下了第一粒种子。

最初的一粒种子是如何通过组织演化而演变成农村电子商务集群的规模扩张呢？关于这一问题，不同的理论研究者对经济活动的聚集现象有不同的论述，具有代表性的理论主要有马歇尔的规模经济理论、韦伯的工业区位理论和克鲁格曼的规模报酬递增理论。这些学者们的研究认为：规模经济分为两种，一种是经济活动主体通过扩大自身规模从而实现收益增加的内部规模经济，如企业规模扩大后，可以在采购、生产、营销、物流等方面带来全方位的成本优势，实现内部规模经济效益。另一种是整个行业主体通过扩大系统规模实现收益增加的外部规模经济，如行业扩大规模后，通过企业在一定空间区域的集中而拥有技术、设施、服务的共享、力度更大的政府支持，从而带来生产成本的大幅度降低，进而提高产业集群的平均利润，提高企业的经济效益。也有学者指出，虽然技术、设施、服务的共享和政府的大力支持能够降低生产成本，但集群的形成与发展，必然伴随基于规模经济背景下的专业化分工，存在专业分工便有可能会增加交易成本，交易成本的出现反过来会限制专业化的深度分工。从这一因素来考虑，集群存在内部规模经济与外部规模经济之和最大的最佳规模。此外，产业集聚现象的出现还会带来联盟效应、创新效应、制度效应等，如产业集群可通过联盟手段提高对供应商、购买者、政府讨价还价能力的话语权，通过技术演化在良好的创新氛围中不断提高企业自身的技术水平和知识技能，形成核心资源与竞争力，建立较高

的进入门槛，取得高于行业平均利润水平的利润。与此同时，也有可能会在与外界环境的协同演化过程中影响、改变、塑造有利于产业发展的制度环境。

总之，在产业集群的形成过程中，产业集群企业通过在特定空间集中布局、分工合作而结成紧密的关系网络形成的集聚效应，所收获的效益远大于单个企业单打独斗的效益。正如学者Otsuka等根据亚洲和非洲19个产业集群的形成与发展所归纳出的结论，发展中国家产业集群演化萌芽期的基本特征是数量扩张。因此，农村电子商务产业集群的发展也遵循相同的规律，在其发展初期，一方面，"前人"的成功经验是最好的模仿样本，在一个或几个成型企业的带动之下，基于农村电商的经济活动带来的收益驱使本地甚至外地居民在具有资源优势的特定区域集中，人们纷纷从事同类产品生产、经营活动，集聚规模开始扩大；另一方面，集聚经济大大降低了生产成本，农村电子商务产业集群的外部规模经济对于单个企业而言也具有很大的吸引力，无论是基础设施、公共服务、政府支持、专业园区及市场的共享，还是知识、信息的沟通与交流，都有助于产业集群的形成与发展，个体企业为追求效益，利用亲缘、地缘等关系网络，集聚信息、资金、技术等创业资源，积极参与生产经营活动，进而享受集聚经济带来的诸多利益。在这一阶段的农村电子商务产业集群组织的典型特点是，产业集聚雏形已经形成，规模在逐步扩大，但专业分工不够明显，产业链条尚未形成，各主体之间深度合作交流少，技术与知识溢出一般发生在基于亲缘、地缘的亲友、老乡之间。从严格意义上来讲，处于萌芽期各农村电子商务产业集群内各经济活动主体还只是在集聚经济的主导下集中于特定的地域空间，呈现出密集的空间节点形态，完整的产业集群尚未形成。农村电子商务产业集群萌芽期的组织形态如图7-1所示。

图7-1 萌芽期农村电子商务产业集群组织形态

正如马歇尔、韦伯以及波特所认为的集群发展过程一样，农村电商产业集群在形成初期，企业最初选择某一特定地区进行投资生产，与该地区的自然人文禀赋密切相关，其中劳动力的数量与成本、土地资源的数量与成本、运输成本、政府政策支持等都会成为企业选择厂址时的重要参考因素。当某一特定县乡村区域具备这些优势资源时，回乡创业的村民或大学生会选择在该地进行创业，基于农村社会关系网络的创业者也会不断聚集于此地，当聚集达到初级规模时，企业之间开始实现包括技术、资金、物流、分销渠道、客户等资源的共享，完成基本生产要素的聚集，农村电子商务集群发展的萌芽期完成。在这一阶段，大多处于一种基于本地资源优势的自发发展状态，集群中的企业类型主要包括农产品生产加工企业和农村电商企业，企业之间存在产品同质化、目标顾客高度类似的竞争，政府、电商协会、培训机构和科研院所在这一阶段并未参与进来，聚集更多的是一种自发行为，并非政府指导。

（二）成长期组织演化

随着农村电子商务集群的初期聚集阶段的完成，集群内部企业数量已初具规模，开始进行产业链上下游企业与辅助企业的配套，产业链的专业化深层次分工得以加强，这也使得集群规模进一步扩大。基于产品技术与农村电子商务技术的技术溢出效应加剧，企业既有纵向合作也有竞争，在这一阶段主要是基于企业价值链聚集。哈佛大学的迈克尔·波特教授在《竞争优势》一书中提出了价值链的概念，其核心思想是将企业活动归结为五种基础活动和四种支持性活动，其中基本活动包括原材料管理、生产制造、物流保障、售后服务；支持性活动包括财务管理、人力资源管理、研究与开发、采购管理，这二者构成了企业的价值链，为企业创造价值。波特的价值链理论同样可以被用于分析农村电子商务产业集群的演化过程，在经历了萌芽期的要素聚集阶段之后，企业集群规模逐步扩大，内部规模经济初显成效。为了追求外部规模经济，农村电子商务产业集群中较大规模的企业对专业化分工的需求日趋迫切，尤其是集群中的龙头企业需要从众多非核心的低效率事务处理中解脱出来，集中人力、物力和财力发展企业的核心业务，促使企业形成并获得持续支撑企业发展的核心能力。因此，专业化分工也是农村电子商务集群发展过程中必然历经的阶段。在推进专业化分工过程中，更多的从事专业领域工作的企业如金融、法律、物流、营销、培训等相关企业不断向农村电商集群所在地聚集，更多的支撑性行业的相关企业也向集群所在地聚集，并最终完成农村电子商务产业集群基于价值链聚集的成长期阶段。在价值链聚集的成长期阶段，一方面为集群企业提供专业化服务，降低了社会交易成本，并为集群企业之间的合作提供保障；另一方面，集群生产效率大幅提升，形成了以大企业为核心的中心卫星式集群的组织形式，如图7-2所示。

图7-2 成长期农村电子商务产业集群组织形态

成长期农村电子商务产业集群组织形态是提升小农经济生产经营效益的高效组织手段，即通过大型企业与小型企业之间的农业产业横向连接和生产加工营销的纵向连接，形成大型的产业集群。典型案例如象山柑橘产业，原来采用的是散发的小农经济形式，生产经营规模小，生产工艺简单，缺乏组织性，抗风险能力差。近几年，依托数字技术的应用，小农经济生产经营组织制度加速创新，推动了象山柑橘产业集聚发展，为了解决"象山红美人"产业发展问题，象山将大数据预测技术、数字农业生产技术、数字化营销等新型生产要素与小农合作组织、精细化耕种、品牌化营销等产业组织管理模式相结合，形成了以产业组织制度为基础、数字农业产业链和品牌价值链纵向贯通的双向一体化模式，即大型企业与小企业通过农业产业横向连接和纵向连接，形成大型农村电子商务产业集群组织形态。一方面，依托数字技术与电子商务平台加强了大企业与小企业之间横向一体化联系和合作，大企业与小企业之间形成的产业联盟把分散资源集腋成裘，形成规模化供给和服务能力，大小企业之间形成技术赋能、渠道共享、风险分担的市场化合作关系。另一方面，加强纵向一体化产业链的管理。一是产前组织科学规划，产业联盟、合作社和大企业利用土地自然要素、数字流通渠道的历史数据和当年预订量进行产前规划，制定合理的品类、等级种植规划，为缺少市场信息的小企业提供技术支持。大企业加强产品品质管控，建立产品标准，对接高端新零售平台（如盒马）和数字化流通的要求，与平台建立信任。同时收购农产品，减轻小企业的市场风险。二是产后供应链优化，分层销售提高经济收益。象山将多层次流通体系延伸为价值分级体系，根据盒马生鲜超市市场交易大数据形成的品质分级标准成为"红美人"分级定价主要依据，在产业联盟监督下，各个渠道遵循一致的定价标准，优质优价，避免以次充好、无序竞争。

（三）成熟期组织演化

新产业空间学派认为制度的缺失或者不完善将会导致集群内部企业的合作与创新不能顺利展开，纵然市场本身存在着多种形式的契约，但由于政府、高校、科研机构、金融、保险、营销、物流等组织与行业广泛参与到集群企业价值链上的支持性活动与基本活动中，防止因管理制度的缺失而造成集群成员之间的合作成本增加，降低企业集群生产效益，阻碍集群的进一步发展。因此，在集群内部必须建立科学合理的管理制度，以有效降低合作成员之间的相互不信任，并确保契约的顺利执行，在农村电子商务集群的发展在经历了基于价值链聚集的成长期之后，集群已经初见规模，集群内部企业数量可观，企业间的合作模式既有基于产业链的纵向分工与合作，也有包括各类企业、高校以及科研单位参与的横向聚集，最终形成了农村电商集群基于价值网络的成熟期发展阶段（图7-3）。在这一阶段，虽说农村电子商务产业集群在长期发展过程中形成的集群文化对于集群内企业的行为具有一定的约束力，但由于集群内企业管理制度和经营范围的差异导致企业间合作层次仍处于相对较低层次，基于集群内技术创新层面的协作很难开展，这在一定程度制约了农村电子商务产业集群的持续发展。因此，为了更好地深化集群企业间的合作，有效提高集群规模和整体技术水平，县乡村具有卓识的政府部门需要利用更多的行政权力在加强农村电子商务基础设施建设的同时，加强农村电子商务产业园建设，引导高等院校以及科研机构从事与产业相关的科学研究，促进技术的创新与人才的培育，通过完善相应法律法规保障新技术的合理扩散以激励企业及科研机构的创新热情。

图7-3 成熟期农村电子商务产业集群组织形态

三、农村电子商务产业集群空间演化

淘宝村和淘宝镇是农村电子商务产业集群的典型形式，大部分大规模农村电

子商务产业集群也都基于淘宝村和淘宝镇的发展，因此，本书以淘宝村和淘宝镇的演化规律来阐述农村电子商务产业集群的空间演化情况。

（一）淘宝村的空间分布

纵览十余年淘宝村的空间分布，呈现出明显的以浙江为中心先向东部沿海省份扩散，进而向中西部地区扩散的特征。

从省域分布来分析，我国农村电子商务集群主要是根据地域性和网络化分布的，由于不同地区之间存在着地理上的差异，因此在经济发展过程中，各区域内也就形成了一种比较明显的划分。本书结合时间线进行分析，根据表7-9数据显示，2014年是我国淘宝村初步发展的阶段，主要分布在浙江、广东；至2016年，我国淘宝村数量增长显著，大部分淘宝村分布在浙江、广东、江苏，其中浙江淘宝村数量就超过了500个，同年，北京、湖北、安徽、湖南、山西、云南和吉林开始零星分布；2018年，位于东部地区的省份的淘宝村在经历了四年时间的发展后，集聚发展态势明显，这一年，以淘宝村为典型代表的农村电子商务产业集群发展态势良好，淘宝村向中西部地区扩散，中西部地区的省份也有少量淘宝村分布；2020年，淘宝村全面覆盖至28个省（自治区、直辖市），其中海南、甘肃和上海也首次出现淘宝村，尤其是上海淘宝村增长迅速，从2020年首次出现21个，至2021年达到78个，增长率高达271.42%。淘宝村在省级层面的分布整体向着逐年扩大的趋势发展。2021年淘宝村总量达到7 023个。

在这里，我们重点分析近几年空间分布情况，随着国家电子商务进农村综合示范项目的实施，以及阿里巴巴集团农村战略的推进，淘宝村数量持续增长，屡创新高，淘宝村的空间覆盖范围也由2014年的星星点点发展为遍地开发。2020年东部沿海城市仍然是淘宝村分布的主要区域，以浙江为中心向周边沿海省份扩散。在省域层面上，沿海六省（浙江、广东、江苏、山东、河北、福建）共计拥有4 895个淘宝村，虽说占全国总数的比例从2019年的95.4%下降到91.89%，降低约3.5个百分点，但中国淘宝村沿东部沿海地区集聚的特征非常明显，其中浙江省、广东省成为处于淘宝村第一等级的省份，分别占全国的比重为32.39%和18.89%。根据表7-9所示，2009—2021年我国各省（自治区、直辖市）淘宝村分布情况，2020年全国淘宝村最多的城市60%位于浙江省内。作为中国电子商务的发源地和最大的电子商务平台——阿里巴巴总部所在地，浙江省一直处于我国电子商务发展的最前沿。此外，作为与电子商务发展息息相关的快递物流业，其最具代表性的四通一达（申通快递、中通快递、圆通快递、汇通快递、韵达快递）最初均发端于浙江桐庐，这些均为浙江省发展农村电子商务提供了便利条件。广东省2020年淘宝村数量突破1 000个，跻身第一梯队。处于第二等级的省份是江苏省、山东省、福建省和河北省，均位于我国东部沿海地区，且省份基本相邻，相邻省份的产业关联度较强，淘宝村商业发展模式、知识、技术和经验的扩散更迅速。2020年，中部、西部和东北地区淘宝村数量分别为255、71、15个，中部和西部地区淘宝村相对2019年增长明显，尤其是作为第三等级的河南省，是除了东部沿海六省以外唯一的淘宝村数量超过100个的中部省份，淘宝村数量达到135个。作为中部地区的代表性省份，其互联网发展水平和交通便利度也相对较好，另外由于区位优势，河南省可以较好地承接东部地区的产业转移，或与东部省份形成产业链的上下游关联，以此带动农村电子商务的发展。第四等级主要位于东北和西部地区，其淘宝村数量普遍较少，由于地理区位、交通条件、技术水平等要素的限制，这些地区的农村电子商务发展水平明显滞后于东部沿海地区。但结合历年淘宝村空间分布可以发现，在2020年，东部地区集聚裂变特征逐步凸显，以苏北、鲁南与冀中南地区为主体的北部聚集区聚集强度进一步加强，与此同时，东部、中部、西部、东部地区依次递减的空间分布格局非常稳固。

至2021年，淘宝村数量依然呈现由东部沿海向西部内陆依次递减的空间梯度格局（见表7-10）。与2020年相比，四级梯队的格局进一步强化——以浙江和广东为龙头的东部沿海省份为第一梯队，紧邻东部地区的中部四省（河南、安徽、湖北、江西）为第二梯队，中西部以及东北的六省市（陕西、四川、重庆、湖南、广西、辽宁）为第三梯队，中西部其他省份为第四梯队。但是，数字经济向内陆相对欠发达地区乡村扩散的态势已显现，从区域分布上看，东部沿海地区在淘宝村数量上保持较大优势，达到6 538个，占到全国淘宝村总数的93.1%，比2020年提升了1.21%，其中山东省淘宝村增速尤为亮眼，淘宝村数量排名达到全国第三。中部地区淘宝村增速普遍超过东部沿海地区，西部以及东北地区部分省份淘宝村数量实现了跨越式增长，中部地区淘宝村共365个，西部地区淘宝村共96个。

表7-9 2009—2021年我国各省（自治区、直辖市）淘宝村分布

单位：个

省份/年份		2009	2013	2014	2015	2016	2017	2018	2019	2020	2021
东部地区	浙江	1	6	62	280	506	779	1 172	1 573	1 757	2 203
	广东		2	54	157	262	411	614	798	1 025	1 322
	山东		4	13	63	108	243	367	450	598	801
	江苏	1	3	25	126	201	262	452	615	664	745
	河北	1	2	25	59	91	146	229	359	500	638
	福建		2	18	71	107	187	233	318	441	571
	北京				1	1	3	11	11	38	127
	上海									21	78
	天津			1	3	5	9	11	14	39	52
	海南									1	1
中部地区	河南		1	4	13	34	50	75	135	188	
	江西		1		3	4	8	12	19	34	57
	湖北			1	1	1	4	10	22	40	54
	安徽				1	6	8	13	27	39	
	湖南				3	1	3	4	6	12	17
	山西				1	1	2	2	2	7	10
西部地区	陕西						1	1	2	16	26
	四川			2	2	3	4	5	6	21	22
	广西						1	1	3	10	17
	重庆						1	3	3	9	13
	云南			2	1	1	1	1	1	6	8
	贵州						1	1	2	4	4
	新疆						1	1	1	3	3
	甘肃									1	2
	宁夏						1	1	1	1	1
东北地区	黑龙江								1	2	3
	辽宁				1	4	7	9	11	9	17
	吉林				1	1	3	4	4	4	4
合计		3	20	202	778	1 311	2 118	3 202	4 310	5 425	7 023

（数据来源：根据阿里研究院发布的2020中国淘宝村研究报告、2021中国淘宝村名单整理）

（二）从增速层面看各地淘宝村的发展

从增速上来看，淘宝村则呈现出逆向的由西向东递减的格局。如图7-4所示，2021年，中部地区的江西、安徽、山西增速突破30%，西部地区以及东北地区的部分省份在增速上也有新的突破，陕西增速达到38%，广西增速达到41%，重庆增速达到41%，表明乡村数字化的趋势已由先发地区向内陆后发地区扩散。围绕省会城市，中西部地区已逐渐形成数个淘宝村增长极，根据2021年各省（自治区）淘宝村数量与增速（图7-4）以及表7-10来分析，淘宝村呈现明显向外蔓延扩散趋势。

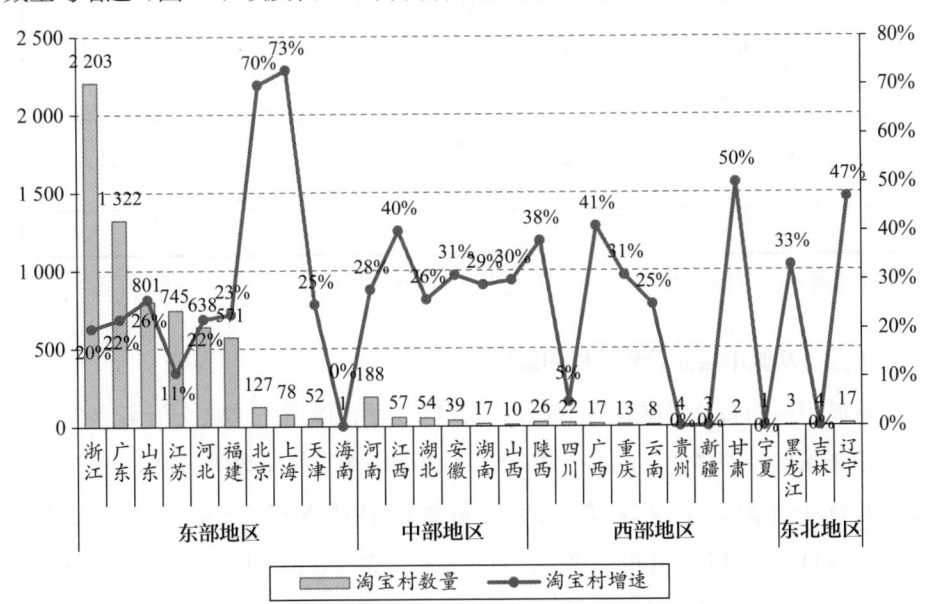

图7-4　2021年分地域各省（自治区）淘宝村数量与增速

（来源：阿里研究院、南京大学空间规划研究中心）

表7-10　2021年分地域各省市淘宝村数量变化情况

单位：个

地区	省市	淘宝村数量	增速/%	省市	淘宝村数量	增速/%
东部地区	浙江	2 203	20	江苏	745	11
	广东	1 322	22	河北	638	22
	山东	801	26	福建	571	23
东部地区	北京	127	70	天津	82	25
	上海	75	73	海南	1	0

表7-10（续）

	省市	淘宝村数量	增速/%	省市	淘宝村数量	增速/%
中部地区	河南	188	28	安徽	39	31
	江西	57	40	湖南	17	29
	湖北	54	26	山西	10	30
西部地区	陕西	26	38	贵州	4	0
	四川	225	5	新疆	3	0
	广西	17	41	甘肃	2	50
	重庆	13	31	宁夏	1	0
	云南	8	25			
东北地区	黑龙江	3	33	吉林	4	0
	辽宁	17	47			
合计		7 023				

（数据来源：阿里研究院发布的2021年中国淘宝村名单）

（三）从城市层面看淘宝村的发展

从城市层面看，根据表7-11显示，2021年，我国淘宝村数量分布较多的城市大多位于东部沿海省份，达到6 538个，占到全国淘宝村总数的93.1%，山东省菏泽市共有516个淘宝村，排名第一；浙江省金华市和温州市位于第二、第三，分别有478个和427个淘宝村分布。并且，浙江省和广东省在前20城市中分别占有6个席位。从所属城市辖区上看，拥有淘宝村数量最多的前20个城市辖区占到淘宝村总数的69.2%，较上年下降2个百分点。在排名前20的城市中，前6城排名依旧稳定，而广东省的部分城市如广州、潮州、佛山2021年名次有所上升。

表7-11　2021年全国淘宝村数量城市分布（TOP20）

排名	所属省市	城市	淘宝村数量（个）	排名	所属省市	城市	淘宝村数量（个）
1	山东	菏泽市	516	7	广东	广州市	273
2	浙江	金华市	478	8	浙江	宁波市	240
3	浙江	温州市	427	9	浙江	嘉兴市	226
4	浙江	台州市	373	10	广东	东莞市	222
5	福建	泉州市	304	11	河北	邢台市	186
6	浙江	杭州市	281	12	江苏	苏州市	174

表7-11（续）

排名	所属省市	城市	淘宝村数量（个）	排名	所属省市	城市	淘宝村数量（个）
13	广东	潮州市	160	17	广东	汕头市	140
14	江苏	徐州市	159	18	江苏	宿迁市	134
15	广东	佛山市	158	19	河北	石家庄市	130
16	广东	揭阳市	151	20	北京	北京市	127

（资料来源：2021年中国淘宝村研究报告）

综上所述，我国淘宝村的分布存在区域不均衡的特征，主要分布在东部、中部、西部地区，其中东部沿海地区由于地理因素、经济发展水平等原因更具有优势。至2021年，我国淘宝村主要集中在珠三角、江浙等发达地区，由于地理优势以及便利交通条件的缘故，使得这些地方成了农产品贸易出口基地；而中西部地区却因为地理位置偏远落后、基础设施不完善导致农产品生产成本较高、运输效率低等原因，难以实现当地农村电子商务集群化发展。从南北分布上看，大部分淘宝村分布在南方地区，北方地区由于地形地貌等原因使得农业生产率低并且农民收入水平较低，导致其分布较少。但随着经济发展和基础设施建设的不断完善，我国北方地区淘宝村的发展逐渐进入了良好的态势，淘宝村数量也在逐年增加。

（四）淘宝镇的空间分布

"淘宝镇"是指拥有3个及以上淘宝村的乡、镇或街道。随着淘宝村数量的不断增加，很多乡镇地区也相继出现淘宝镇，并逐步形成了一种具有一定规模的网络经营模式。根据表7-12数据显示，2014年全国共有19个淘宝镇诞生，其中浙江省6个，广东省5个，江苏省、河北省、福建省、山东省各2个。2016年，经过两年的发展，全国已有135个淘宝镇，集中分布在位于东部地区的省份，其中浙江省拥有51个，数量最多。2019年，由于评估标准的扩充，淘宝镇的数量增加至1 118个，在中西部地区已经达到210个，约占全国的19%。截至2021年，全国27个省共有2 171个淘宝镇分布，较上一年增加415个，增长23.6%，约占到全国乡镇（不含街道）数量的7.2%。中西部以及东北地区淘宝镇数量占全国比重达到23.4%。

表7-12 2014—2021年我国各省（自治区、直辖市）淘宝镇分布

单位：个

地区	省（区、市）	2014年	2015年	2016年	2017年	2018年	2019年	2020年	2021年
东部地区	浙江	6	20	51	78	128	240	304	318
	江苏	2	11	17	30	50	155	248	280
	广东	5	22	32	54	74	155	225	254
	河北	2	5	8	18	27	149	220	249
	福建	2	7	13	24	29	106	153	190
	山东	2	6	12	35	48	87	134	182
	上海							28	91
	北京				1	1	1	37	69
	天津					1	2	2	13	27
	海南							1	3
中部地区	河南					3	44	94	121
	安徽						48	68	84
	江西						46	54	76
	湖北						15	29	39
	湖南						20	33	38
	山西						3	11	11
西部地区	四川				1	1	14	38	51
	广西						9	15	20
	云南						9	14	16
	重庆							3	10
	内蒙古							8	8
	陕西						1	2	3
	贵州						1	2	2
	西藏							1	1
东北地区	黑龙江						5	8	10
	辽宁			1	1	1	6	8	9
	吉林						2	5	9
合计		19	71	135	243	363	1 118	1 756	2 171

（资料来源：根据中国淘宝村研究报告数据整理）

第七章 农村电子商务产业集群演化路径

从区域分布上看，淘宝镇和淘宝村在空间上的分布基本一致。我国淘宝镇主要集中分布在长江以南地带，以东部沿海地区为主，南方地区偏多，北方偏少。淘宝镇在东部沿海地区以江苏省、浙江省、广东省为高密度区域，这些区域集中了上海这个国际大都市和阿里巴巴的总部，同时也包括温州、义乌等地，具有较强的产业基础和技术支持。以上海和杭州为中心，周边二三线城市之间的联系紧密，形成了一条集产品研发、生产、供应、销售、配送于一体的完整物流网络，农村电子商务产业集群发展的基础设施已经非常完善。其次是广东，从区位上来看，海西核心区与珠三角的核心区域都有很大的不同，这两个地区以服饰和电器为主，能够快速发展成为全国具有代表性的淘宝镇，主要体现在产品生产上的异质性和竞争优势，产品价格、品种、技术、数量等方面均居国内领先水平。值得一提的是，围绕北京的经济带淘宝镇并不多，密度也不大，原因是北京及其周围虽具有人口规模和巨大的消费需求优势，但由于其高昂的价格，加上传统城市发展中的制造业工业基础薄弱，产品的成本也比较高，故淘宝镇数量不多，京津冀淘宝镇的集中布局区在河北省。与此类似，东北、四川等重工业基地，淘宝镇的数量相对较小，其成因与京津冀具有相似之处，淘宝镇的商业基础薄弱，基础设施建设滞后，这也是该地区淘宝镇发展不起来的主要原因。

中西部地区淘宝镇数量普遍呈现高速增长，小城镇作为中西部地区乡村电子商务发展主要载体的态势更加明显。西部地区的四川、广西、重庆、陕西四省（自治区、直辖市）淘宝镇增速均超过30%。中部地区的江西、湖北、河南、安徽四省的淘宝镇增速维持在20%~40%之间。东北地区的吉林省淘宝镇数量出现较大突破。如图7-5所示。

淘宝村、淘宝镇数量增长的现象再次印证电子商务在推动乡村振兴、共同富裕的过程中发挥着重要作用。过去，淘宝村、淘宝镇为农村地区提供销售农副产品、手工制品的机遇，提升贫困地区收入水平。如今，淘宝村、淘宝镇再出发，在乡村催生新的产业集群，实现多产业融合发展，促进县域数字化转型和高质量发展。

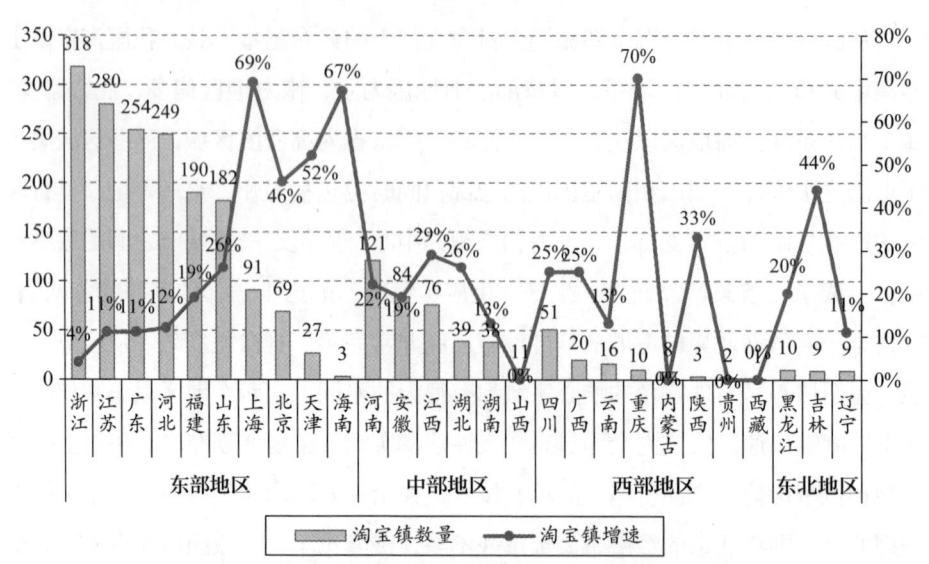

图7-5　2021年分地域各省（自治区）淘宝镇数量与增速

（来源：阿里研究院，南京大学空间规划研究中心）

第八章 产业集聚视角下农村电商推动乡村振兴效果

第一节 文献回顾与理论基础

一、文献回顾

自2015年开始，连续五年出台的中央1号文件都强调了农村电子商务在农业农村发展中的重要作用，尤其是非常重视农村电子商务在农民增收、精准扶贫中的重要作用。脱贫攻坚战极大地缩小了贫困地区农村和中部及发达地区农村在各个维度上的差异，补齐了实现小康社会的最后一块短板。2020年作为"决战决胜脱贫攻坚、全面建成小康社会"的收官之年，新时代脱贫攻坚目标任务已经如期完成。为了推进农村农业持续发展，2020年10月，党的十九届五中全会及时提出了脱贫攻坚与乡村振兴要有效衔接，将脱贫攻坚与乡村振兴有效衔接作为党中央对我国未来农村扶贫工作以及乡村振兴工作开展的战略性部署，这一部署旨在将稳固脱贫攻坚成果与乡村振兴工作有机整合，成为全面实现小康社会和实现两个一百年目标体系中的一个重要目标，并为我国在十四五规划中推进脱贫攻坚成果稳固、新型城镇化建设、区域发展和乡村振兴提供战略性框架。2021年中央1号文件指出："加快完善县乡村三级农村物流体系，改造提升农村寄递物流基础设施，深入推进电子商务进农村和农产品出村进城，推动城乡生产与消费对接。"这一提法，将农村电子商务作为"生产"和"消费"的重要纽带，提高到前所未有的高度，也充分说明站在全面实施党中央提出的乡村振兴战略新的历史起点上，农村电子商务为实现脱贫攻坚战略有效衔接乡村振兴战略提供了重要的支撑作用，并肩负着提振国内消费需求、畅通国际国内双循环的重要使命。2022年中央1号文件指出："要促进农副食品直播带货规范，推进农村电子商务与一、二、三产业融合，促进农村客货邮融合发展"两大融合"，加大力度实施"数商"工程，通过文件精神的贯彻落实，我国农村电子商务产业成为农村经济信息化和电子商务产业化跨界融合的一种新型商业模式，其强劲创新能力和经济促进能力在更高层次进一步推进农村电子商务集聚化发展，有效推进了农村现代化建设和经济发展。毫无疑问，在农村电子商务产业发展呈现由传统的劳动密集型向技术密集型转型，并形成多个产业集群相互促进的新格局背景下，推进农村电子商务与一、二、三产业融合，是实施乡村振兴战略的有效路径。

正是在乡村振兴、精准扶贫政策的推动下，众多学者致力于农村电子商务及农村电子商务产业集聚发展对电商扶贫、乡村振兴的影响和效果研究。乡村振兴战略的实施，是基于大数据时代背景下农村电商产业的发展而逐渐发展起来，乡村振兴战略和农村电商产业集聚化发展相辅相成，一方面，乡村振兴战略的实施为农村电商产业集聚发展提供政策支持与资金补助，乡村振兴战略也能够为农村基建、结构调整、人才培养等方面提供充分保障，能够改善和协调农村电商发展的内外要求和环境，促进农村电商产业及电商产业集群的蓬勃发展；另一方面，农村电商产业的发展有助于贯彻落实乡村振兴战略，在拓展农产品市场、三次产业升级、融通发展资金等方面，乡村振兴战略的实施得到很好的支持，农村电商产业的发展不仅促使农民提升农产品的品质，也使其更加注重农产品的品牌建设和培育力度[1]。从产业融合发展角度来考察，农村电商产业是一个关联性产业，能够强力拉动农业以外如农村金融、农产品精深加工、广告设计、仓储物流等的相关产业的发展。电商发展能够削弱贫困地区区位劣势，通过"逆向整合"推动贫困地区的产业提升，从而实现农民增收的目的。因此，农村电子商务产业要走集群发展、协同发展等道路，保证农民增收工作的实施效果[2]。此外，电商与农业的融合，已经从初期的销售端网络化，逐渐向流通端、生产端的数字化、智能化推进。无论是传统电商平台还是新兴电商平台都致力于将打通农产品供应链，改造乡村产业链作为重要方向。通过电商与农业产业的融合，不仅实现产销紧密衔接，也创造出大量县乡村创业就业机会，推动乡村振兴进程[3]。从农村电子商务推动传统

---

[1] 高天慧，周俪，王昊博，等.农村电商助力闽东特色乡村振兴之路对策研究[J].农村经济与科技，2020（23）：155-157.

[2] 杨书焱.我国农村电商扶贫机制与扶贫效果研究[J].中州学刊，2019（9）：41-47.

[3] 魏延安.农村电商的大变局[J].决策，2022（2）：70-73.

农业的升级转型来考虑,"互联网+现代农业"的终极目标是形成庞大的信息和智能终端的物联网,大力支持农业的订单、融资、生产、销售、储运、配送,解决传统农业中的问题,我们可以基于地区和农户两个层面对扶贫成效进行分析与评价[1]。在金融机构服务农村电子商务产业集聚发展方面,通过构建电子商务金融条件缓解效力的变化费德勒模型,将电子商务的金融条件缓解效力分解为直接效应和间接效应,可以探索电子商务金融条件缓解效力的直接效应和间接效应的空间扩散,研究分析的结果表明,金融条件缓解效力在空间分布上表现出重要的阶梯特征,同时电子商务金融条件缓解效力的空间扩散结果也应该在政策上充分发挥作用[2]。农村电商在推动传统产业转型升级、融合发展的同时,农村电子商务产业集聚发展也推动了县乡村区域品牌建设。

(一)对区域品牌和农产品区域品牌的概念界定

对区域品牌和农产品区域品牌的概念界定方面,侧重点各有不同。区域品牌可以定义为:在某一特定地域内具有一定生产规模和市场占有率的产品,借助产地名形成"区域名产品名"的形式,为区域内生产经营该类产品的企业所共同拥有和使用的,具有较高的整体形象和影响力的集体品牌。区域品牌包含两个要素,一是"区域",二是"品牌"。"区域"是指它的区域属性,这是不同于一般的产品和企业品牌,而是限定在一个行政或地理区域内,反映区域内自然或资源优势。区域作为一个整体的品牌,其背后思想是产品有品牌,公司也有自己的品牌,特定的空间区域(不是区域的某种产品)也可以品牌化并拥有自己的品牌[3]。随着农业产业集群的发展,产业规模增大,区域内交通、自然资源、技术资源、人才资源不断积聚,推动区域内企业之间的相互间的竞争和合作,为建立农产品的区域性品牌打下了坚实的基础[4]。区域品牌是一种区域无形资产,它代表着一个

---

[1] 刘孝国,陈瑜,王艳华,等."互联网+"发展农村电商助力精准扶贫问题探析[J].吉林农业,2018(10):37-38.

[2] 张俊英,唐红涛.电商扶贫效率的效应分解及空间扩散:基于修正Feder模型的空间杜宾分析[J].湖南师范大学社会科学学报,2019,48(5):87-96.

[3] 宋永高,SAIDAKBAR S,陈丽清.是集群品牌还是区域品牌:产业集群发展形成的品牌命名研究[J].浙江理工大学学报(社会科学版).2020,44(4):361-368.

[4] 张光宇,吴程彧.浅论区域品牌[J].江苏商论,2005(4):69-70.

区域内的对外整体形象，并具有较高的影响力，可以是一个行业的形象，也可以是一类产品的形象[①]。区域品牌也可以定义为一种公共品牌标志，是基于当地特色所形成的，该地生产经营者可以使用的公用商标标识[②]。从产业集群发展的视角来分析，区域品牌是指某一地区的产业集群发展到一定规模后所产生的影响与形象，区域品牌与产业集群之间存在着密切的关联，而传统农业集群要完成其价值的实现，必须依靠区域品牌的创新与发展。在全球化背景下，人力、资本、知识和技术等资源要素在全球范围内流动和配置，区域也需要营销和品牌化以争取各种资源。区域品牌化的目标就是建立区域的品牌，即建立区域整体的形象和声誉，区域品牌的建设一方面涉及区域的人文、历史、地理、政治、经济等因素，另一方面，必然涉及区域内的产业集群的发展。产业集聚化发展或产业集群品牌可以提升区域知名度和形象，区域品牌往往基于区域内一个或几个产业集群的共同支撑，而且强势的区域品牌往往有多个支撑性的集群品牌[③]。农产品区域品牌的发展基于以下三种情形。

（1）自然环境的独特。独特的地理环境、日照、土壤、气候、水质等条件，直接影响农产品的生长品质，即使是同一种农产品在不同产地区也会形成不同特色，"橘生淮南则为橘，生于淮北则为枳"。

（2）人文历史的传承。区域内围绕农产品逐渐形成根植民间的故事传说、消费习俗和文化惯例，为品牌发展积累了深厚品牌文化。

（3）生产加工历史的悠久。几千年的传承使某区域内的某农产品的种植方法和加工方法与众不同，这也会促使农产品区域品牌的产生[④]。

国内学者对农产品区域品牌的概念界定，主要有以下三种观点。

（1）从产业集群视角进行界定。农产品区域品牌是农业产业集群发展的结果。

[①] 周发明.区域品牌及其在农产品经营中的运用[J].全国商情（经济理论研究），2005（12）：39-42.

[②] 杨飞龙.浅析地域品牌的保护和发展[J].福建农林大学学报（哲学社会科学版），2007，10（3）：52-55.

[③] 俞燕，李艳军.区域品牌创新驱动的传统农业集群价值链功能升级策略[J].统计与决策，2014（18）：65-67.

[④] 李泓杉，刘谋儒，王杨鑫，等.农产品区域品牌发展研究[J].新农业，2022（9）：87-88.

（2）从区域名优特农产品视角进行界定。农产品区域品牌是基于地方名优特农产品，以悠久人文历史为内涵，冠之以行政或经济区域名称，享有较高知名度和较高美誉度，具有较高商业价值的品牌。

（3）从地理区域视角定义。农产品区域品牌是某个特定地理区域的品牌，是社会公众对该区域核心价值的总体认知。

结合众多学者的观点，本书将农产品区域品牌定义为，在一个特定的自然生态环境、历史人文因素的区域内的农业主导产业中，由农业相关组织注册控制，并授权由若干农业生产经营者共同使用的、以"产地名＋产品（类别）名"形式构成的，体现为集体商标或证明商标类型的农产品品牌。

（二）对农产品区域品牌建设的研究

在农村电子商务产业集聚下的农产品区域品牌建设研究方面，论述比较多。基于全球化的大环境背景，人力、资本、知识和技术等资源要素在全球流通和分配，而地区为了获得不同的资源，也必须进行市场营销和品牌化。区域品牌建设的目的在于树立区域的品牌，也就是树立区域的总体形象与信誉，在此过程中一方面会涉及区域的经济、人文、地域环境和政治等；另一方面，也必然涉及区域内的产业集群的发展，区域品牌的发展可以提升该地区的知名度和形象[1]。区域品牌往往基于区域内一个或几个产业集群的共同支撑，而且强势的区域品牌往往有多个支撑性的集群品牌。区域品牌已经不仅仅是一种标志，更是一种具有国际竞争力的体现。企业要想在激烈的市场竞争中取得先机，就必须将企业的品牌形象作为企业的战略来贯彻[2]。我国学者在20世纪后期开始了对区域品牌建设的研究：2003年，以温州地区的案例作为研究对象，对区域品牌的构建进行研究，得出的结论是，区域品牌与企业品牌不同，并不是某一个企业拥有的品牌，而是指一个地区内共享的资源[3]。从品牌影响力来分析，品牌根据其所辐射区域的不同，可以分为区域品牌、国内品牌和国际品牌。其影响力和辐射力也只是限于某一区域

---

[1] 刘婷,平瑛.产业生命周期理论研究进展[J].湖南农业科学,2009（8）:93-96,99.

[2] 宋永高,SAIDAKBAR S,陈丽清.是集群品牌还是区域品牌：产业集群发展形成的品牌命名研究[J].浙江理工大学学报（社会科学版）,2020,44（4）:361-368.

[3] 夏曾玉,谢健.区域品牌建设探讨：温州案例研究[J].中国工业经济,2003,187（10）:43-48.

内[1]。为了在保证农产品质量的基础上提升农产品的竞争力，加强区域品牌的建设是必不可少的，尽管当前已经取得了一些成效，但区域品牌力度不强、消费者对区域品牌认知度不高、农产品品牌缺少较大的市场影响力等问题都阻碍了区域公用品牌的发展，应深入分析产生这些问题的原因，为品牌建设发展提供现实意义[2]。农产品品牌的建设是使农业获得竞争优势的有效手段，其环境和人文的特殊性形成品牌的独特优势，形成产业集群、塑造品牌形象、加强品牌意识都对品牌的建设与发展具有促进作用[3]。加强当地的农产品品牌建设的力度首先要从遵循区域品牌建设原则的角度出发，对其当前的发展现状进行深入的了解，针对其发展优势来进行准确的市场定位，以确保当地特色的农产品品牌通过品牌建设进一步提高其知名度，在进行品牌推广时，应根据当地农产品品牌的实际发展情况来选择最合理的销售渠道，加大其宣传和推广的力度，通过扩大农产品品牌的营销范围来进一步提高品牌影响力[4]。

（三）对区域品牌类型的研究

在对区域品牌类型的研究方面，众多学者开展了相关研究。区域品牌依据其是否具有公共性和公共性程度，将它分为区域公共品牌、区域公用品牌。区域公共品牌针对的是公共区域、公共服务领域。它是区域内所有组织与个人公有、公用的品牌。区域公共品牌的表现形式为：地区名＋该地区的优势产业（或产品），其物质载体是优质且极具特色的产品。各地区的产品具有天然的差异性和相对的资源稀缺性，而本区域农产品品牌的竞争力往往具备着和其他地区同类产品差异化的特征，从而更容易产生比较优势。在我国，区域公共品牌发展目前处于一个刚开始的阶段，2008年北京奥运会可以看作一个发展的代表性节点，通过北京奥运会，其他城市看到了这一大型节庆活动对一个区域进行整体营销的作用效果，无论是培育市民的荣誉感、认同感，抑或是展示都市发展成果与整体面貌，都会产生很好的影响。随着我国城市化的高速发展，区域产业再次进行结构性调整和产业升级的深入以及区域

---

[1] 韩志辉，刘鑫淼．农业区域品牌价值战略 [M]．北京：中国农业出版社，2017．
[2] 黎彩眉．农产品区域公用品牌建设问题与完善路径研究 [J]．绿色科技，2021，23（6）：272-273，276．
[3] 祁旭，马尚平．农产品区域品牌建设研究 [J]．农村经济与科技，2018，29（5）：215-217．
[4] 何增武．当地特色农产品区域品牌建设策略探究 [J]．南方农业，2019，13（2）：147，149．

经济转变其发展方式、文化旅游等产业的兴起，我国的区域公共品牌的发展前景非常广阔[1]。区域公用品牌在我国做农产品品牌这一块是绕不开的。当区域内的优质产品的产地太大、产品种类过多时，不能归属一个商业主体时，那么就需要建立区域公用品牌。区域公用品牌的品牌所有权与品牌使用权分离，品牌所有权属行业协会等运营组织所有，品牌使用权由行业协会等组织授权符合标准的产业、产品生产经营者使用。区域公用品牌更多针对的是生产经营领域，如：产业品牌、产品品牌等。只有区域内相关的行业协会等组织拥有品牌所有权，但是在该区域内只有获得授权的组织才能共用、共建、共享该区域品牌[2]。随着农业产业集群的发展，产业规模增大，区域内交通、自然资源、技术资源、人才资源不断积聚，促使区域内企业的竞争与合作，有利于提高农民的收入水平，提供更多就业机会，加快农村的经济发展，为农产品区域品牌的形成奠定基础。

作为农村电子商务产业集群的典型代表淘宝村对乡村发展的贡献研究方面，主要体现在地理学界的研究者对淘宝村与促进乡村发展的关系研究主要集中在淘宝村的空间布局及对乡村重构的影响因素[3][4]。基于空间生产等社会学视角，提出了依赖农村电商发展会对乡村经济社会及空间产生影响，也可运用 GIS 及空间计量方法分析全国尺度、市域尺度及综合尺度下的淘宝村空间格局特征及其对乡村发展的影响[5][6][7]。此外，淘宝村的农村空间及产业形态会为农村电子商务驱动下实现

---

[1] 于永娟，周云.农产品区域品牌"公地悲剧"分析及对策研究[J].品牌研究，2019（14）：11-15.

[2] 文艳芳.桃江农村电商产业园发展对策研究[D].长沙：湖南师范大学，2017.

[3] 吴昕晖，袁振杰，朱竑.全球信息网络与乡村性的社会文化建构：以广州里仁洞"淘宝村"为例[J].华南师范大学学报（自然科学版），2015，47（2）：115-123.

[4] 杨思，李郇，魏宗财，等."互联网+"时代淘宝村的空间变迁与重构[J].规划师，2016，32（5）：117-123.

[5] 徐智邦，王中辉，周亮，等.中国"淘宝村"的空间分布特征及驱动因素分析[J].经济地理，2017，37（1）：107-114.

[6] 胡垚，刘立.广州市"淘宝村"空间分布特征与影响因素研究[J].规划师，2016，32（12）：109-114.

[7] 赵军阳，丁疆辉，王新宇.不同尺度下中国"淘宝村"时空分布及演变特征[J].世界地理研究，2017，26（6）：73-82.

乡村重构提供一种新路径[1]。

总体来说，已有的研究成果侧重于社会学视角研究电子商务对乡村振兴的影响，以及从经济地理学视角对淘宝村的空间变迁进行探究，对淘宝村与促进乡村发展的关系开展研究，如何从社会、经济、空间多维度探索农村电子商务集群促进乡村振兴效果研究的成果比较少。

二、理论基础

在本书的第七章详细介绍了基于雷蒙德·弗农的产品生命周期理论基础上的产业集群发展理论，在此，进一步阐述产业生命周期理论，为后续农村电子商务产业及产业集群处于不同的发展阶段对乡村振兴效果的差异性提供理论基础。最先研究产业生命周期理论的是美国哈佛大学经济学家雷蒙德·弗农，他将产品生产周期划分为导入期、成熟期和标准化期。他的基本依据是建立在"技术差距"理论之上的，强调了产业的国际性，而不只是单独的一个区域。20世纪80年代Gort和Klepper通过G-K模型的研究提出了产业生命周期理论。他们选择46种产品按照时间序列对其销售、价格和产量进行实证研究与分析，并将其按照行业中的生产企业数量进行分类，分为引入、大量进入、稳定、大量推出、成熟五个阶段，并从产业经济学角度出发构建了产业生命周期的首个模型。在世界市场经济得到逐步发展与成熟之后，从企业战略组合视角分析出产业生命周期与企业的战略制定有关联性，两者互相影响。因此，企业在制定战略时需要根据产业生命周期发展阶段来提出适宜的方案[2]。通过对产业结构和产业规模两个方面对产业技术变迁的定量研究，并做出简要说明的基础上，得出的结论是，在产业发展过程中，目前的研究成果使用单一的指标来确定行业发展的严格程度，容易造成无法避免的问题，因此，应该从多个维度对产业发展进行分析[3]。

结合众多学者的研究结论，产业生命周期理论是基于产品生命周期理论发展而来的，每个产业都要经历的一个由形成到衰退的演变过程。一个产业的出现会

---

[1] 张嘉欣，千庆兰，陈颖彪，等.空间生产视角下广州里仁洞"淘宝村"的空间变迁[J].经济地理，2016，36（1）：120-126.

[2] 郑声安.基于产业生命周期的企业战略研究[D].南京：河海大学，2006.

[3] 陈艳莹，叶良柱.产业演进阶段识别方法研究述评[J].经济研究导刊，2009（5）：44-47.

紧随着进入该产业的企业数量的增多而逐步壮大，但最后却陷入了萧条。传统产业生命周期各阶段的特点，如表8-1所示。

表8-1 传统产业生命周期各阶段的特点

周期	市场增长率	需求增长潜力	产品品种多少	市场占有率	进入壁垒	技术革新	用户购买行为
形成期	较快	较大	单一	较低	较低	较大	拓展新用户
成长期	很高	快速增长	多样化	增多	较高	逐渐定型	比较明朗
成熟期	不快	不大	无差别	逐渐稳定	很高	已经成熟	清楚稳定
衰退期	下降	下降	减少	减少	较低	较少	减少

（资料来源：公开资料整理）

新的经济环境和信息技术的发展给传统产业生命周期理论提出了新的挑战。以往的研究很少从动态的角度来研究产业的生命周期，而静态的研究方法显然不能适应社会和产业的发展，而动态的、演化的研究方法则更适合于产业的演化。这些理论使得产业的生命周期理论逐渐趋于成熟，并在各个领域相互冲突、相互融合，并为农村电子商务产业及产业集聚发展的不同阶段对推动乡村振兴的效果具有差异性提供了理论依据。

第二节 农村电子商务基础设施建设

一、农村电商产业集群与基础设施建设协同发展

加快建设农村电商基础设施是推动农村电商高质量发展的必然要求。2021年，商务部提出开展"数商兴农"行动，强调引导电商企业加强物流配送、农产品分拣加工等农村电商基础设施建设。农村电子商务产业集群作为一种新的区域经济发展模式正以其所特有的竞争优势和资源整合能力，日益成为推动我国农村区域经济发展和乡村振兴的重要力量。当前，我国农村经济发展面临的资源环境压力越来越大，通过农村电子商务产业集聚发展带来的资源优化与资源节约对乡村振兴战略的实施无疑具有现实意义。目前，农村电子商务集群发展在促进农村基础设施建设方面具有卓越的成效。一方面，农村电子商务产业向着集聚化发展，不仅是简单地将售卖方式由线下搬到线上，而且需要道路、网络、物流、仓储、金融支付等一系列基础设施的支撑，这正是乡村振兴、促进农村经济发展必须具备的基本条件。另一方面，政府对基础设施的整合，为农村电商集聚发展过程中商流、信息流、资金流和物流的运转提供了支持和保障。

农村电商基础设施体系包括信息与通信基础设施、在线交易体系、物流体系、农产品标准体系和农村电子商务信用体系。其中信息与通信基础设施包括农产品电子商务交易平台、农产品质量溯源体系和通信基础设施三个方面。在整个农村电子商务基础设施中，通信基础设施是基础，农产品电子商务交易平台是核心，农产品质量溯源体系保障产品质量安全和可溯性。在线交易体系提供安全、方便且快捷的在线支付服务，物流体系提供专业且即时的服务，农村电子商务信用体系则保障农村电子商务产业有序发展。通过农村电子商务基础设施体系的有机整合，形成功能完整的基础设施体系，为农村电子商务产业集群发展提供统一的基础设施体系保障。农村电子商务产业集群的发展进一步促进国家对农村基础设施加大投资，突破农村经济发展的瓶颈，并为农村经济的现代化发展提供有力支撑。在全国范围内，作为农村电子商务产业集群的典型模式淘宝村、淘宝镇的发展模式有所差别，在淘宝村分布相对密集的地区，大多数淘宝村的发展路径可以总结为以村民自发创业为主，然后农村电子商务领头人通过财富效应拉动同村村民共同创业，淘宝店铺的活跃运营推动了物流、信息等相关配套设施的建设，通过农村电子商务相关企业在村内聚集后最终确定产业特色，形成产业竞争优势，从而由淘宝店铺集聚化阶段向产业集群化发展，最后形成淘宝村。淘宝村的发展又进一步助力农村电子商务基础设施建设，带动县域乡村经济发展。

在信息与通信基础设施建设方面，根据中国互联网络发展状况报告，近10年来，伴随农村电子商务产业的发展，国家在农村公路领域累计投入车购税资金7 433亿元，累计新改建农村公路约253万千米，解决了1 040个乡镇、10.5万个建制村通硬化路的难题。农村公路的总里程从2011年底的356.4万千米增加到2021年底的446.6万千米，10年净增90多万千米。在国家和基础通信企业的大力推动下，农村网络实现了进乡入村，自2015年起，国家先后支持了13万个行政村光纤网络建设和5万个农村4G基站建设，其中三分之一任务部署在贫困地区。经过各地通信管理局和基础电信企业共同努力，推动全国行政村通光纤、通4G比例都超过99%，已通光纤试点村平均下载速率超过100 Mb/s，基本实现农村城市"同网同速"，城乡"数字鸿沟"显著缩小。毫无疑问，农村电子商务产业发展促进了公共资源、基础设施的较快发展，并为农村经济发展提供了必要条件。[①]

在农村物流配送体系建设方面，农村物流网络日益完善，邮政营业网点实现了乡镇全覆盖，建制村全部通邮。根据《中国农村电子商务发展报告（2021—2022）》显示，"快递进村"比例超过80%，交快、邮快、快快等合作进一步深化，共同配送、客货邮融合等新模式不断涌现。2021年农村地区收投快递包裹总量370亿件，带动农产品出村进城和工业品下乡进村超1.85万亿元。2021年，我国农村电商物流指数保持平稳增长态势，全年均高于电商物流指数，如图8-1所示。在政府和市场的共同努力下，全国冷链物流基础设施也持续完善。截至2021年底，全国超过70%的农产品批发市场建有冷链设施。为推动冷链流通企业的健康快速发展，商务部会同国家标准委启动了农产品冷链流通标准化试点示范工作，重点围绕肉类、水产、果蔬等生鲜农产品，确定了农产品冷链流通标准化试点企业和试点城市。电商企业积极参与下沉市场数字化基础设施建设，优化传统的农产品供应链模式，助力农产品向外地销售。根据《中国农村电子商务发展报告（2021—2022）》《2022全国县域数字农业农村电子商务发展报告》数据显示，自2014年以来，农业农村部、商务部会同有关部门共支持建设县级物流配送中心1 212个，村级电商快递服务站14.8万个，农产品仓储保鲜冷链物流设施建设工程实施两年内支持2.7万个涉农经营主体建设产地冷藏保鲜措施，新增库容1 200万吨以上。2022年上半年，商务部推动建设改造县级物流配送中心69个、村级便民商店6.5万个。

物流配送体系中的产地仓建设也是重要的农村电商基础设施。通过建设产地仓，企业可以统一备货、集中发货，能大幅降低物流成本，提高物流效率。除了分拣包装、检验检疫、仓储物流等基本功能，部分产地仓还提供电商培训孵化、品质溯源、仓内直播、一件代发等增值服务。产地仓预冷设施能极大地降低农产品的损耗，实现企业效益，数字化分选线能迅速让农产品变成农商品，助力品牌打造。产地仓建设为地方产业转型升级奠定基础。农村电子商务集聚发展，借助产地仓储、电商平台、电子商务产业园降低了一、二、三产业之间的交易成本，其龙头企业或综合服务商通过打通"最先一公里"，做好产地仓储，完善供应链前端，拉长销售周期等方式，大大降低了交易成本。目前，在农村电子商务产业集群发展较好的县乡村区域，产地仓与全国的销地仓已经形成数字化的仓配矩阵和

[①] 数据根据中国互联网络信息中心发布的历年中国互联网络发展状况统计报告整理。

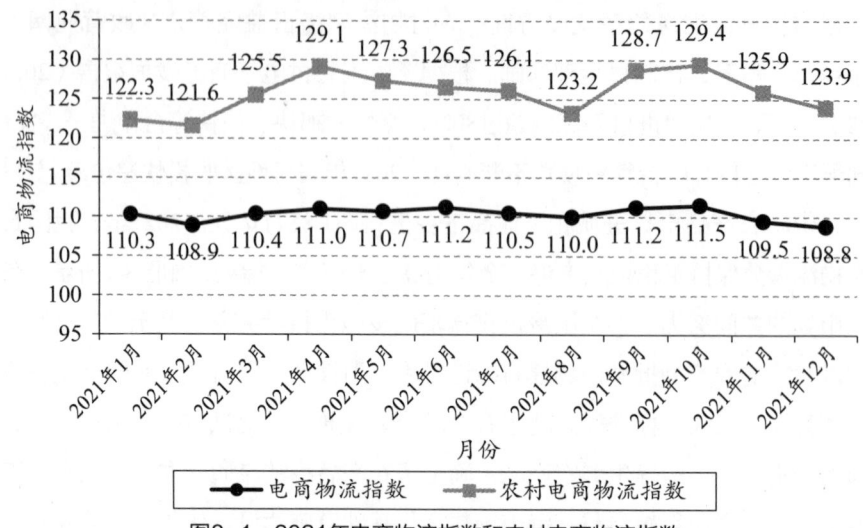

分销网络，为提高三产融合程度及农产品上行提供强大的支撑。

图8-1 2021年电商物流指数和农村电商物流指数

（数据来源：中国物流与采购联合会）

二、典型农村电子商务产业集群基础设施建设情况

在本书的第五章阐述了中国农村电子商务集群地方特色及发展模式，在本书第六章论述了湖南农村电子商务产业集群模式及特点，在本书的第七章从技术、组织和区域演化三个方面探索了农村电子商务集群演化路径，探寻了农村电子商务产业集群从东部沿海地区辐射到中西部其他地区的规律与特点。结合产业集群理论以及产业生命周期理论，综合分析这些典型的农村电子商务产业集群，我们发现，农村电子商务集群的发展经过了萌芽期、成长期和成熟期三个阶段，从全国农村电子商务产业集群典型发展模式以及后来发展起来的湖南省农村电子商务发展模式来分析，在农村电子商务产业集群发展的萌芽期大多处于自发发展阶段，政府几乎没有介入，事实上，政府资源有限，政府决策层需要考虑投入的效益回报，因此，农村电子商务产业发展处于成熟阶段以前以及产业集群处于萌芽期阶段期间，政府投入都非常有限。但随着农村电子商务产业集群进入成长阶段，在一定区域内聚集的企业越来越多，集群发展面临的问题也越来越多，政府在这一阶段会将支持农村电子商务产业集群的发展作为脱贫攻坚和乡村建设的重要路径。政府通过大力加强网络基础设施建设，保障农村地区以较低的价格得以接入高速

宽带，为农村电子商务的开展搭建安全、便捷、低廉的网络基础设施。同时加强物流基础建设，支持建设国内知名大型物流快递分拨中心，在乡镇、农村设置快递点，方便农村电子商务产品的运输。通过电子商务服务中心、专业大市场、电子商务产业园的建设，打造集电子商务信息流、资金流、物流等全产业链协同发展的商务服务平台。通过打造商业环境、人才流动、金融支持、综合配套的立体服务模式，聚焦电子商务产业。

本书以典型的农村电子商务产业集群为例，结合产业集群理论以及产业生命周期理论说明其基础设施建设情况。如本书第五章介绍的"集散地+电子商务"的陕西武功模式、"专业市场+电子商务"的河北清河模式。

总体上说，农村电子商务产业集群依托的产业基础、竞争优势各有不同，基础设施建设的重点也有差别，如表8-2所示。

表8-2 典型农村电子商务产业集群基础设施建设情况

典型模式	集群基础设施	功能定位
"综合服务商+网商+传统产业"的遂昌模式	农产品网络营销综合服务平台	整合农业资源和互联网生态，集约化采购、航运、货物控制、仓储，限制物流控制和管理成本等，解决服务配送带来的成本问题，提高农产品附加值
"集散地+电子商务"的陕西武功模式	电子商务产业园	集农特产品加工、冷链仓储、物流快递、综合办公、产品展示等功能为一体，是服务和推进电子商务发展的综合性功能园区
"区域电商服务中心+青年网商"的丽水模式	区域电商服务中心	整合各方资源为基础，为政府制定政策提供依据，帮助落实政府相关政策，打造培训、物流、农产品质检和营销等体系，解决农村观念、人才缺乏、农产品销售、物流配送等问题
"专业市场+电子商务"的河北清河模式	专业电子商务市场	带动市场人流、物流、资金流的快速运转，形成线下具有有形市场的支撑，线上有无形市场的高效率沟通和互动的良好氛围；突破羊绒制品在市场辐射范围、交易时间和方式的限制，使市场触角由区域延伸至全国乃至全球
"基地+专业市场+电子商务"的花石镇模式	专业电子商务市场	形成集壳莲贸易、初级加工、仓储物流、营销纵向一体化的专业市场
"龙头企业+农场+电子商务服务中心"的临武模式	电子商务服务中心	电子商务人员培训、创新创业孵化、产品开发、平台推广、品牌培育、信息宣传与服务、数据管理与统计、技术支持、营销推广、管理咨询

第二节　促进农业产业结构优化与产业链重构

一、产业结构优化

调整产业结构，使整个农村社会生产基本适应社会总需求的水平，是在乡村振兴战略实施背景下，农村工作需要高度重视的战略性问题。我国目前农村产业结构方面仍然存在诸多短板，如先进的技术要素扩散、渗透及应用程度较差，农村企业经营理念落后，仍停留于生产导向型经营方式，消费导向型不足，新型经营主体发展缓慢，产业之间存在壁垒，互联互通性不强，大量的农产品在生产初期没有考虑深度加工转化，没有考虑农业功能的系统性拓展。

农村电子商务产业集聚发展为农村产业结构调整提供了机遇，其中技术创新是产业进化的根本动力。作为技术创新的产物，农村电子商务产业集聚发展能够优化农业资源配置及产业结构，推动农业供给侧改革，生产出来的产品在数量和质量上更加符合消费者的需求，有利于形成结构合理、保障有力的农产品供给体系。尤其是以淘宝村为代表的农村电子商务产业集群蕴藏着强大的生机和活力，对于改善农业供给，提高农业整体效益具有重要意义。随着农业农村数字化升级进一步提速，农村电子商务产业集群从销售端网络化向生产端数字化、智能化迈进的步伐加快，加速了信任电商、消费电商向产业电商延伸，有效推动农业全产业链上下游衔接，助推农业供给侧结构性改革，并不断催生新产业、新业态和新模式。如盒马、京东、拼多多等部分电商企业在多地建设农业直采基地，通过数字化助力农产品品种研发、生产过程优化以及农产品标准制定，拉动和引导农业产业链资源配置优化，实现产业协同创新。

总体而言，电子商务集聚发展通过改变农业的产业发展和经营模式，推动农业全产业链发展，提升农业产业的附加值，对优化农业产业结构具有以下几个方面的积极作用。

（1）在农村电子商务集群内的企业生产的绿色有机农产品，获得了更多顾客的认可，网络销售的比例上升。同时，农村电子商务集聚发展打破了区域壁垒，降低了产品在不同区域之间的流通成本，区域间的竞争加强也会推进本地区的产业优化，进而促进整个农业产业结构的优化。

（2）农村电子商务集聚发展，避免了同质化的恶性竞争，通过当地基层组织或合作社会牵头的方式，将各经营农户集中起来，实现资源共享，通过产业集群与协同发展路径，强化地方品牌，增强区域核心竞争优势，形成产业竞争力，在市场竞争中也更容易获得成功。

（3）集聚化发展符合现代农业的发展方向，更易于推进农业产业结构化目标。在农产品电子商务中，订单农业、定制农业、众筹农业、预售农业已经发展成为农业生产主流化趋势，这种主流化趋势对于发展规模化、集约化、现代化的农业产业集聚化发展经营模式具有强大的推动力量。在众多农村电子商务集群中，通过充分利用自然生态优势、机械化优势、资源优势等条件，积极探索农业产业结构优化的路径（如提高农产品优质品种化和加工专用品种的比重，提高农产品附加值，使农产品品类、品质结构能够符合市场需求），通过聚集资源要素，促进农业相关产业联动融合，形成良好的集聚效应，推动农村生产要素跨区域配置，从而寻求到产业发展的新方向。

（4）随着农村电商深入发展，依托电商所积累的数字化产销渠道、数据资源要素和数字技术应用场景等资源，正在成为促进数字农业发展的重要基石。农村电子商务产业集群因为其自身发展的需要，致力于探索产业转型与优化之路，主动加强农业综合信息系统建设，以订单农业为基础，以农产品数字化供应链建设优化为重点，推进集群农业生产流程管控信息化、标准化、精细化发展，加速大数据、物联网、区块链等数字技术在农村电子商务产业集群的落地应用，推动传统农业全产业链的优化与转型。目前，许多具有集聚发展优势的农村电子商务产业集群依托盒马的数字化供应链，聚集更多的电商企业，打造产供销一体化模式，形成产业联合体，通过输出新标准、新技术、新模式实现订单生产，通过直连盒马的销售端，实现线上线下融合的销售网络。

二、产业链重构

由于农民整体受教育水平偏低，以及营销渠道的局限性，在传统的农产品经营模式中，农产品生产加工与农产品销售不完全匹配，不稳定问题突出，农产品生产质量不达标，产品卖不出去，农民创收难，这和农产品产业链不完整有很大的关系。农村电子商务产业集群发展促进了农产品产业结构重构,逐步弥补了农产品产业链不完整的短板。

农村电子商务产业集聚发展有利于延伸产业链、提升价值链、打造供应链。农村电商集聚发展通过简化农产品流通环节、缩短供应链条,使流通环节的成本全方位降低,通过专业的线上线下融合的电子商务市场模式、电子商务产业园模式、综合的电子商务服务中心模式等实现了农产品资源与消费者的直接成规模化对接,使农产品加工和流通得到大力发展,并取得规模经济效益,使得农村产业链向二、三产业链延伸,农产品可以从任何产业链环节进入电子商务平台,使农产品产业链得到扩展,价值链更健全,基本实现产业链、价值链和供应链"三链"同构。同时,围绕线上线下融合、上行下行贯通的农村电子商务产业集群发展本土化电商服务体系,为农产品从原来紧靠前端的交易沿着产业链向更深处延展,提高农村全产业链收益。

案例:

湖南临武鸭产业集群发展的过程即是产业结构不断优化、产业链不断重塑的过程。临武鸭产业发展最初采取的是"公司+农户"模式,该模式下的鸭产品销售停留在粗加工状态,产品无法满足消费者的需要。目前,临武鸭业电子商务产业集群已经超越一般县乡村经济,从促进农产品销售开始的初步模式上升到催生乡村经济新增长的中级模式,把涉及生产、储藏、加工和销售各个环节打通,实现对一、二、三产业的延伸发展,直接跨越到县域经济的高层次。临武电子商务服务中心服务于临武鸭产业的同时,也是舜华美食、舜华旅游品牌的宣传推广中心,并为临武香芋、乌梅、红心桃等系列土特产提供分拣、仓储、物流、售后等一站式服务,通过以电商网络平台为载体,一、二、三产业整合资源,建立从农户到客户、从农田到餐桌、从农村到城市的精准、高效对接,催生出以鸭产业为主体、其他产业协同发展的具有众多经济增长点的农村电子商务产业集群。伴随临武鸭产业集群的规模扩张,临武鸭产业专业分工越细、产业链不断延伸,龙头企业专注产品营销、新产品开发、全产业链品质监控,农场在龙头企业的指导下进行专业养鸭,电子商务中心从事电子商务人员培训、创新创业孵化、产品开发、平台推广、品牌培育、信息宣传与服务、数据管理与统计、技术支持、营销推广、管理咨询等。

第三节　促进产业深度融合

一、农村电子商务集聚发展下的产业融合

农村电子商务集聚发展涉及三个产业的各个方向，第一产业主要涉及专用品种、原料生产基地等，第二产业涉及粮油加工、果蔬加工、畜产加工和水产加工为主的农产品加工业，第三产业主要涉及仓储物资、"互联网+"、金融服务、休闲农业、社会服务等。在国家实施乡村战略背景下，如何促进相关业态的有机整合、紧密连接，实现一、二、三产业融合发展、协同发展是产业发展的重要方向。

农村电子商务产业集聚发展降低了产业融合的交易成本。目前，三产融合程度还低，层次尚浅，其中交易成本是制约三产融合的一个非常重要的因素。农产品经常在很短的销售季节内大量上市，个体农户基本上没有定价话语权，市场上很容易在销售旺季出现短时间供过于求而压低价格的现象，农村电子商务集聚发展下，借助产地仓储、电商平台、电子商务产业园等有利于降低一、二、三产业之间的交易成本，其龙头企业或综合服务商通过打通"最先一公里"，做好产地仓储，完善供应链前端，拉长销售周期等方式，大大降低了交易成本。同时，产地仓与线上线下渠道紧密对接，使农产品可以错峰销售，保持农产品价格稳定，降低供应商和消费者的搜寻成本。这种基于数字化农业的产供销模式，解决了农户的滞销难题，产地仓与遍布全国的销地仓形成数字化的仓配矩阵和分销网络，为提高三产融合程度及农产品上行提供强大的支撑。同时，农村电子商务集聚发展有利于提升标准化水平，开展智能分级分类，降低复制成本。

农村电子商务产业集群多产业融合可以创造新的价值。随着电子商务在农村的不断深入应用，传统的以生产、加工、销售为主的农村电子商务产业集群开始出现产业生态上的变化，逐渐出现"农村电子商务+旅游""农村电子商务+文化+创意""农村电子商务+在线服务"等多产业融合的新态势，这种多产业融合发展的新价值主要表现为，部分以淘宝村为典型代表的农村电子商务产业集群经过长期的发展，逐渐形成较为成熟的电商生态体系，为集群产品升级形成较好的支撑同时，全面带动乡村文旅、农旅产业的发展，并提升乡村品牌。

随着农村电子商务产业集群的大量显现，多集群相互融合促进的新格局已经出现，尤其是在淘宝村数量较多的区域，呈现出多种产业并存的集群模式。产业集群融合发展具有两方面的促进作用，一方面知识、技能的溢出降低了创业的门槛，另一方面集群已经形成的规模效应塑造了较低的发展成本。两个方面的作用通常会进一步催生出大型产业集群，一类呈现出较强的产业相关性，这类产业集群对于本地原有产业基础的依赖性较强；另一类产业集群呈现出较大的内部差异，即具有差别化竞争优势的产业集群的组合，这充分说明电子商务较强的赋能能力推动不同地区以自己的产业特色为基础，完成相关产业集群的融合发展和转型升级。

二、产业融合创新发展模式

随着农村电子商务产业集群的数字化发展，进一步打破了行业边界，推动产业向更广范围、更深层次、更高水平上深度融合。根据《2022全国县域数字农业农村电子商务发展报告》显示，2021年，农业农村部新认定106个全国农业农村信息化示范基地，建成58个国家数字农业农村创新中心、分中心，稳步推进8个大类、15个品种的全产业链大数据试点建设，基于数字化水平不断提升的产业融合式创新发展，已经成为县乡村经济价值再造的重要驱动力。农村电子商务产业集群数字化发展下的产业融合发展模式有如下三种形态。

（1）"农业＋"多业态的融合发展。数字化赋能下，农业与二三产的融合场景和业态进一步丰富。从功能拓展看，互联网与特色农业深度融合，催生出创意农业、认养农业、观光农业、都市农业、共享农业等新产业业态。信息技术与农业的融合，推动农业生产托管、农业产业联合体、农业创客空间等生产经营模式创新，催生了工厂化、立体化的数字农业园及教育农园的兴起。从链条拓展看，农业加快与二、三产业跨界融合，推动"六次产业"发展，催生中央厨房、农商直供、农产品个性化定制服务等新型业态。

（2）"新型智造"与新消费新创意的互融。在信息技术的推动下，产品的生产与服务相互渗透，体验与消费同频互动。县乡村传统制造与新创意、新消费、新技术融合，迸发出强大的增长空间。通过创意叠加、主题赋能、互动娱乐、生产制作体验等，让县乡村制造商品的触达性得以大幅提升，用户开始参与到产品设计中去；通过打造智造空间、时尚市集、众创空间等的新载体形式、新消费空间，推动"智造+创意+文化"的融合，并逐步强化县乡村产业集群特色，提升产品附加值，推动制造向服务的双向延展与融合。

（3）数字技术赋能推动商文旅体融合。数字化技术进一步推动县乡村旅游与文化、商业、体育等的融合，创新消费场景，创造更多县域新消费增长极。其中，消费端，用数字科技连接文旅在线端、串联各类服务，为消费者打造全链路美好体验；供给端，用数字科技夯实文旅融合的新基础设施建设，实现数据线上线下沉淀。在旅游全流程打造上，数字技术始终贯穿其中，全面融合赋能。游前，县乡村可联合相关影视制作、赛事策划等传播当地IP，形成基于旅游IP的产业链；游中，整合云计算、物联网、大数据、VR、AR、人工智能等技术打造的智慧景区、智慧酒店将成为重要趋势，带给游客沉浸式的互动体验。游后，则通过提供特色创意产品，提升服务质量，提高消费者黏性。

三、多产业融合案例

案例一

淘宝村多产业融合

舟山定海区通过阿里巴巴农村淘宝项目建设，搭建定海区农村电商服务体系，开展区级物流中心及末端物流配送网络建设，培养和孵化电子商务人才，整合农特产品渠道资源，以及探索农村信用消费、农旅结合、农村健康体系等电商服务体系建设，为定海农村市场发展提供了一个重要平台，改变了农村消费市场环境，促进了城乡消费方式的一体化；实现"工业品下乡"和"农产品进城"的双向流通功能，促进农业现代化体系建设。已经建成的以现代化、标准化、品质化发展为出发点，立足定海，辐射舟山的新生代"互联网+"商务销售中心，通过线上销售线下活动的线上线下相结合的销售模式，消费者在微信朋友圈即可购买产品，凭借电子商务+实体商贸+物流配送融合发展体系全方位实现多功能综合性服务。依靠农产品上线打通产品网络化流通，不断完善产品的生产、物流、仓储、批发、零售、服务等环节，真正做到"做强一产、做优二产、做活三产"。尤其是在农旅结合方面，通过保持、挖掘和开发具有本地农业特色的旅游线路和产品，打造公共品牌，设计公共品牌下的农产品和旅游产品体系，带动当地农产品销售和旅游业的发展,这既是解决乡村振兴实施战略中农产品难卖的良策,又是打造农产品品牌的重要窗口。

(资料来源:阿里研究院)

案例二

淘宝村百强县多产业融合

从2005~2021年,杭州市临安区围绕临安山核桃产业形成了比较完善的电商产业生态。随着生态体系的日益完善,政府、服务商和各类经营主体相互协同、高效互动,推动临安农村电商开始进入跨品类经营、多平台营销,一产"接二连三"全面互联网化、数字化的转型期。临安区先后打造30个精品村落景区,为农村引入专业的策划和运营团队,进行乡村品牌的规划设计。通过一系列创意和艺术的方式,对乡村的自然生态和人文生态进行散点透视式的修复,以艺术激活乡村,打造以市场为中心的艺术村落33景观。通过策划一季一会、三餐四季、相见有期等文化等主题活动,打造精品民宿吸引游客,并形成网红打卡点。同时开发相见茶、牛粪小乡薯等一系列网红农产品,充分实现农、文、旅三者的结合,成功打造了可以聚合用户黏性的具有丰富内涵和延展空间的乡村品牌。2019年全区乡村旅游接待游客2 072.1万人次,增幅57.1%;实现经营收入20.68亿元,增幅62.6%。

(数据来源:阿里研究院)

第四节 推进农产品区域品牌建设

根据产业集群理论,农业电子商务产业集聚化发展会促使大量相互关联的农产品生产基地、企业、电子商务协会、农户和科研机构集聚在特定区域内,在农村电子商务协会等经济组织和龙头企业的带领下,逐渐形成具有竞争合作、学习创新的产业集群,优化了资源配置,具有产业规模化优势、产业现代化优势和产业一体化优势。因此,这种依赖电子商务技术,基于特定区域的农业规模化、产业化和现代化发展,使本地区农业发展拥有区际比较优势的产业条件,并逐渐形成具有比较完整的产业一体化的现代农业,我们称之为农业产业集聚优势,这种集聚优势除了体现在基础设施建设、产业结构优化、产业链重构、产业融合等方面,其中一个重要的优势是农村电子商务产业集聚与农村区域品牌建设的协同发展。

一、产业规模化提升农产品区域品牌价值

名优特农业资源在特定地域的集聚规模化是农产品区域品牌发展的产业基础,通过农村电子商务产业规模化提升了农产品区域品牌的价值创造能力。农产品区域品牌发展具有明显规模依赖性,拥有大量相关农产品生产企业的县乡村是农产品区域品牌发展的依托,无论是纵向产业一体化增加产业规模还是通过横向一体化增加产业规模,都能提高农产品区域品牌发展效果及品牌价值。产业集聚视角下的规模化发展使集群拥有竞争优势的系列产品,有利于通过电子商务平台聚合体系化的品牌营销优势,助力农村电子商务产业集群区域公共品牌的打造。阿里电商平台作为中国最大的电商平台之一,一直以来利用其平台聚合体系化的品牌营销优势,在培育具有一定规模优势的农产品区域品牌方面发挥着重要作用。根据阿里电商培育农业品牌研究(2022)数据显示,2018—2021年,首批入选《中国农业品牌目录(2019)》的300个农产品区域品牌在阿里电商平台的总体销售规模不断扩大,销售额屡创新高,电商品牌培育取得了显著成效。2021年,区域公用品牌农产品平台销售额克服了疫情影响保持稳定增长,300个农产品区域公用品牌在阿里电商平台的销售总额较2020年增长了7 000万元,达到42.4亿元,创下历史新高。数据表明,产业集聚规模促使阿里电商平台加强农产品区域品牌的营销推广和保护,提升品牌价值;反之,品牌价值的提升又进一步促进农村电子商务产业规模及产业集聚度的提升。从农产品区域品牌竞争情况也说明了这一点,阿里电商平台农产品区域公用品牌开店总量在快速增长的同时,农产品区域公用品牌的竞争程度也愈发激烈,头部效应凸显,一些农产品区域公用品牌能够稳定的保持开店数排名前十,具有较强竞争力,如赣南脐橙、五常大米和中宁枸杞三个品牌连续三年稳居开店数量前三名。再如浙江宁波象山县与阿里数字乡村合作打造"象山柑橘""象山红美人"区域公共品牌,并通过"专业合作社+农户"利益链接机制的供货方式在盒马线上线下渠道进行营销推广。并将"象山柑橘""象山红美人"商标备案到阿里巴巴知识产权平台进行品牌保护,提高品牌价值,提升产品价格,促进农产品优质优价,带动更多农户增收,进一步促进优质品牌产品生产规模。通过产业集聚带动区域品牌发展

的案例很多，如知名度很高的"寿光蔬菜"品牌即是通过蔬菜产业领跑、科技助力、产业化经营，将品牌纳入农业发展整体规划中，通过延伸蔬菜产业链，带动包装印刷、运输流通、冷藏物流、服务科研、会展旅游等相关产业发展的同时，实现"寿光蔬菜"品牌产业化模式。毫无疑问，这种通过产业规模化借助新媒体渠道提升品牌价值是农产品区域品牌内在发展的机理。

区域公共品牌提升的很重要的方面是面向具有较大产业规模的地标农产品资源挖掘和精品农特产品开发的品牌培育、运营、管理和保护，对此，电子商务平台聚合体系化的品牌营销优势也越来越专业化和精细化。依托拼多多成立的地理标志农产品数据库和阿里巴巴知识产权保护平台，基于地标农产品的特点、优势开发筛选模型，建立图像和文字识别系统，推进地标农产品品牌培育和推广，加强地标农产品品牌保护。2021年，在拼多多平台上，赣南脐橙、盐湖苹果、固城湖大闸蟹等地标农产品订单量实现180%~200%不同幅度的同比增长。依托阿里巴巴知识产权保护平台，阿里巴巴累计保护79个地理标志证明商标，为"炎陵黄桃"等地标农产品，搭建便捷高效的维权投诉平台，以知识产权保护不断促进地标农产品质量效率提升以及品牌美誉度提升。

农产品区域公共品牌价值的提升从品牌交易情况可以得到充分体现。根据阿里电商培育农业品牌研究（2022）数据，从品牌入驻情况分析。2021年入驻阿里电商平台销售区域公用品牌农产品的商家增量创下历史新高，入驻商家达到8.3万家，较2020年增长了30%。从品牌溢价情况来分析。农产品区域品牌产品实现了销售总额和销售单价的双增长。部分农产品区域品牌农产品实现优质优价，品牌溢价能力突出，电商培育农产品区域公用品牌成效显著。对中国农业品牌目录前100个农产品区域公用品牌中每个品类排名前两位的品牌溢价测算结果显示，农产品区域公共品牌产品溢价能力明显。其中粮食类和水产类品牌溢价均超过60%，部分品牌如五常大米、盱眙龙虾等品牌溢价超过100%。其次为茶叶类，品牌溢价均高于50%，如安吉白茶、信阳毛尖品牌溢价约为85%和79%。消费者愿意为农产品区域公共品牌产品的品质和服务付出更高价格，在一定程度上说明农产品区域公共品牌建设效果显著，农产品区域公共品牌得到了广大消费者认可和喜爱。从品牌复购情况分析，近年来农产品区域公共品牌产品复购次数逐年增长，消费者忠诚度不断增强，复购单数连续三年稳定增长，2021年农产品区域公共品牌产品复购单数较2020年增长2.26%，较2018年累计增长19.6%。

二、产业标准化加强农产品区域品牌管理

农村电子商务产业集聚带来的资源集聚规模化有利于提高标准化生产并获得规模效益，而农村电子商务产业集聚背景下的农产品生产、加工、流通领域的各类标准建设是农产品区域品牌建设与管理的重要内容。产业标准化加强农产品区域品牌建设与管理体现在以下三个方面。

（1）加强了示范基地和标准农业示范区建设。农村电子商务产业集聚背景下基于区域化布局、专业化生产、一体化经营的农业产业现代化发展的需要，加强了农业产业化标准示范基地和标准农业示范区建设。农业标准化从管理、组织、资料、生产等四个方面，把农业产业转型升级发展与农产品区域品牌发展有机结合起来，从而促进农业标准化体系完善，在促进区域农业生产规模化的同时，也真正将农产品区域品牌建设与管理落到实处。

（2）加强了质量管理。一个高价值的区域品牌必然依赖于品牌下的高品质产品质量，在建设农产品区域品牌时，通过推广有关食品安全标准、动植物卫生健康标准以及系列质量环境标准，产业集群内企业按照标准严格生产管理、完善产品质量体系，能够有效提高农产品质量，而农产品质量是区域品牌建设的核心内容。农业产业集聚发展，不仅是集生产、加工、储运、营销及相关产业一体化，而且实现了农产品"从土地到餐桌"的全程质量管控，促进农产品区位品牌有效发展，如建立农产品追溯信息系统，将农产品质量管理制度化、科学化，实现农产品品牌标准化管理等。与此同时，通过农产品区域品牌供应链体系的建立和完善，不仅有效整合了供应链节点资源，而且能按照统一的标准，实施生产加工、流通与销售，有力保障了农产品质量。

（3）农业集聚化发展的组织建设。在前面阐述的农村电子商务产业集群处于萌芽期、成长期和成熟期不同阶段的组织形式中，无论是主导龙头企业组织形式，还是区域产业链组织形式，或是电商协会组织形式，在为农产品区域品牌发展奠定坚实产业组织基础的同时，还在标准化体系建设、质量保障体系建设、法律体系建设完善和组织管理体系强化等方面为区域品牌发展奠定了良好的基础。

在本书的第七章提到的典型案例"象山柑橘产业集群"，是一个通过大型企业与小型企业之间的农业产业横向连接和生产加工营销的纵向连接而形成大型的产业集群。该集群打造了象山柑橘产业区域品牌+子品牌形成纵向一体化的品牌价值链，集群中大小企业联合形成的产业联盟制定柑橘技术标准、质量标准、包装标准和价格标准，不仅为集群内企业提供服务，同时，在"象山柑橘"区域性公用品牌下，还鼓励小企业发展自有品牌，从而扩大了柑橘生产与销售规模，提高了"象山柑橘"区域性公用品牌的影响力。

三、区域品牌促进农村电子商务集群发展

农产品区域品牌奠定了我国农业品牌发展的新价值基础，从农产品区域品牌的定义，区域品牌大多是以"产地名产品（类别）名"形式构成的、体现为集体商标或证明商标品牌类型的农产品品牌。因此，农产品区域品牌是乡村地域性和产业特色性有机结合，是各种因素长期沉淀结果。农产品区域品牌的发展，可以保护乡村优势农产品品种资源和环境，可以在保护、传承地方传统加工工艺的基础上，挖掘、融合、创新乡村历史文化民族资源，提升区域品牌文化与精神内涵，达到扩大传统农产品原产地声誉、创新农村电子商务产业集群发展模式的目的。从我国农村电子商务产业集群的发展来看，产业集群中每一个农产品区域品牌的发展创建，都是以某种优势资源为主导，综合运用多种资源的成果。这种品牌承载着千百年农耕文化的双重沉淀，也反映了近年来我国各地区农产品生产与现代品牌管理模式的融合发展，全方位体现了我国农村电子商务集群的延续、升级、新的意义和价值的创造。首先，农产品区域品牌能以"品牌伞"带动乡村农业品牌发展。由于农产品区域品牌突出区域独特性和公共性特征，农产品区域品牌下的农村电子商务集群内企业品牌够能受到区域品牌的保护，共享农产品区域品牌的知名度、美誉度，给区域内的企业品牌进入新市场、拓展原有市场、提高市场占有率和品牌竞争力都具有重要作用。其次，发展农业产品区域品牌能够规范相关企业之间的经营行为，共同遵守区域品牌对产品生产流程、产品标准、产品品质的约束与规范，区域内企业对产品线上和线下营销的销售渠道、价格策略和营销推广都需要遵守产业集群的规定，从而促进了农村电子商务产业集群健康发展，克服了单个企业参与市场交易的分散性和风险性，获得产业化聚集效应，并使产业集群内企业获得较高市场竞争优势，获得高于行业平均利润的收益。

四、农产品区域品牌建设典型案例

案例一

竹乡臻品

桃江竹凉席历史悠久,桃江县素有"楠竹之乡""茶叶之乡"等美誉,明清时期,就被列为贡品。桃江县优质的楠竹为桃江县竹制品产业提供了良好的基础,在桃江县一根竹子就能串起桃江绿色生态产业链,实现了从竹笋到竹材的全竹利用。为了更好地打造桃江特色产品品牌,县委、县政府支持"竹乡臻品"电商品牌创建和产品销售,对县内特色产品进行评审后,统一使用"竹乡臻品"公共区域品牌,统一包装设计,统一宣传推介。近年来,桃江县着力将竹资源优势转化为产业集聚优势,打造富民强县主导产业,"竹乡臻品"区域品牌下的竹产业产值逐年增长,年产量已经破亿。如图8-2所示,桃江县竹产业从2018年生产总值83.49亿元一路增长到2021年的150亿元,预计到2024年,实现竹产业值达到200亿以上。

"竹乡臻品"是一个多产业组合成的桃江农村电子商务产业集群下的区域品牌,2022年桃江有2个淘宝村。目前"竹乡臻品"正在推动从产业园的运营向当地产业链运营转型,以产业组织为龙头,整合产业链上下游资源,聚集生产要素并进行集约化、集聚化经营。该品牌具有如下特点:

图8-2 桃江县竹产业年产值图

(数据来源:桃江县人民政府官网)

一是"竹乡臻品"区域品牌基于桃江县传统竹产业集聚发展优势。作为全国十大竹乡之一，对桃江人来说，一根竹子就能串起桃江绿色生态产业链。近年来，桃江县竹产业走转型之路，引进新技术，在培育百万亩楠竹基地的同时，大力开展竹产品深加工，实现了从竹笋到竹材的全竹利用。桃江县优质的楠竹为桃江县竹制品产业提供了良好的基础。以楠竹为原材料制作而成的竹凉席耐磨耐腐，经久耐用，具有温燥凉血、去脾伏火等特点。因桃江竹凉席历史悠久，明清时期，就被列为贡品。"桃江竹凉席"于2013年注册为"中国地理标志证明商标"。全县建设了中国凉席网络商城，产品远销东南亚、非洲等地，年销售额达10亿元，其中，竹保健凉席年产750万床，全国市场占有率45%。桃江竹笋栽培历史悠久，富有文化元素，如玉兰片的传说、"孟宗孝笋"的故事广为流传，竹笋的功效和营养价值方面，对人体有开胃健脾、通肠排便、增强机体免疫力等作用，桃江本土有"无笋不成席"的说法。近年来桃江竹笋通过建设竹笋基地、发展竹笋生产专业合作社、扶持竹笋加工企业等工作促进竹笋产业发展，通过举办竹笋节、竹笋名菜评选、笋王争霸等活动打造竹笋美食文化，使桃江竹笋已经形成良好的品牌效应。[①]

二是基于电子商务的产业集聚发展提升了"竹乡臻品"区域品牌的影响力。桃江县政府最初打造"竹乡臻品"区域品牌，一方面帮助当地老百姓脱贫致富，提高农民的生活水平；另一方面是为了宣传桃江县优质农产品，带动当地的农村经济发展。

在品牌打造初期，主要依托企业、民间或者个别创意人员，对品牌定位和品牌形象塑造停留在表面上，没有深入地挖掘，因此定位不明确、不精准。在品牌形象塑造方面投入资金、人力、物力有限，没有很好的设计品牌形象，对品牌传播没有很好地规划和引导，没能给目标消费者留下非常独具一格的印象。

近年来，桃江县大力推进电子商务进农村，推动电子商务产业集聚发展，打造了全省第一个农村电商产业园，构建了电商公共服务中心、孵化培训和

---

① 刘美玲.桃江获评全国竹产业先进工作单位和中国竹凉席之都[EB/OL].（2018-12-18）[2023-09-28].http://www.yiyang.gov.cn/yyslyj/1792/1793/content_434382.html.

仓储物流配送基地，全县已建设完成镇级站点8个、村级站点126个，基本形成覆盖县、乡、村三级的服务体系，让全县特色农产品搭上电商"快车"，走出桃江。目前，桃江县农村电子商务产业集聚发展趋势良好，桃江县人民政府鼓励桃江企业积极参加电子商务创业大赛、中国国际食品餐饮博览会等活动，通过这些活动，将各方优势资源整合，将桃江产品通过互联网和创业者推广出去，将竹乡臻品送到消费者手中。同时，桃江县人民政府通过创建"竹乡臻品"区域品牌，打造农特产品集约化＋品牌标准化＋溯源体系的电子商务产业集群发展模式，为本地农产品上行开辟绿色通道，并由政府对"竹乡臻品"品牌统一宣传推介，推动本地产品标准化、品牌化发展，通过区域品牌带动企业品牌发展，企业品牌反哺区域品牌打造，提升了"竹乡臻品"区域品牌的影响力。

三是形成了"竹乡臻品"区域品牌的五大产品体系。桃江县政府十分重视农产品电子商务发展，利用桃江县发展电子商务的各项基础设施和资源优势，在国家大力发展互联网与农产品结合的背景下，出台了制定了《桃江县关于加快发展电子商务的实施意见》等一系列的政策，成立了桃江县电子商务行业协会，在物流园、竹产业科技园规划了重大项目，一定程度上促进了农产品电子商务的发展，取得了较大成效。在扶持桃江县电子商务产业发展的同时，桃江县政府在"竹乡臻品"区域品牌体系建设方面给予了三个方面的支持。第一，支持桃江特色产品品牌认证。鼓励企业进行标准化生产，提高产品质量，获得产品品牌认证，对于首次获得无公害产品认证、绿色产品认证或有机产品认证的，给予一定的金额奖励。第二，支持质量追溯体系建设。桃江县对自行建立溯源体系并与桃江县农产品质量安全溯源监管云平台对接上的农产品生产基地、电子商务企业给予一定的金额奖励。第三，支持"竹乡臻品"拓展市场。一方面支持"竹乡臻品"产品资源目录库建设，支持产品进驻目录库，支持本地龙头企业、种养大户、农业合作社、企业或个人开发县内特色产品，对符合"竹乡臻品"产品标准，并进驻"竹乡臻品"产品资源目录库的产品进行奖励；另一方面，鼓励"竹乡臻品"产品销售。对销售"竹乡臻品"产品资源目录库中产品的电子商务企业、电商公共服务站及个人，以产品资源目录库销售记录为统计依据给予相应的金额奖励。第四，支持电子商务运营服务，鼓励电子商务服务型企业为本地电子商务企业、特色产品生产企业提供信息处理、美工设计、运营策划、品牌包装等一站式服务。

通过政府和企业的持续努力，已经构建起如图8-3所示的"竹乡臻品"区域品牌五大产品体系，在"竹乡臻品"区域品牌下，共收集了152家企业生产的符合标准的370多个品种。2020年中国国际食品餐饮博览会中桃江竹笋、桃江竹酒、修山面、地人参、羊奶源羊奶等一大批桃江"竹乡臻品"农特产品在展会上受到追捧。第十一届湘博会中，桃江县组织12家企业参展，桃江竹凉席、外婆菜、黑茶等70多余种"竹乡臻品"在展销会上受到消费者追捧。[①]

其他
乳制品
禽畜养殖类初级产品、深加工产品
竹类初级、深加工产品
米、面、粮、油

图8-3 "竹乡臻品"区域品牌的产品体系结构图

（数资来源：公开资料整理）

案例二

2098·石门味道

石门县地处湘鄂边界，东望洞庭湖，南接桃花源，西邻张家界，北连长江三峡，有"武陵门户"与"潇湘北极"之称。石门县地处北纬30°附近，被国际柑橘界公认为"远东蜜橘的绝佳产地"，具有生产有机茶和高山蔬菜的最佳生态环境。石门县政府通过高度整合原产地资源，创造出"电子商务+差异化+公共品牌"全产业链一体化运作模式，在这一农村电子商务产业集群模式发展过程中，形成了"2098·石门味道"区域公共品牌。

20世纪90年代开始，石门县政府通过各类宣传活动着力打造区域公共品牌，近几年，伴随石门农产品的品类不断丰富，以及旅游资源的不断挖掘，县政府以打造区域公共品牌、助推乡村产业振兴为目标，将"石门"品牌发展为"2098·石门味道"区域公共品牌，并从人文、旅游、农产品三个角度

---

① 文艳芳.桃江农村电商产业园发展对策研究[D].长沙：湖南师范大学，2017.

进行全方位宣传与推介。其品牌内涵包括两个方面，2098是湖南最高峰壶瓶山的海拔高度，也寓意石门农产品纯天然、真品味；"石门味道"寓意石门农产品的信誉与美味。总体上说，"2098·石门味道"以简洁、形象、情感、价值、凝练和独具个性特色的语言展现了石门丰富的历史文化底蕴、独特的自然景观和现代化的城市气息。

"2098·石门味道"区域公共品牌有效整合了石门县的自然资源与社会资源，并驱动集生产、销售、品牌营销于一体的石门农村电子商务产业集群的发展。借助石门厚重的历史、优美的环境、丰富的物产，目前，基于"东南部平丘区重点发展柑橘、生猪和家禽规模养殖，西北高山区重点发展茶叶，中部丘陵区重点发展香猪、土鸡"的无缝覆盖式农村电子商务产业集群发展格局。在"2098·石门味道"区域公共品牌下，形成了以"石门银峰""石门柑橘""石门土鸡""石门马头山羊"等国家地理标志产品为主导的特色产业体系。为了保护并提升品牌价值，使其不受劣质产品损害，石门县加强了对该区域品牌下的农产品种植、生产、包装、仓储、运输等全过程监控，建立了农产品分包装中心和农产品检测体系，推动原产地农畜产品溯源体系建设。

石门"电子商务＋差异化＋公共品牌"全产业链一体化运作的电子商务产业集群的发展提升了"2098·石门味道"的知名度和美誉度，丰富了其产品体系，降低了品牌推广成本。县乡村农产品公共品牌"2098·石门味道"，实行"统一品牌、统一标准、统一质量、统一包装"的标准化营销策略，通过线上旗舰店和线下特色馆互动，建立了覆盖全县18个乡镇区、4个街道、4个农林场的特色农产品资源库，结合产业发展、文旅资源等因素，在9个乡镇建设了10个"2098·石门味道"电商扶贫示范店，在常德河街开设了"2098·石门味道"形象店，授权24家本地企业统一入驻"2098·石门味道"特色馆，并在淘宝、京东、拼多多等主流平台开设了线上旗舰店，收集100多款优质农产品在平台销售。目前，"石门土鸡"品牌价值达45.94亿元，"石门柑橘"品牌价值达24.04亿元，"石门银峰"品牌价值达15.89亿元。[①]

[①] 石门县人民政府. 石门县2021年政府工作报告 [EB/OL].（2021-01-22）[2023-09-28].https://www.changde.gov.cn/zwgk/public/6616759/8214040.html.

第五节　提升区域规模经济效益

在网络经济推动产业融合、产业边界模糊的背景下，产业的概念是指由提供相近产品和服务，或使用相同原材料、相同工艺技术、在相同或相关价值链上活动的企业共同构成的集合。农村电子商务产业集聚发展为农产品电商产业提供了巨大市场空间，让传统农产品生产真正从小农作业往产业融合方向发展，使其生产能够更加专业化、聚集化、网络化和规模化，使传统农业的产品组合深度与广度得以拓展与延伸，从而大大提升了农村电子商务产业集群区域规模经济效益。

一、规模经济效益原因分析

农产品电商产业聚集发展的大趋势，缩短了四个"距离"，提高了产业组织效率。

（1）颠覆了农村区位劣势，使得农村发展工业成为可能。主要原因首先在于农产品电商缩短了供应商与消费者之间的"距离"，减少了农产品流通的中间环节，直接面对接消费者的营销模式，更容易树立产品信誉、形成良好的口碑、塑造知名品牌，从根本上解决农产品的销路问题，并提高农产品的利润率。

（2）缩短了行业内企业之间的距离。一旦一个村的某种农产品打响了品牌，同村者就会进行模仿跟进，形成产业聚集，进一步形成产业集群，形成规模经济效益，带动村民致富。

（3）在乡村产业集聚条件下，可以逆转农产品的交通运输的弱势。主要原因在于国家大力建设的"村村通"工程缩短了物流的距离，在没有形成产业集聚的乡村，由于成本的原因，物流一般很少会在乡村设站点，但是，一旦乡村形成产业聚集，形成一定规模后，物流企业在乡村设定相关配套的边际成本降低，产业集聚程度越高，边际成本越低，物流企业越愿意在乡村投入相关资源，降低乡村农产品物流的费用。

（4）充分利用了农村土地资源优势。农产品电商把生产引流到乡村，缩短了与土地的距离，农村一般用自家土地，基本不用支付土地租金，可以在相当程度上节约农产品电商的业务成本，让节省的土地租赁成本归农民。

下面通过对阿里平台农产品电商销售总额、各细分品类销售额进行数据描述分析，探索农村电子商务集聚对农产品产生的增量效应与聚集效果。

二、产业集聚与规模效应

根据《2022全国县域数字农业农村电子商务发展报告》数据显示，至2022年6月，乡村产业集聚发展良好，累计创建了140个优势特色产业集群、250个国家现代产业园、1 300多个农业产业强镇、3 600多个"一村一品"示范村镇；在脱贫地区特色产业也得到稳步发展，在832个脱贫县已经培育起2~3个具有较强优势、辐射带动能力强的主导产业。本书从农产品电商销售额排名以及淘宝村空间分布等情况来分析产业集聚与规模效应之间的联系。

根据阿里研究院的数据显示，2020年，阿里平台实现农产品销售额3 037亿元，比上年增长超过50%。农产品电商销售额排名前十分别为浙江、江苏、广东、山东、上海、福建、安徽、四川、北京、云南。其中浙江遥遥领先，西部地区有2个省，中部地区有1个省跻身前十。如图8-4所示。这说明在东部产业集聚发展较好的省域，农产品电商销售规模越大。随着产业集聚发展趋势从东部省域向其他省域延伸与扩展，东北、中西部省域的农产品电商销售额增幅比较大，2020年我国各省（区、市）农产品电商销售额增幅排名，排名前十的分别为黑龙江、北京、陕西、青海、宁夏、西藏、甘肃、四川、辽宁和吉林。其中，黑龙江、北京、陕西3省发展最快。如图8-5所示。

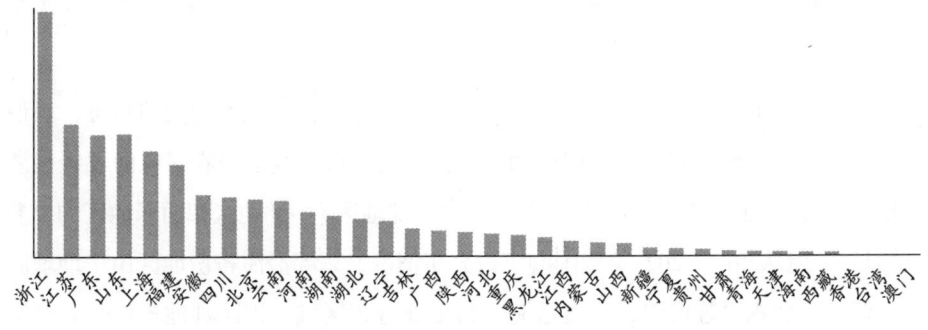

图8-4 2020年我国各省（区、市）农产品电商销售额排名

（资料来源：农业农村部管理干部学院，阿里研究院《农产品电商出村进城研究：以阿里平台为例》）

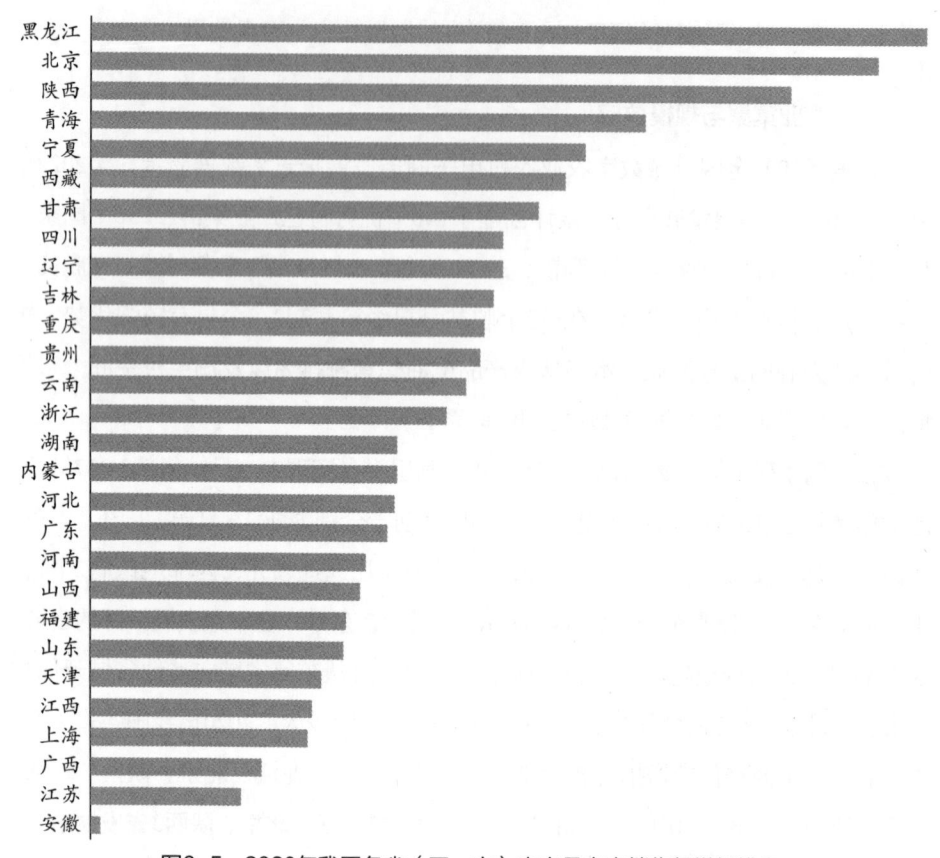

图8-5　2020年我国各省（区、市）农产品电商销售额增幅排名

（资料来源：农业农村部管理干部学院，阿里研究院《农产品电商出村进城研究：以阿里平台为例》）

从我国淘宝村的分布来分析，我国淘宝村分布存在区域不均衡的特征，虽说近年来随着淘宝村由东部地区向中西部地区辐射发展，我国的农村电商已经由浙江和江苏为代表的"单一地区"发展转变为东部地区、中部地区和西部地区的"多极增长"，但从2014—2021年我国淘宝村分布情况，东部沿海省份地区由于地理因素、经济发展水平等优势，一直是淘宝村主要分布区域，相比其他省域，农村电子商务产业集聚程度也更高，这同样说明，在东部产业集聚发展较好的省域，农产品电商销售规模越大。

我国的县域电商销售额排名与省（区、市）农产品电商销售额排名、淘宝村的分布一样，呈现出由东到西的不平衡态势。根据图8-6数据显示，2020年我国农产品电商百强县排名中共有21个省（自治区、直辖市）上榜。山东、江苏、福建、浙江位于第一梯队，这四个省份拥有农产品百强县的数量几乎占据了全国的一半，其中山东百强县的数量最多，共有20个，占20%；其次是江苏14个，福建13个，浙江12个；接着是吉林6个，安徽、湖南、云南各4个，这四个省份形成了农产品电商百强县的第二梯队。最后是河北、河南、广西3个，广东、重庆、黑龙江、辽宁各2个，江西、湖北、山西、四川、贵州、宁夏各1个，这几个省份形成了第三梯队。

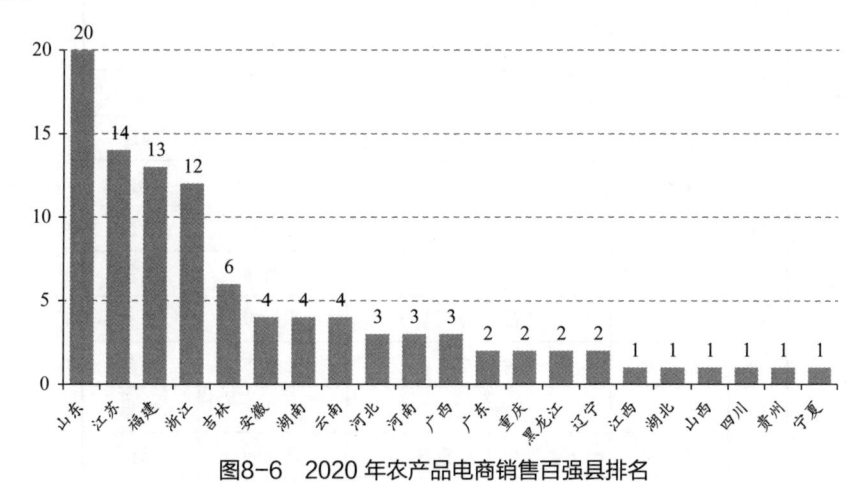

图8-6　2020年农产品电商销售百强县排名

（资料来源：农业农村部管理干部学院，阿里研究院《农产品电商出村进城研究：以阿里平台为例》）

根据表8-3，2020年农产品电商销售20强县中，位于东部地区的省份共有14个，中部地区有4个，西部和东北地区分别有1个，前十名县市有9个处于东部沿海省份，只有五常市地处东北。农产品电商销售10强县分别为宿迁沭阳县（花木）、泉州安溪县（铁观音）、徐州丰县（苹果）、烟台栖霞市（苹果）、南平武夷山市（大红袍、金骏眉）、金华武义县（花果茶）、泰州兴化市（调味品）、连云港东海县（绿植、腰果）、宁德福鼎市（白茶）、哈尔滨五常市（大米）。这同样说明，由于东部沿海城市农村电子商务产业集聚发展较早，淘宝村数量占比高，农产品电商销售10强县90%分布在东部沿海城市。

表8-3 2021年农产品电商百强县名单（TOP20）

排名	县市	代表农产品	地级市	省（区、市）
1	沭阳县	花木	宿迁市	江苏
2	安溪县	茶（铁观音）	泉州市	福建
3	丰县	水果（苹果）	徐州市	江苏
4	栖霞市	水果（苹果）	烟台市	山东
5	武夷山市	茶（大红袍、金骏眉）	南平市	福建
6	武义县	茶（花果茶）	金华市	浙江
7	兴化市	调味品	泰州市	江苏
8	东海县	绿植、坚果（腰果）	连云港市	江苏
9	福鼎市	茶（白茶）	宁德市	福建
10	五常市	粮油（大米）	哈尔滨市	黑龙江
11	义乌市	滋补品、肉干	金华市	浙江
12	邳州市	茶（花果茶）	徐州市	江苏
13	昆山市	水产品（大闸蟹）	苏州市	江苏
14	新沂市	果树、核桃仁	徐州市	江苏
15	长葛市	蜂产品	许昌市	河南
16	夏邑县	食用菌（双孢菇）	商丘市	河南
17	临猗县	水果（苹果）	运城市	山西
18	浏阳市	豆制品	长沙市	湖南
19	勐海县	普洱	西双版纳	云南
20	寿光市	家庭园艺种子	潍坊市	山东

（资料来源：农业农村部管理干部学院，阿里研究院《农产品电商出村进城研究：以阿里平台为例》）

第六节 赋能农村劳动力就业创业

一、农村电商岗位持续增长

根据《中华人民共和国2021年国民经济和社会发展统计公报》显示，全年国内生产总值1 143 670亿元，比上年增长8.1%，两年平均增长5.1%。其中，第三产业增加值609 680亿元，增长8.2%，第三产业增加值比重为53.3%，最终消费支出对 GDP 的贡献率达到57.5%。毫无疑问，从增速、结构、贡献率等多个方面考量，第三产业已经成为实现我国经济可持续平稳发展的引擎。从国家统计局发布的《2021年农民工监测调查报告》来看，2021年全国农民工总量29 251万人，比上年增加691万人，增长2.4%。其中，外出农民工17 172万人，比上年增加213万人，增长1.3%；本地农民工12 079万人，比上年增加478万人，增长4.1%；从事第三产业的农民工比重为50.9%，比上年度下降了0.5个百分点。其中，从事第三产业的其他农民工比重为13.7%，比上年提高0.2个百分点。显然，未来几年要实现稳就业、保就业的基本目标，向第三产业要就业空间是重要途径。

据中国信息通信研究院《中国数字经济就业发展研究报告：新形态、新模式、新趋势（2020）》发布，2020年数字岗位需求量大，其中热门岗位以技术类岗位为主，开发工程师、设计、美工师岗位数量超过15.7万和12.6万个岗位数，网络营销、网络运营、淘宝客服、短视频审核、数据标注、外卖骑手等新型岗位不断涌现，带动销售类、运营类、服务类和管理类等多类型非技术岗位成为热门岗位，大大增加了农民的就业率。2018年，我国数字经济领域就业岗位便达到1.91亿人，占全年总就业人数近25%。在全国总就业人数同比下降0.07%的背景下，数字经济领域就业岗位却实现了同比增长11.5%。在数字经济带动下，新一代信息与数字技术正加速下沉农村县域经济，与县域农林牧渔、农副产品加工、工业品制造、休闲旅游等产业全面深度融合应用，推动作为第三产业重要组成部分的农村电商经济迅猛发展，尤其是在疫情背景下，在吸纳就业、创造就业增量中，显示出巨大的潜在增长空间。近年来，在疫情突发公共卫生事件爆发的情况下，就业结构发生变化，农村电商经济不仅发挥了全社会有序复工的就业"稳定器"的作用，而且成为创造新就业、促发展的"助推器"。

农村电商产业的蓬勃发展及集聚化发展趋势为农村地区带来更多的发展机遇，吸引了一大批大学生、企业家、退役军人等加速返乡就业创业。根据《中国农村电子商务发展报告（2021—2022）》数据显示，返乡入乡创业项目中，55%运用信息技术，开办网店、直播直销、无接触配送等，打造"网红产品"。全国农村网商、网店到2021年年底有1 632.5万家。2021年，全国淘宝村、淘宝镇电商从业人员达360万人，交易额突破1.3万亿元，人均年销售收入超过36万元，电商创业就业的带动效益增强。拼多多发布的《2021新新农人成长报告》显示，截至2021年10月，平台"新新农人"（95后涉农商家）数量已超过12.6万人，在涉农商家中的占比超过13%，其数量在两年内增长了近10万人，呈现爆发式增长态势，每位"新新农人"平均带动5~10位95后参与到电商创业中，并平均带动当地就业岗位超过50个，95后逐渐成长为农村电商创业带头人中的重要力量。

二、集聚发展带动就业的典型特征

农村电子商务集聚发展带动农村劳动力就业创业的提升主要在两个领域，一是以互联网线上电子商务平台进行销售为导向，从事电子商务实体产品生产、加工及其辅助性生产服务工作；二是以连接生产者与消费者为主的中介平台服务为载体，从事产品营销、网页设计与装修、技术培训、物流等服务。

农村电子商务集群带动农村劳动力就业与创业呈现两个方面的特征。

（1）以实体产品生产为核心的裂变式的全产业链就业创业。即依托各类新型农业经营主体、龙头企业的地方特色农产品生产，以某一核心产品类别的生产为中心，通过各种类型的企业的聚集，辐射、衍生出一个区域范畴的生态就业态，创造出围绕核心产品的全产业链直接或间接就业，通过核心产品生产带动上下游产业发展，联动物流、包装、商贸、广告摄影、电商直播、新媒体营销等行业发展成为全国典型的农村电子商务集群模式，其中大部分模式依靠公共资源平台，借助核心产品的生产经营带动全产业链发展，衍生出众多类型的就业岗位。如表8-4所列。

表8-4　集群产业链延伸带动就业

典型模式	公共资源	产业链
"综合服务商+网商+传统产业"的遂昌模式	农产品网络营销综合服务平台	以茶叶、竹业、生态蔬菜、生态畜牧业和水干果五大主导产业为基础，在本地化电子商务综合服务商龙头企业——遂网公司的引领下，整合农业资源和互联网生态，集约化采购、航运、货物控制、仓储、限制物流控制和管理成本等，解决服务配送带来的成本问题，提高农产品附加值，促进本地电商生态链的完善，拉动互联网经济，带动农民就业创业
"区域电商服务中心+青年网商"的丽水模式	区域电商服务中心	以丽水生态精品农业已形成的菌、茶、果、蔬、药、畜牧、油茶、笋竹和渔业九大主导产业为基础，依托区域电商服务中心，整合各方资源，打造培训、物流、农产品质检和营销等体系，解决农村观念、

表8-4（续）

典型模式	公共资源	产业链
		人才缺乏、农产品销售、物流配送等问题
"农户+网络+公司"的"沙集模式"	电子商务产业园	以家具产业优势为基础，打造家具零配件加工、产品生产加工和销售的全产业链
"专业市场+电子商务"的河北清河模式	专业电子商务市场	以清河县羊绒产业优势为基础，打造羊绒生产、加工和销售的全产业链
"基地+专业市场+电子商务"的花石镇模式	专业电子商务市场	形成集壳莲贸易、初级加工、仓储物流、营销纵向一体化的专业市场
"龙头企业+农场+电子商务服务中心"的临武模式	电子商务服务中心	湖南临武舜华鸭业发展有限责任公司作为龙头企业，通过现代水产养殖业与第一、二、三产业深度整合，交叉发展而形成的致力于临武鸭的种苗孵化、养殖、加工、销售一体化经营的综合性产业集群

（2）农村电子商务带动农村就业创业的集群化趋势。从全国的淘宝发展来看，生产商大多是以家庭为单位的小微企业，形成后厂前店、厂店一体化的就业创业格局，是典型的自我雇佣的创业就业模式，伴随淘宝村形成的规模经济效应，带动产业链前端的产品设计、原材料生产以及产业链后端的物流、包装等服务业的发展，形成三次产业融合发展的新模式。截至2018年年底，淘宝村和淘宝镇网店年销售额合计超过7 000亿元，带动的就业机会超过683万个[①]。

农村电子商务带动农村就业创业的集群化趋势，在淘宝村（镇）模式中表现得非常突出。全国淘宝村数量从2009年最初的3个，已经快速扩张到2022年的7 780个，覆盖到28个省（市、自治区）。以首批淘宝镇之一、江苏省睢宁县"沙集模式"为例，从最初农户一根线、一部电脑卖家具，到自己手工做家具，努力延伸"微笑曲线"的两端，发展到今天，形成了围绕家具生产的产业集群，与国内多家顶尖级高校联合成立家具设计研发园，引入金融机构建立电商特色支行，创建电商学院培养人才，一批原材料供应、五金配件、会计服务、物流、电商运营服务机构落户。目前，东风村所在的沙集镇已聚集1.65万个家具电商、1 300家生产型企业、

---

① 李宏伟.中国淘宝村十年：从"电商兴村"到"数智强县"[N].中国改革报，2019-09-03（02）.

145家物流公司，相关从业人员3.15万人，2019年电商家具销售额125亿元。[①] 又如全国著名的花木之乡江苏省沭阳县，"花木+电商"是沭阳县最常见的创业模式，根据阿里研究院公布的《2021年淘宝村和淘宝镇名单》，沭阳有16个乡镇，104个淘宝村，16个淘宝镇，围绕创业就业需求，沭阳县依托淘宝大学、农广校、职业教育、人社部门职业技能培训等载体开展订单式培训，培养了8 200名产业带头人、3.3万名农业经纪人、2.9万名乡土人才，发放"盆景技师""沭阳花匠"和"沭阳大工匠"等证书，5万名农民持证上岗。[②]"十三五"期间，沭阳县农村电子商务的销售总额从2016年的85亿元到2020年的360亿元，农产品网络零售交易额从2016年的49.8亿元到2020年的196亿元，农村电商户年人均纯收入4.5万元。[③]

伴随着淘宝的蓬勃发展，也带动了一大批农村贫困户脱贫。阿里的报告显示，2019年淘宝村的分布中，有800个以上位于省级贫困县，63个位于国家级贫困县。2020年，119个淘宝村分布于10个省的41个国家级贫困县，年交易总额超过48亿元。106个淘宝镇分布在12个省的75个国家级贫困县，年交易总额超过170亿元，镇均1.6亿元[④]。以全国第二大淘宝村集群电商县山东省菏泽市曹县为例，到2018年年底，全县电商交易额突破450亿元。全县电子商务销售额达158亿元，淘宝村113个，电商带动全县20万人就业，其中5万返乡创业人员，全县有12个省级贫困村发展成为淘宝村，实现整村脱贫。全县通过电商直接带动脱贫2万余人，占全部脱贫人口的20%。[⑤]

---

① 张伟伟.江苏睢宁：农村公路联四方 业兴民富奔小康[EB/OL].（2020-11-12）[2023-09-28].https://www.xyshjj.cn/detail-1482-38159.html.

② 黄启源，朱远明.宿迁市沭阳县："花木+电商"吸引27万人返乡"筑梦"[EB/OL].（2022-02-23）[2023-09-28].https://baijiahao.baidu.com/s?id=1725551433867232884&wfr=spider&for=pc.

③ 张瀚天.江苏沭阳："花经济"铺就乡村致富路[EB/OL].（2021-10-14）[2023-09-28].https://baijiahao.baidu.com/s?id=1713608871840585419&wfr=spider&for=pc.

④ 数据来源于阿里研究院。

⑤ 曹县人民政府办公室.曹县电子商务服务中心关于电商系统工作情况的访谈[EB/OL].（2019-01-15）[2023-09-28].http://www.caoxian.gov.cn/2c90808883d172a50183e89e80f5003b/2c90808483d171790183e9243c120023/1596177746487148544.html.

第九章 结论与展望

第一节 研究结论

随着农村电子商务基础配套设施的完善和互联网覆盖规模的扩大,农村电子商务产业集群迅速扩展,成为农业和农村经济发展的重要引擎和推动力,这不仅推动了农业转型升级,还有效促进了区域经济发展,推动城乡均衡和可持续发展,实现乡村振兴与发展。

2009—2022年,以"淘宝村""淘宝镇"为代表的农村电子商务产业集群经历了"萌芽期""扩散期"和"爆发期"三个发展阶段,十三年时间走过了传统产业需要几十年甚至上百年才能完成的演进过程。总体上说,农村电子商务产业集群的发展是由"点"的商业模式创新,通过持续的裂变和复制带动"面"的区域经济发展和乡村振兴,并引发生产关系的全方位变革,具有自组织性、快速变异性和路径依赖性。

本书通过定量实证研究和定性案例研究相结合的方式,从政府支持、资源禀赋、农民凝聚力、企业家精神和规模经济驱动五个方面探索了农村电子商务产业集聚形成机制。从新型城镇化建设、促进资源优化配置和专业化分工、促进乡村技术与商业模式创新、促进乡村产业融合和转型发展四个方面探索与乡村振兴协同发展机制。从空间分布规律和典型模式发展规律来分析,农村电子商务产业集群具有分布广泛、成本优势、技术驱动、产业特色、企业领袖推动和政府支持等共同特点;基于这些共同特点已经衍生出多种模式,如:"网络+公司+农户"模式、"生产商+电商公司"模式、"集散地+电子商务"模式、"区域电商服务中心+青年网商"模式、"专业市场+电子商务"模式等。这些模式在全国范围内具有不同的扩散和产业发展规律,均具有良好的发展前景和推广价值,如在农村电子商务产业集群发展相对滞后的中部地区的湖南省得到了较好的辐射,如"基地+

专业市场+电子商务"的花石镇模式;"龙头企业+农场+电子商务服务中心"的临武模式;"电子商务+差异化+公共品牌"的石门模式等。

我国农村电子商务产业集群是农村经济信息化和电子商务产业化跨界融合的一种县乡村经济新模式,农村电子商务产业的集聚发展,不仅意味着商业模式的创新和生产关系的变革,也是我国农村经济发展方式的全新探索,其强劲创新能力和经济促进能力能够有效推进农村现代化建设和经济发展,为乡村振兴提供了新的思路和途径。尤其是近年来,农村电子商务产业集群作为一种新的县乡村经济发展模式,正以其所特有的竞争优势和资源整合能力,在公共资源建设、农业产业结构优化与产业链重构、产业深度融合、农产品区域品牌建设和农业劳动力就业创业等方面,日益成为推动我国农村区域经济发展和乡村振兴的重要力量。

第二节 研究展望

以"淘宝村""淘宝镇"为代表的农村电子商务产业集聚发展是以宏大的社会经济实验场为基础,无论是理论研究还是实践探索都处于蓬勃发展阶段,其典型发展模式和演化路径是本书研究的一个视角和开端。还可以从社会学、经济地理学、产业经济学等视角进行深入研究,未来研究将基于更多的交叉学科融合研究。

农村电子商务产业集群在经历集聚化发展、产业链形成阶段后将形成新的工业体系,这种新工业体系是由新的基础设施、新的生产要素和新的服务体系共同推动。这类新的基础设施包括大数据、云计算、物联网、区块链、人工智能、6G通信等新兴技术,新兴技术通过全要素数字化转型推动乡村生产经营方式、生活方式和治理方式的深刻变革,全方位支持乡村振兴与乡村发展。

在新一轮的变革中,大数据作为新兴技术的关键要素,将成为全新的生产要素在乡村振兴和发展中发挥重要作用。从政策层面,近几年中央1号文件持续提出了数字乡村建设新要求。2020年提出开展国家数字乡村试点,2021年提出实施数字乡村建设发展工程,2022年提出实施"数商兴农"行动。这些政策的出台,为乡村建设提供了清晰的、具体的、长期的发展路径。从宏观战略层面,创新驱动的数字化变革正改变人们的生活消费方式,农村大市场得以进一步重塑,大数据为乡村带来了生产要素的全面激活、技术贯穿渗透,使市场在更宽广的范畴互联

·第九章 结论与展望·

互通、主体创业创新、业态跨界融合，农业生产和农村消费的巨大潜力得到更大程度地释放，成为乡村振兴和发展的巨大推动力和坚实基础。因此，基于数字经济时代的农村电子商务产业集聚视角下的乡村振兴与发展是一个值得持续探索的领域。

在数字乡村等战略指引下，数字技术的勃兴及深度应用为乡村振兴创造了更优的条件和空间，加速推动县乡村传统产业集群的转型升级，以数字化为引领的乡村发展正呈现要素升级、模式创新和治理优化三大发展趋势。

一、要素升级成为乡村振兴新动力

随着新基建的加速推进和数字技术的快速下沉至县乡村，将逐步提升县乡村对高端要素的集聚能力，以及对要素资源的配置效率，推动要素市场、商业模式和组织模式的重组和变革，形成县乡村数字发展新动力。这种新动力包括三个方面。

（1）新一代信息与通信技术的加速下沉，全方位融入农业生产、制造业、服务业领域，与乡村农林牧渔、农副产品加工、工业产品制造、休闲旅游等产业全面深度融合应用，推动乡村创新发展。

（2）新型信息基础设施重构乡村生产要素，激发和催生出乡村相应能力的提升、行业转型和领域变革，改变传统意义上的时间距离，重塑乡村经济竞争优势，与乡村农林牧渔、农副产品加工、工业品制造、休闲旅游等产业全面深度融合应用。一方面，信息基础设施构建起乡村实时信息连接、数据处理、数据应用及跨域协同能力，为远距离协同办公、网购、远程教育等创造更有利、更顺畅的条件，削弱了物理世界的边界及区域的重要性，提升了部分区位较为偏远、生态环境好、产业集聚优势明显、文化符号具有鲜明特色的县乡村对人才的吸引力。另一方面，新基建将推动县乡村层面生态数据、农业数据、特色产业集群数据、休闲旅游观光数据及其他资源要素等海量数据的汇聚、挖掘和分析，从而实现数据的完全市场化开发应用，提升县乡村的经济价值，促进其产业链、供应链和价值链的高阶跃升。与此同时，数字技术、数据要素与县乡村土地、资本和劳动力等传统要素进行充分的交互、联动和融合，将极大程度地激发县乡村经济新潜力，如数字农业相关技术及应用程序的开发、普及和推广，将逐步培育起一批新型职业农民。

通过提升农民数字素养、改善农民数字技能及数字金融知识等都将为优化乡村人力资本要素、金融资本要素配置，为推动数字乡村长期、可持续发展提供新方式。

（3）县乡村在数字化支撑下生态价值加速提升，区块链、大数据和物联网等数字技术将助力县乡村生态资源登记、溯源，提升生态价值衡量、评估和交易。

二、模式创新成为乡村数字经济新引擎

在数字技术和数据的驱动下，"数商兴农"的新业态新模式将蓬勃发展，通过引领和规范发展社区团购、直播电商、短视频电商、社交电商、农产品众筹、预售、领养、定制等农村电商新业态，形成新模式。与此同时，推动涉农数据和数字技术在农业中的发展和应用，如探索与地方政府合作采集和利用农业大数据、县域农产品大数据、电子商务大数据，加快物联网、人工智能、先进感知技术、区块链在农业生产经营管理中的运用，完善农产品安全追溯监管体系，打造农业农村大数据应用场景，形成可持续的商业模式。在此基础上，依托特色产业、产业集群，紧紧抓住数字化带来的产业转型及产业融合趋势，将加速县乡村模式创新。以数字化为引领的模式创性将从四个方面驱动乡村经济发展。

（1）有利于构建产供销协同的农业数字生态链。在生产端，伴随农村电子商务产业集群、农民合作社、农业产业化龙头企业的大规模兴起，农业"工厂化""园区化"趋势突出，为县乡村智慧农业发展奠定了良好的基础。在物流端，随着县乡村数字化物流配送体系、冷链物流体系的建设，农产品将实现从农户到消费者之间的高效流通。与此同时，数字化产地仓的智能化分选方式，将实现产品运输管理精细化。在销售端，数字农业生态链通过"平台＋网店＋直播"的方式，使农村电商本地化进一步夯实。随着5G的全面覆盖、VR/AR技术在县乡村的加快推广，将全面推进数字化农业体验经济，消费者可以更加真实地体验农业生产全过程。同时，农业生产数据化及商品溯源等将助力农村区域公共品牌的打造，提升区域公共品牌的附加值。

（2）产业融合式创新驱动县乡村经济价值再造。充分发挥大数据、云计算和数字赋能的优势，推动农业产业深度整合，特别是围绕促进农产品供应链的短链化，农业产业治理体系的扁平化，通过精准的算法赋能，建立围绕市场营销过程中精准化识别农产品"供给方与需求方"信用及信用支撑体系，全面助推农业产

·第九章 结论与展望·

业转型升级，提高中国农业产业高质量发展的效率。产业融合式创新体现了以数字技术为基础新的商业模式在农村发展中的应用，其不仅仅强调在销售端应用直播、短视频等多种新方式，更强调为数字技术所驱动新的产业发展模式，如通过物联网、农业大数据、先进感知等数字技术应用促进农业扩大规模、高质量发展，通过VR、AR等新的数字媒介促进乡村旅游发展等，从而形成线上带动线下、数字技术带动产业发展、驱动县乡村经济价值再造等新局面。毫无疑问，农业数字化将进一步打破行业边界，推动产业向更加宽广范围、更深层次、更高水平上深度融合。产业融合式发展，将成为乡村经济价值再造和乡村振兴的重要驱动力。

（3）数字化特色产业集群将加速涌现。县乡村经济组织以产业集群的块状经济为特征，在农业数字化引领下，其经济的升级将步入新的发展阶段，将形成对特定领域具有高市场占有率的数字"产业地标"。农业数字化将驱动县乡村传统产业集群的数字蝶变，县乡村将通过"一镇一品""一村一品"的专业化制造与销售，成为连接中国与世界的桥梁。在这种新的发展格局和新的产业趋势下，部分县乡村已经抓住数字化发展机遇，加快推进以数字化为引领的产业集群的转型升级和创新发展。如广东省已经启动特色产业数字化转型，打造飞龙工业互联网，通过打通品牌、生产、加工、物料供应等产业链多个环节，实现产业链上下游的协同生产与数据对接。

面向未来，农业数字化将成为特定产业集群转型的重要路径，通过搭建公共信息平台、共享制造中心、公共物流仓库和直播电商基地等新型数字化集群共性基础设施的方式，构建乡村区域工业互联网平台体系，为企业提供在线协同云工作、云采购、协同制造等服务，实现消费大数据引领产品研发设计、渠道协同提升供应链管理等。同时，随着数字化技术的广泛落地应用，特色数字产业将迅速发展，县乡村将逐步利用本地独特的区位条件、生态和文化资源、基础优势、产业资源等，通过市场细分，围绕特定的细分市场打造数字产业集群。

（4）区域一体化成为县乡村数字经济新增长点。数字经济的前半程，依赖于高端人才、资本等要素，呈现大城市集聚特征。随着数字经济产业分工细化和链条延伸，新基建的全面覆盖和普及，大城市周边的县域及乡村在区域一体化趋势下，将逐步切入城市群数字经济产业分工网络，从被动"承接溢出"逐步向主动"营造协同"推进，与中心城市形成密切分工协作的数字经济共同体，挖掘县乡村数字经济新增长点。

三、治理优化绘就县域乡村新图景

数字化治理将深入县乡村基层，加快推动乡村公共服务迈向一体化、协同化，县乡村经济决策迈向科学化、智能化。

农业数字化将加速县乡村的信息化和数字治理进程，构建起互联互通、协同一体的县乡村政务服务体系。这种基于数字化技术的政务服务体系有如下特点。

（1）组织在线化，奠定县乡村数字治理基础。依托政务云、乡村钉等新型互联网组织体系将县乡村相关组织、主体与居民以组织架构的形式从线下搬到线上，打造互联互通的网络组织体系，使县乡村信息发布与查询、便民服务、农技服务等应用逐步完善，优化县乡村政务服务体系。

（2）构建"一网通办"县乡村政务服务。通过纵向推动从村到乡到县的协同，横向推动各部门间的协作，达到跨系统、跨业务、跨层级、跨地域和跨部门的县乡村数字治理要求，实现信息互通数据共享，构建起协同高效、上下联动的县乡村政务流程，从而全面实现政务服务"一网同办"，民生治理"一网统管"，公共服务"一政通行"。

（3）政策服务乡民互动。可以通过设置数字模块化的民情反馈、书记信箱、村民群等使民意畅通，推动乡村治理公开、公正、透明，推动全民参与共治，提升县乡村服务水平。

农业数字化在推动乡村公共服务一体化、协同化的同时，将驱动县乡村经济决策科学化、智能化。数字技术让县乡村的产业盘点和产业分析的判断、产业发展趋势的预测具有更加翔实的资料支撑，而产业数据智能中枢将成为县乡村经济决策智能化的基础设施，依托关键数据、重大项目、重大决策的融合，将推动多部门协同效率，使县乡村经济决策逐步迈向科学化、智能化。